本书是2021年安徽省质量工程项目“淮北师范大学大学英语课程思政建设示范中心”阶段性成果（项目号：2021kcszsfzx023）

中国高等外语教育现代化建设探索

孟高旺　杨琳琳　著

中国商业出版社

图书在版编目（CIP）数据

中国高等外语教育现代化建设探索 / 孟高旺，杨琳琳著 . -- 北京：中国商业出版社，2023.10
ISBN 978-7-5208-2693-8

Ⅰ . ①中… Ⅱ . ①孟… ②杨… Ⅲ . ①外语教学 – 教学研究 – 高等学校 Ⅳ . ① H09

中国国家版本馆 CIP 数据核字 (2023) 第 213380 号

责任编辑：王　静

中国商业出版社出版发行
（www.zgsycb.com 100053 北京广安门内报国寺 1 号）
总编室：010–63180647　编辑室：010–83114579
发行部：010–83120835/8286
新华书店经销
定州启航印刷有限公司印刷
*
710 毫米 ×1000 毫米　16 开　16 印张　260 千字
2023 年 10 月第 1 版　2024 年 1 月第 1 次印刷
定价：78.00 元
*　*　*　*

前　言

当今人们生活在一个全球化的世界中，外语教育在其中扮演着至关重要的角色。随着我国经济的高质量发展和国际影响力的不断扩大，高等外语教育的现代化建设迫在眉睫。这就需要研究者对高等外语教育进行深入研究，探索适合中国国情的教育理念、教学方法和发展策略。本书便是这样一次尝试，目标是对中国高等外语教育现代化建设进行深入剖析，并尽可能提供切实可行的建议和解决方案。

本书系统地对中国高等外语教育的现状、理论和未来发展进行了探讨。第一章对外语教育进行了概述，以便读者对此有一个全面的了解。第二章阐释了中国外语教育的基本理论，以为后续章节的讨论提供理论基础。第三章解析了中国高等外语教育的多维目标、原则与过程，从而明确在现代化建设中需要遵循的指导原则。第四章进一步阐述了外语教育中的多维能力培养。第五章则侧重于阐述中国高等外语教育的语言知识教学，旨在找出有效的教学策略和方法，以全面提升学生的外语素养。第六章讨论了如何在中国高等外语教育中培养学生的听、说、读、写四项基本技能，以使学生能够熟练运用外语进行沟通。第七章详细论述了探究式、交际型、内容型、生态型等教学模式在中国高等外语教育中的具体应用，并提出了不同教学模式的实践应用策略，以期为推动中国高等外语教育现代化发展提供一定的参考。第八章深入研究了中国高等外语教育现代化发展新趋势，以寻求其未来的发展方向。

本书由淮北师范大学孟高旺和宿州学院杨琳琳共同撰写完成，其中杨琳琳负责第一章至第四章的撰写，共计 10.2 万字，孟高旺负责第五章至第八章的撰写，共计 15.8 万字。

希望本书能为我国高等外语教育的发展提供有益的参考和启示，也希望借此引发更多的研究者和实践者对中国高等外语教育现代化建设进行关注和思考。

因时间和精力有限，本书难免存在不足之处，恳请广大读者和专家学者予以指点与斧正。

孟高旺　杨琳琳

2023 年 4 月

目 录

第一章　外语教育概述

第一节　外语教育的概念界定

一、母语和外语

（一）母语

母语，是一个人最早接触和习得的语言，它与人们的身份、文化和思维方式紧密相连。对于“母语”的界定，可以从习得顺序、民族归属和使用频率三个维度进行深入探讨。

1. 习得顺序

从习得顺序的维度看，母语是人们在幼年期通过与社会其他成员的交往自然习得的语言。在1951年的联合国教科文组织召开的母语会议上，这个定义已经得到公认。这种语言是儿童最初用于表达思维和交流的工具，因此被称为第一语言或母语。对于个体而言，母语通常是他们最为熟练、最直接表达和理解思维的语言。

2. 民族归属

民族归属也是界定母语的重要维度。在中国，许多学者赞同通过民族归属来定义母语的观点。如《中国大百科全书：语言　文字》写道，“第一语言也称母语。在大多数情况下，第一语言就是一个人所属民族的民族语言，所以也称本族语”①。这种定义方式强调了母语与个体民族身份、文化传承的紧密联系。通过本民族的标准语或方言来确定母语，有助于强化民族认同感和文化传承。

3.使用频率

从使用频率的维度看，母语可以被定义为一个人使用最频繁的语言。这种定义方式尤其适用于多语言国家。例如，在加拿大，有些儿童会掌握两种或更多语言，那么他们最常使用的语言被视为其母语。这种定义方式更注重语言的实际使用情况，强调语言作为沟通工具的功能性。

母语的概念具有多重含义，它不仅是最初习得的语言，也是民族归属的象征，还是日常生活中最频繁使用的交流工具。每个人的母语都是他们个人身份的一部分，是他们文化认同的重要载体。母语也会随着社会变迁和个人生活环境的改变而演化。

（二）外语

外语是指除了个体的母语或本族语言以外的其他语言。通常，这些语言在个体的家庭、社区或国家中不是主要的交流语言，但在其他地区或文化中却是主要的交流工具。学习外语通常需要在学校、教育机构或自我学习的环境中进行，因为这些语言通常不是在个体的日常生活环境中自然习得的。

在中国，英语等其他国家的语言被广泛学习和使用。特别是英语，由于其在国际交流中的重要性，已经成为中国最主要的外语。出于英语是我国的主要外语语种以及外语语种教学中存在共性的考量，本书中所指的外语主要为英语。

学习外语并不仅是学习一种新的交流工具，也是学习一种了解和接触新文化的方式。通过学习外语，可以更深入地理解和欣赏其他文化，增强跨文化交流的能力，扩大人们的视野和认知。外语能力也被许多工作单位视为重要的技能，因为它有助于个人发展和职业成功。总的来说，外语是一种重要的交流工具，它使人们能够跨越语言和文化的障碍，更好地理解世界。

---

① 中国大百科全书出版社编辑部.中国大百科全书：语言　文字[M].北京：中国大百科全书出版社，1988：328.

二、教育

教育，是一个涵盖广泛的概念，它可以被理解为一种方法，通过这种方法，国家向个体传递知识、技能、价值观、信仰和行为方式；也可以被理解为一个综合的过程，涵盖了从生命早期的形式化和非形式化学习，直至成年后的继续教育。教育的目标是提高个人的思考、理解和解决问题的能力，以及形成独立、有判断力的思维。

教育的一部分是学术教育，包括数学、科学、语言、历史、艺术等课程。这些课程提供了理论知识和实际技能，能够为学生未来的职业生涯做好准备。此外，学术教育也培养了学生的批判性思维和解决问题的能力。然而，教育不仅仅是学术知识的传授，道德教育和社会教育同样重要。教育应当培养个体的道德观念，教导他们如何正确对待他人，如何成为有道德、有责任心的公民；教育也应当教导个体如何适应社会，如何与他人合作，如何解决社会问题。

在更深层次上，教育是一个自我实现的过程。它可以帮助个体发现和发展自己的兴趣和才能，鼓励他们追求个人成就和满足。通过教育，人们可以学习如何自我反思，如何自我改进，如何实现自我价值。教育也有助于社会进步和发展。教育可以传播科学知识，推动科技创新。

总的来说，教育是一个复杂而深远的过程，它既涉及个人的成长和发展，也关乎整个社会的进步和繁荣。教育是传递和创新知识，培养道德、社会责任感和创新精神，个体实现自我价值和生活目标的手段。

在个人层面，教育旨在提升个人的知识和技能，增强他们在社会、经济和文化生活中的能力。它鼓励个体批判性地思考问题，发展个体解决问题的策略，同时培养他们的道德和伦理观念。教育也帮助个体建立自我认知和自尊，发现和追求自己的兴趣，以实现生活的满足和幸福。

在社会层面，教育对于推动社会的进步和公正至关重要。它传播和创新知识，推动科技和经济发展。教育通过提升公民的道德水平和社会责任感，促进社会公正和谐；通过培养新一代的领导者，推动社会的持续进步和改革。

教育是一个复杂而重要的领域。我们要理解和重视教育的多元性和复杂性，以推动教育的发展和创新，实现个人和社会的更大目标。

三、外语教育的概念

外语教育是语言教育的重要组成部分，是在“教学原则指导下解决问题的职业活动”[1]。因此，外语教育就是指学习者在本族语境下，或者是目的语的语境下进行非本族语言的教育教学活动。

外语教育是一门教育领域的科学。外语教育不单单指课程、教材、教法、教学四项内容的综合，也是普通教育学的学科化，还是一门概括性的多语种教学法，更是一门兼具理论与应用的社会科学，包含四个交叉层次的内容。

（一）理论层面

外语教育原理亦可称为外语教育思想，指的是根据教育学、哲学、语言学、心理学等多个学科理论，推演出外语教育的相关理论，以及外语教育的相关指导路径。理论层面即从哲学层面进行关于外语教育见解的探讨。

外语教育在将教育的原理、外语学习的相关理论、语言的本质进行深入探索后，必将探寻将外语教育原理与社会需求相结合的最佳途径，两者之间的连接路径称为外语教育法。

为达到一定的教学目的，将外语教育法和教学目的、教学内容、教学方法、教学手段进行统筹，构建出外语教育法的具体框架，即外语教育法体系。

（二）操作层面

操作层面的外语教育亦可称为教学教育方法，主要涵盖外语教育的教学模式和外语教育的教学方式方法两个部分。

外语教育以教学模式为基础，而教学模式既是理论的具体化，又是具体方式方法的概括化。外语教育教学模式通过固定组合几种具体的教学方法，来表达一定教学观点或者达成一定的教学目的。即便是基于相同的教学观点，也会因为选用的路径有所不同，而产生出多种教学模式。

---

① 姜瑾.语言·社会·生态.社会语言学动态应用研究[M].南京：东南大学出版社，2006：242.

具体的外语教育方法通常与社会结构紧密相关，选用具体的外语教育方法时，往往需要关注教学理论的要求，因此即便是创作或者应用某种教学方法，也必须基于一定的教学理论。

教学方式是教学活动的最基本单位，往往用于解决教学活动中的具体问题或具体任务。一种具体的外语教育方法可能涵盖多种教学方式。以问答法为例，问答法是一种具体的外语教育方法，其包含提问方式和回答方式两种，这就是实践中经常见到的两种或两种以上的教学方式共同构成一种具体的教学方法。再如，外语教育活动中常用的听说教学方式，也是一种具体的外语教育方法，其由听音和会意两种外语教学方式构成。

（三）组织层面

组织层面则是指外语教育活动的组织结构，即外语教育活动形式。通常情况下，外语教育活动的主要形式为教室课堂教学。随着互联网的飞速发展，新媒体的影响力逐渐蔓延至生活中的方方面面，外语教育的课外活动以及外语教育的自学成为不可忽视的活动形式。外语教育活动形式种类繁多，常见的包括口语活动、集体活动、个人活动、家庭教学活动、电视教学活动等。

第二节　外语教育溯源与发展

至今可考证的外语教育，最早可以追溯到古罗马时期，希腊语的教学在这一时期大放异彩。中世纪的欧洲各国均开展拉丁语法的教学与拉丁语的修辞训练。文艺复兴时期，以人本主义大教育家夸美纽斯（Comenius）为代表的教育学学者强调开设希腊语、拉丁语等语言的专门课程，一方面，学习外语便于民族之间交往与交流学习；另一方面，外语也能为复兴古典文化提供语言工具支持。17 世纪和 18 世纪西欧的外语教育仍是以古希腊语和拉丁语为主的古典语言，19 世纪之后，西欧的外语教育则转为英语、西班牙语、德语、法语等现代外语，这一转变与资本主义扩张紧密相连。

一、国外外语教育发展历程

（一）19 世纪国外外语教育发展历程

1.18 世纪末至 19 世纪 70 年代国外外语教育发展历程

（1）语法翻译法。18 世纪，欧洲在实施个别教学的过程中，用于语言教学的方法主要是一种通过学习和运用语言、语法知识，要求学生掌握记忆单词、翻译并且背诵单词的能力以及书面写作能力的方法，此种外语教育方法称为语法翻译法或古典法。

语法翻译法起源于 18 世纪末期的德国普鲁士，鼎盛于 19 世纪中期的英国。英国当时由大学控制公共考试，且考试强调书面语言的精准性，以及语法的正确使用，因此负责辅导培训的教师不可避免地依照考试的要求，选择语言教学内容、划分教学的重点和难点并选取语法翻译法的教学方法。

语法翻译法的突出特点就是教师和学生都认可通过学习语法和翻译可以迅速掌握一门外语。应用语法翻译法的教师出于更加清楚明了地讲授语法规则这一目的，往往会采用将某个语法单独讲授的方式，导致语法或某个句子孤立于整篇文章。

语法翻译法自诞生之初便面临种种谴责之声，有人抨击其重语法轻口语表达，也有人认为孤立语法或者孤立句子的学习丧失了文章的整体性，还有人认为语法翻译法是对外语学习综合能力的割裂。但是不可否认，语法翻译法在历时几百年的外语教育改革发展进程中仍能在学校教育中占据一席之地，适宜教学实践。

从测试角度看，以测试语法规则为基础的试题，编制较为方便，评分客观，因此无论是国内还是国外，在一些重要的外语测试中仍会保留语法的考核内容。

语法翻译法适用于非外籍教师进行的教学实践活动。非外籍教师的外语口语水平往往相对较弱，应用外语进行教学活动较为困难，给教师备课工作造成较大压力与负担，因此许多教师将语法翻译法应用于外语教育活动。

（2）外语教育的显著变化。19 世纪初期至 70 年代，外语教育领域逐渐产生了三个方面的显著变化，如图 1-1 所示。

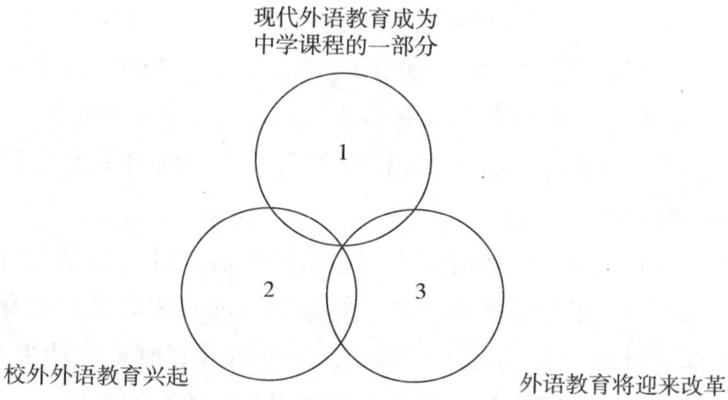

图 1-1　外语教育领域的显著变化

①现代外语教育成为中学课程的一部分。班级授课制改革后，19 世纪中后期建立起现代正规的中小学教育制度，学科结构也在这一阶段发生调整，现代外语教育走入中学，成为中学课程的一部分。

资本主义的兴起与扩张已经蔓延至教育领域，现代语言打败古典语言，成为大部分中小学的核心课程。

②校外外语教育兴起。1825 年，英国建成了世界上第一条铁路，并完成了最早的火车通车。在此之后，汽车、火车、飞机等交通工具不断缩短地区之间的距离，互联网的发明更是将世界联系成一个“地球村”。伴随跨地区、跨国界交往、贸易的逐渐增多，外语的重要性也日益凸显。

外语对于国际交往的重要性不言而喻，外语学习市场应运而生，并且这个市场呈现出不断扩大的趋势。为满足成年人或未成年人学习外语的现实需求，校外外语教育出现了。1878 年美国罗得岛州建成第一所专业语言学校，随后语言学校迅速发展至全世界。

③外语教育将迎来改革。早在语法翻译法盛行的年代，外语教育改革的声音便不绝于耳。一方面，越来越多的教育家就语法翻译法的弊端提出批评；另一方面，外语教育的新思想不断涌现。

但是由于当时改革思想仅在学术界小范围引起波澜，未能进行教学实践，也并未真正引起改革狂潮，直至 19 世纪 80 年代，外语教育改革运动才进入实质性阶段。

2.19世纪80年代至20世纪初国外外语教育发展历程

1882年，以菲埃托（V. W. Vietor）《语言教学必须彻底改革》一书的出版为标志，一场外语教育改革运动开始，之后迅速波及欧洲各国。直至1904年，以叶斯柏森（O.Jespersen）《怎样教外语》一书的出版为标志，这场外语教育改革运动结束。

（1）外语教育改革运动特点。外语教育改革运动针对的是当时盛行的语法翻译法，当时较低的学校教学效率、枯燥的教学方法造成学生身心负担过重以及丧失学习外语兴趣的严重后果。该场外语教育改革运动主要特点为：语言学家和外语教师共同参加，对外语教育改革运动影响深远。

①语言学家和外语教师共同参加。德国的菲埃托（V. W. Vietor）、法国的帕西（Passy)、丹麦的叶斯柏森（O.Jespersen）和英国的斯威特（Henry Sweet）等许多非常知名的语言学家参与其中。

在这场轰轰烈烈的外语教学改革运动之前，虽然也有学者质疑语法翻译法，但是因为缺乏教学实践验证，所以未真正引起改革狂潮。1887年春，一名任教于西里西亚的高级中学教师科林哈特（Hermann Klinghardt）尝试了外语教育改革实践。

科林哈特在外语教育改革实践的第一学期，主要开展语音、阅读和语法的外语教育活动。这一学期的前两周半，科林哈特尝试开展语音教学，学生对语音知识有所掌握后，再开始课文教学。与传统的课文教学只强调语法、只对长难句加以分析不同，科林哈特仍然重视口语输出练习，他要求学生反复聆听，并朗读课文。学生听、读课文过关之后，科林哈特才开始整篇文章的翻译，语法的学习也是采用引导法和归纳法，以帮助学生实现对课文的灵活应用。

科林哈特在外语教育改革实践的第二学期，主要开展以写作为主的外语教育活动。科林哈特先指导学生抄写问题，然后要求学生以书面的形式回答问题，最后要求学生书面复述课文。

科林哈特的外语教育改革实践结束后，经过测评发现：学生在语法能力方面与传统的语法翻译法的效果相同，但令人惊喜的是，学生的听说能力在教学过程中得到了快速提升，学生在口语方面凸显出较大的自信心。

虽然科林哈特的外语教育改革仍存在一定缺陷，但就当时教学环境而言，科林哈特的外语教育改革向传统的语法翻译法发起挑战，是一场伟大的、创新性的教学实践。

②对外语教育改革运动影响深远。外语教育改革运动在《语言教学必须彻底改革》一书出版之后正式兴起，紧接着这场改革迅速以德国为中心波及英国、法国、意大利等欧洲国家，这场改革不仅传播迅速，而且影响范围较大。

（2）外语教育改革运动的原则。

①强调口语。传统的语法翻译法忽视口语教学的重要性，《语言教学必须彻底改革》一书对原本重语法轻口语的外语教育方式展开了抨击，提出外语教育改革必须以语音为第一步。为了避免因教师口语能力不足影响口语教学顺利开展的情况，《语言教学必须彻底改革》一书提出，必须对教师进行适当的语音训练，通过语音训练提高教师的口语能力，从而引导教师在课堂上开展口语教学。

虽然开展口语教学是外语语言教学中的必然一环，但是因为大部分教师习惯沿用语法翻译法，且没有官方统一的文件对课堂教学方法作出规定与指导，所以大部分教师还是选择沿用过去的语法翻译法开展教学活动。除此之外，教师发音不准、语音与字母混淆的状况也是屡见不鲜，阻碍了教师在课堂上开展口语教学。

②连贯的课文。官能心理学对教学工作起到了影响作用。官能心理学认为，通过恰当应用各种材料、训练各种官能（感觉、记忆、思维、想象等），能够形成一种独特的能力，将这种能力应用于各种情景，可以促进个体完成其他的学习任务。①

在此基础之上形成的形式训练主义教学思维认为，严格、繁杂、规律的训练，可以提高一个人的智力与学习能力。② 语法翻译法关注语言的繁杂规则就是依照的形式训练主义教学思维，为了起到训练的效果，教师经常教授一些繁杂但是毫无意义的句子。例如，“棕色的牛坐在树上吱吱叫”③。这个句子毫无意义，甚至荒谬至极，应用这个句子仅仅是因为它较为复杂可以起

---

① A P R HOWATT. 英语教学史 [M]. 上海：上海外语教育出版社，1999：171.

② 吕良环 . 外语课程与教学论 [M]. 杭州：浙江教育出版社，2003：6.

③ 章兼中 . 国外外语教学法主要流派 [M]. 上海：华东师范大学出版社，1983：11.

到训练效果，但是丝毫没有使用价值。

19 世纪盛行的联想心理学为打破这一尴尬局面，提出了新的方向。联想心理学强调联想的作用，强调观念融合后生成复合观念，从而集结成较为复杂的观念。联想心理学反对孤立的单词、句子、语法学习，倡导学习连贯的整篇课文，形成词与词之间的联系、句与句之间的联系、篇与篇之间的联系，以提升教学效果。

正如科林哈特的外语教育改革实践中应用连贯的课文学习外语、应用归纳的方法开启语法教学，这两种外语教育方式，时至今日仍然在外语教育中发挥着重要作用。

③课堂上开展口语教学。与过去有所不同的是，口语教学这一方式强调外语才是课堂上的主要用语，除去解释生词意义与解释语法规则之外，都要求教师使用外语与学生进行交流，以此为学生营造一个外语学习的环境。

（二）20 世纪国外外语教育发展历程

1.20 世纪初至 30 年代国外外语教育发展历程

20 世纪初，外语教育改革运动基本结束。在 20 世纪初至 30 年代，国外外语教育主要应用折中法、情境语言教学法两种方法。

（1）折中法。原本流行的直接法是指课堂上将外语视作主要用语，教师除去解释生词意义与解释语法规则之外，都将使用外语与学生进行交流。虽然这种直接法教学在理论上得到了各位学者的普遍认可，但是在实际推行过程中困难重重，未达到预期效果。外语教育界将直接法与语法翻译法相结合，得出了这一时期较为流行的折中法。

折中法是直接法与语法翻译法的结合，在语言项目呈现阶段和练习阶段采用直接法，而运用语法翻译法对外语语法进行总结，对于母语在外语教育中的使用采取逐渐减少的方法，在学生达到比较高的外语水平时，再停止使用。

（2）情境语言教学法。情境语言教学法强调尽可能为学生打造一个完整、协调的情境，因为真实有趣的情境可以激发学生的学习动机。因此情境语言教学法在组织、编排教学方面有明确而清晰的思路，该教学法常常采用句型替换的方式帮助学生举一反三。

2.20 世纪 40 年代国外外语教育发展历程

一直到第二次世界大战之后，外语教育才有了新的发展变化，外语教育研究中心从欧洲转向美国，美国在 1941—1943 年采取应急外语教育法是造成这一转变的重要原因之一，美国的应急外语教育法的主要特征如图 1-2 所示。

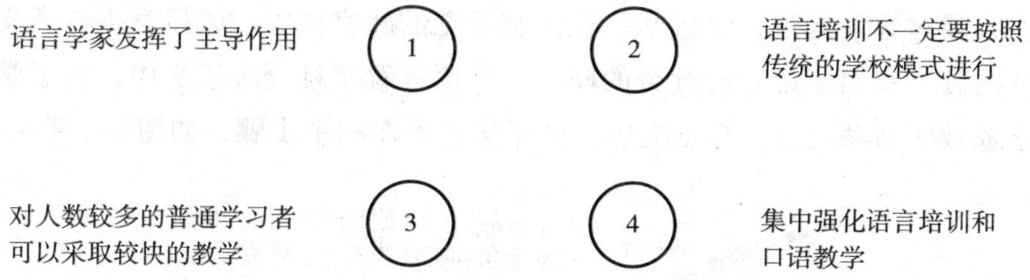

图 1-2 美国的应急外语教育法的主要特征

在第二次世界大战之前，美国的外语教育远远落后于欧洲的外语教育，到 20 世纪 40 年代初期美国结构主义语言学家对美国外语教育的改革，再到第二次世界大战时期出于军事需要开展应急外语教育法，一系列的转变为其他国家的外语教育发展提供了新的参考视角。

3.20 世纪 50 年代国外外语教育发展历程

20 世纪 50 年代，国外外语教育主要流行两大外语教育方法，即听说法和视听法。

（1）听说法。第二次世界大战结束后，美国继续对在战争期间应用的应急外语教育法进行深入研究，丰富其理论基础。20 世纪 50 年代，结构主义语言学和行为主义心理学与应急外语教育法的融合，成为听说法的理论基础。

结构主义语言学家对不同的语言进行了科学的描述性分析，把语言分解成语音、词汇和语法，并且把语言技能分解成听、说、读、写。外语教育法专家把结构主义语言学家对语言的研究成果运用到外语教育上来，提出了在外语教育中可以通过句型操练来加强听说能力的主张。

行为主义心理学家提出的主要观点即通过刺激、反应、强化一系列行为训练将形成行为习惯，这一观点与外语教育中的句型操练相结合，成为这个教学法流派的核心内容之一。

但是，无论是反复的行为训练还是反复对学生的错误加以纠正，都会对学生参与外语教育活动形成巨大压力。结构主义语言学忽视语言的社会交际作用，仅研究语言本身的问题，导致将语言的自身结构问题与社会交际作用相互割裂。外语教育的目的是社会交际，但是听说法未将交际双方的关系、情景、话题、交际目的等纳入教学范畴，因而难以培养学生的交际能力。

（2）视听法。20 世纪 50 年代以来流行的外语教育方法是视听法，该方法主要通过情境构建，刺激学生视觉和听觉的感官体验，教授学生有意义的教学内容，突出了语言与社会的联系，将语言置于社会环境之中，便于学生在完成教学活动之后，自主应用。视听法主要有四个步骤，如图 1-3 所示。

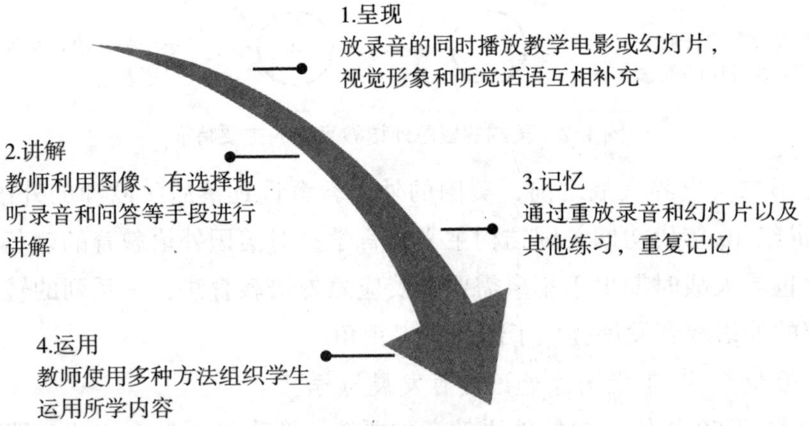

图 1-3　视听法的主要步骤

4.20 世纪 60 年代至 70 年代国外外语教育发展历程

（1）心理学对外语教育产生影响。上文所述的语法翻译法、直接法、折中法、听说法和视听法都曾对外语教育产生过深远的影响。但是，以上几种教学方法尚未有效培养学生应用外语参与社会交际的能力，因此，外语教育仍需深入探索使用价值更高的教学法，这一时期心理学的发展对外语教育产生深远影响。

①认知心理学。语言和其他认知机制联系密切，是人类抽象符号思维能力最直接的代表。从认知角度研究语言已经成为语言学研究的一个主要方向。认知与语言的密切关系是认知语言学能够指导外语教育的基石，二者的关系可以从传统的语言学观点与现代的语言学观点来进行分析。

认知心理学兴起于 20 世纪 50 年代，60 年代得到迅速发展，70 年代被确立为心理学流派的一大主要流派。

认知心理学与外语教育发展于同时期，相辅相成。认知心理学不仅促进了外语教育的发展，而且成为外语教育的主要理论基础。

②人本主义心理学。与行为主义心理学不同，人本主义心理学强调在学习过程中，认知因素和情感因素对学习产生的作用。因此，强调重视学生的情感世界，主要教学方式包括全身反应法、沉默法、暗示法和社团语言学习法，旨在营造良好的外语学习氛围，在良好的环境下处理好师生之间的人际关系。

在这一时期，认知心理学和人本主义心理学均对外语教育产生了推动作用。

（2）以人为本的外语教育法。以人为本的外语教育法中的全身反应法、沉默法、暗示法和社团语言学习法都以人本主义心理学为理论基础。

①全身反应法。全身反应法是一种教师口头发布指令，学生做出动作回应的教学方法，通常应用于较低年龄段学生的外语教育活动，或者初学者的教学活动。全身反应法可以有效缓解学习者的语言表达焦虑，学生只要有一定的听力理解能力就可以与教师互动，适用于学习外语词汇和语法。

②沉默法。沉默法是对原有教学方法的巨大挑战，强调外语教育课堂上不再由教师一遍一遍地重复关键知识，而是通过凸显学生的主体性，培养学生独立、自主、富有责任感的性格，引导学生独立练习对话。虽然此种教学法可以激发学生自主学习的探究精神，但是外语教育缺乏教师的有效引导也会导致课堂主题偏移的问题，因此，到底是否应该采用沉默法，以及应该多大程度上应用沉默法，仍需要进一步探索。

③暗示法。暗示法是外语教育中促进学生记忆的好方法。例如，有的教师会向学生提供所学课文的母语译文，来帮助学生有效记忆，还会向学生提供令人舒缓的音乐、舒适的座位、安心的环境等辅助性的手段。

④社团语言学习法。在上课时，学生与教师围坐一圈，学生可以随时发起提问，教师及时对学生的问题加以回应。最后，教师从学生的问题中挑选较有价值的问题，写在黑板上与学生共同分析讨论。

（3）交际语言法。20 世纪 70 年代，交际语言法诞生于欧洲。语言是人类交际的重要工具，是表达意义的符号。[①] 交际语言法旨在培养有交际能力的学生，因此，教师关注教学过程中每一个影响构成交际能力的因素，选用真实、有意义的教学材料，像“棕色的牛坐在树上吱吱叫。”这种毫无意义，甚至荒谬至极的句子逐渐被教师抛弃。当然，在外语教育过程中，学生往往会出现表达不够准确或者不够流利的时候，教师应该加以纠正或者指导，但是培养学生的交际能力是教学的最终目的，因此教师也应该对学生持有宽容、发展的态度。

（4）自然法。自然法的提出就是为了缓解学生学习语言的焦虑，激发学生的学习动力，树立学生学习外语的自信心。自然法是直接法、情境语言教学法等多种教学法的折中，也是多种教学法的融合成果。

5.20 世纪 80 年代以来国外外语教育发展历程

20 世纪 80 年代以来，国外外语教育主要是对原有教学方法的完善，提出了任务教学法，即以任务作为教学的原始驱动力。教师将教学划分为任务前、任务中、任务后三个阶段。教师可以设置单独任务或者小组任务，也可以为整个教学活动增添可合作探究的任务，以培养学生的多项素养，通过团队合作以及对自身潜力的深挖，既完成教学任务实现教学目标，也在无形中实现自身综合素质的一次次突破。

二、我国外语教育发展历程

（一）我国封建社会时期外语教育

元代是目前我国外语教育最早可考的朝代，“回回国子学”是有史料可证的最早的外语学校。

“四夷馆”是明朝设立的专门负责外语教育的专门学校。明朝永乐年间，受郑和下西洋的影响，与国外的交往逐渐密切，因此对外语人才需求激增，甚至兴起了私学外文之风，部分百姓多方延请教师私下学习外语。

清朝相较于前面两个朝代，外语教育成就更为突出。1728 年，清朝政府就设立了俄罗斯学馆，可以通过学习俄语升官任职，这是我国历史上最早的

① 罗爱梅，罗丹，何艳铭，等．当代中小学外语课程发展 [M]. 广州：广东高等教育出版社，2005：22.

俄语学校，既培养了翻译人员，也培养了同俄国政府办理外交事宜和商务的官员。鸦片战争后，为了实现“自强”“求富”的目标，出现了一些外语学校和重视外语的洋务学堂、地方学堂，中国的外语教育进入一个小高峰。

（二）清末时期的外语教育

京师同文馆及各类洋务学堂在中国近代的外语教育中，起到了重要的开创性作用。作为中国近代史上第一所官办新式学校，京师同文馆于 1862 年 8 月正式开学，标志着中国正规的英语教育的开始，揭开了中国外语教育的新篇章。

京师同文馆初始仅是一所初等的外语学校，不过其开设显然超越了传统的私塾教育，提供了全新的教育理念和方式。开始时，学校规模较小，仅有十名学生和两名教师，但随着时间的推移，其规模逐渐扩大。京师同文馆的英语教育具有其独特性：首先，使用英文原版教材，这在当时无疑是一种新颖而富有挑战的尝试；其次，聘请外籍教师进行授课，从源头上保证了语言的纯正和准确；最后，除了正常的课堂教学外，还组织学生参与各类语言实践活动，如翻译实践，这种实践教学模式对于培养学生的语感和语言能力非常有益。京师同文馆的办学方向和教学方法具有前瞻性和科学性，为我国培养出了第一批外语教师和翻译，为我国英语教育的发展做出了重大贡献。

京师同文馆的成功办学经验引起了其他地方学校的效仿。如上海同文馆、广州同文馆和湖北自强学堂等，它们以各自独特的办学理念和方法，取得了举世瞩目的教学成就。上海同文馆把语言与科学知识结合进行教学，广州同文馆强调融会贯通中外语言文学，湖北自强学堂重视英语课的安排，它们各自的特色都为我国近代的外语教育积累了丰富的经验。

当时的洋务学堂，如天津北洋水师学堂、江南制造局等，在推动英语教育的同时，与其他学科如工艺学、军事学、法律学等结合，使学生在掌握一门外语的同时，还能了解并掌握其他专业知识。这种跨学科的教育模式，为我国培养出了一批外语基础好、工艺知识扎实的人才。

（三）19 世纪末期至 20 世纪初期的外语教育

19 世纪末期至 20 世纪初期，我国的外语教育经历了一次重大的转变和发展。这个时期，我国正处在近代化的转型期，封建社会的瓦解以及对西方科学技术和知识的渴望，使外语教育尤其是英语教育，在教育体系中占据了重要地位。

科举制度的废除标志着我国教育制度的一次重大变革，也为外语教育的发展开辟了新的道路。此后，“中学为体，西学为用”的教育纲领逐步确立，“百日维新”的影响，加之清政府颁布的学堂章程，都为外语教育提供了良好的制度环境和政策支持。

在这个时期，旧式书院转变为新式学堂，大量新式学校应运而生。这些学校不仅重视英语教育，而且在课程设置、教学方法等方面都有新的突破。许多学校把英语视为主课，明确规定教学时间和要求，这无疑提升了学生对英语学习的重视程度。

1909 年，学部将中学分为文、实两类，英语成为必修的外国语。1910 年，学部对英语教学提出了更高的要求，规定所有高等实业学堂乃至大学都必须修读英语。

京师大学堂作为中央官办的第一所多系科的综合性大学，其创建和发展进一步推动了英语教育的发展。无论是 1902 年京师同文馆并入京师大学堂，还是后续设立译文馆，都进一步加强了对英语教育的重视。

19 世纪末期至 20 世纪初期，是我国外语教育发展的重要时期，外语教育的地位显著提升，教育方式和理念也发生了重大变革，为后来我国的外语教育发展打下了坚实的基础。这一时期外语教育的特点主要有以下几个。

1. 外语教育目的明确

外语教育的主要目的是促进学生智力的进一步发展，培养复兴中华所需要的精通外语的专业人才，这些专业人才不仅能通解其意，而且具备运用之能力。

2. 教学内容进一步拓展

我国外语教育在保持阅读、翻译等原有课程的基础上，选择增加了语音、会话、作文等内容，当然外语教育的重点仍应放在阅读、翻译及与外语语法相关的课程上。

3. 教学方法不断改善

我国早期外语教育采用的方法是传统的语法翻译法，但是伴随外语教育改革的发展，直接法传入我国，我国外语教育的局面发生改变，转换为语法翻译法与直接法并重。

4. 学时增多

1902 年的《壬寅学制》规定外语课时占据总课时的 1/4，一般不少于每周 9 个课时。1903 年的《癸卯学制》也规定了外语课时占据总课时的 1/4 以上。

（四）中华民国外语教育发展历程

中华民国期间的外语教育以英语教育为主，分为中学英语教育和大学英语教育两种。

1. 中学英语教育

中华民国时期，中学英语教育得到了显著发展，英语教育在学制系统中的地位逐渐提升，不仅在课程设置中占据重要的位置，而且在教学方法和理念上也发生了重要的变化。

1912 年，中华民国成立后，对教育体制进行了新的改革，明确规定有条件的高校可以开设外国语课，主要以英语为主，并指出教学目的在于“通解外国普遍语言文字，具运用之能力，并增进智识”①。这标志着英语教育的地位和目标在政策层面得到了明确。

到了新文化运动时期，英语教育的地位更为突出，已经成为一门主要学科，且教学目的和方法有了更明确、更科学的要求。例如，《壬戌学制》的实施，不仅进一步提高了中等教育的水平，而且无论在高中还是初中，外国语的学分高居首位，显示出对外语教育的高度重视。

在教学方法上，这个时期的英语教学主要采用直接法，强调直接使用英语进行教学，而不是通过翻译或其他方式。这种教学方式对提高学生的语言实际运用能力具有重要意义。

此外，中华民国时期还出现了很多专门研究英语教学的论著和文章，对教材的审定提出了严格的要求，强调因材施教的教学原则。在此基础上，还成立了专门研究英语教学的组织。

① 康春杰，陈萌，吕春敏. 基于错误分析理论的英语翻译教学研究 [M]. 长春：吉林文史出版社，2017：58.

2. 大学英语教育

中华民国时期的大学英语教育在教学内容、方法和研究方面都取得了显著的发展。大学英语教育在当时的高等教育中占据了重要位置，成为教育体系的一个关键组成部分。

大学级别的外国语学校和英语专业的设立，在一定程度上反映了英语教育在高等教育中的重要性。这些专门的学校和专业为英语学习提供了专业化和系统化的环境，也是英语教育的主要阵地。

大学英语教育的课程设置在此期间经历了多次调整和改进，这显示了教育体系对适应社会需求和提高教学效果的追求。

教师队伍是大学英语教育的关键要素。这一时期，朱光潜、林语堂、梁实秋、许国璋等一批英语教育专家和学者的出现，大大提高了大学英语教育的教学和研究水平。他们在各自的领域内取得了突出成就，对于推动我国的英语教育发展产生了重要影响。

这一时期，大学英语教育研究也得到了很大的发展。一方面，通过成立专门的研究团体、创办学术刊物等方式，提升了英语教育研究的专业性和系统性；另一方面，大学英语教育研究成果在宣传推广直接教学法、开展教学测验等方面，指导了全国的英语教学实践，提高了教学效果。

（五）中华人民共和国成立以来外语教育发展历程

中华人民共和国成立以来，外语教育经历了一个从向苏联学习转向向西方国家学习，进而结合我国外语教育实践，博采众国所长，不断探寻的发展过程，最终我国外语教育走出中国发展之路。

1. 相关政策出台支持外语教育发展

1978 年 8 月，教育部在北京召开外语教育座谈会，开启了新时代外语教育发展新窗口。外语被列入基础学科、外语成绩被纳入高考总分、不断修订完善外语教育大纲，教育部门不断出台相关政策与法规促进外语教育发展。

2. 增加外语教育师资数量，提高师资质量

1982 年是一个重要的分界线。1982 年之前，我国外语教师数量奇缺，国家主要就师资数量问题加以改善与解决。1982 年之后，我国外语教师数量不再短缺，外语教育的建设中心转移到提升已有师资质量上。

3. 开展教学研究

这一时期，大量院校针对外语教育开展了大规模的调查研究，经过几年的研究，通过数据得出了更为科学的观点，以期提升外语教育品质。

4. 教学质量提升

经过几代人几十年的共同努力，我国的外语教育发生了新改变，从过去学习外语的人数较少到现在超过四亿人口学习不同种类的外语，从起步阶段采用语法翻译法教学到现在多种教学方法并用，从过去学生仅能完成书面试卷到现在外语教育强调听、说、读、写、译多项技能，我国的外语教育质量得到了全面提升。

第三节　外语教育的价值取向及其性质

一、外语教育的价值取向

（一）工具理性和价值理性

工具理性和价值理性是由德国社会学家马克斯·韦伯（Max Weber）在研究人类社会活动的合理性时提出的重要概念。这两种理性代表了人们在决策和行动时可能采取的两种截然不同的取向。

工具理性或技术理性，主要关注的是实现目标的手段和条件。工具理性强调效率，尽可能地利用资源和机会来达到预设的目标。[①] 这种理性的核心在于如何“做事”，而不在于“为什么做”。这种理性倾向于计算、分析和预测，以实现最大的效率和效益。因此，持工具理性的人在行动时，往往注重找到最有效、最快捷的手段，而不会过多关注行为本身的价值或目标的意义。

相对应地，价值理性则关注行为本身的价值，以及行动的道德和伦理含义。[②] 这种理性强调行为的目的和意义，而不是手段和结果。持价值理性的行为者，会根据他们的信仰、原则和价值观进行行动，哪怕这种行动在工具

① 马克斯·韦伯．经济与社会：上卷 [M]. 林荣远，译．北京：商务印书馆，1997：113.

② 马克斯·韦伯．经济与社会：上卷 [M]. 林荣远，译．北京：商务印书馆，1997：113.

理性的角度来看并不是最有效或最有利的。对于持价值理性的行为者来说，道德责任、理想信念和人生意义才是他们行动的最高标准。

这两种理性并不是孤立存在的，而是在人们的决策和行动中相互影响、相互转化。一个人可能在某些情况下采用工具理性，而在其他情况下采用价值理性。更常见的情况是，一个人在做决策时同时考虑到工具理性和价值理性。例如，一个企业家在决定投资时，会考虑到投资的回报率（工具理性），同时也会考虑到投资项目对社会的影响（价值理性）。这种情况下，企业家会进行权衡，以找到一个符合他个人价值观的决策。

工具理性和价值理性提供了一个理解人类决策和行动的有用框架。理解这两种理性，可以帮助人们更好地理解个人的行为和社会的发展模式，以及这些模式是如何影响人们的生活和社会的发展。

（二）工具理性和价值理性的关系

工具理性和价值理性是人类行为与决策的两个重要维度。这两种理性的关系可以被比喻为用和体的关系，也就是说，工具理性为用，价值理性为体。它们在人的行为和决策中共同作用、相互影响，且二者的关系并非对立，而是相辅相成，共同推动人类社会的发展。

工具理性强调的是手段和结果，注重实现目的的条件和手段，对最优效果的追求体现了其功利性。工具理性是现代科技和经济发展的动力，而科技和经济的发展又为人类的发展奠定了物质基础，带来了现代文明。可以说，工具理性是“文明之源”，没有工具理性，人类的进步和发展将会遇到巨大阻碍。价值理性则关注的是行为本身的价值和意义，体现了人的道德责任和伦理观念，以道德修养、理想信念、人生意义为价值取舍标准。价值理性是“为人之本”，体现人的终极关怀，没有价值理性，工具理性很难实现，也就没有了人生意义、坚定的意志和信念、道德情操。

从这个角度看，价值理性是工具理性的精神动力，而工具理性则为价值理性提供了现实支撑。没有价值理性，人类的行为可能只是为了追求功利，而忽视了人的真实需求和社会责任。没有工具理性，人类的理想和价值可能无法在现实中得到实现。因此，工具理性和价值理性不仅需要相互平衡，而且需要相互融合，只有这样，才能实现人类社会的良性发展。

需要注意的是，工具理性和价值理性的关系如果出现扭曲或断裂，可能会导致人性的工具化、贫乏化、碎片化以及主体性的丧失。因此，人们需要在追求效率和效益的同时，坚持道德和价值，以实现个人和社会的和谐发展。这种平衡和融合，既需要人们在决策和行动中明确价值观和目标，也需要人们掌握和运用有效的工具和手段。只有这样，才能实现知、情、意的统一，实现人、社会、自然的良性运行。①

（三）外语教育是工具理性和价值理性的统一体

外语教育是工具理性和价值理性的统一体，这一点可以从语言的本质、教育的目的和外语教育的特性三个方面进行阐述。

1.语言的本质

从语言的本质来看，语言既是一种工具，也是一种价值。语言作为一种工具，是人类进行交流、传递信息和获取知识的重要手段。如钱冠连所说，语言是人类交际的工具，语言工具论日趋形成并根深蒂固。② 然而，语言不仅仅是一种工具，它还是人的存在方式，是思想的组成部分，具有非工具性。如尹铁超、陆杨所述，语言不是工具，而是人思想的组成部分，是人的存在方式。③ 因此，语言既具有工具性，也具有价值性，这就为外语教育的工具理性和价值理性提供了基础。

2.教育的目的

从教育的目的来看，教育既是培养知识和技能的过程，也是培养人的心智和品格的过程。如《韦氏新世界大学词典》所述，教育是通过正式学习、教学和培养来发展知识、技能、心智和品格的过程。④ 这就意味着，教育具有双重功能，既有传授知识的工具性功能，也有培养品格的价值性功能。

---

① 张鹏超．在工具理性与价值理性的融合中推进高职院校素质教育 [J]. 中国高教研究，2014（5）：93-96.

② 钱冠连．不当交际工具使用的语言——西方语言哲学研究（之二）[J]. 外语与外语教学，2001（2）：2-6.

③ 尹铁超，陆杨．神：语言构筑的世界——再论语言非工具论 [J]. 外语学刊，2009（6）:12-16.

④ 张俊洪，陈铿，杨文萍．论高等教育目的社会本位论与个人本位论的辩证关系 [J]. 宁波大学学报（教育科学版），2013（5）：29-32.

3. 外语教育的特性

从外语教育的特性来看，外语教育也是工具理性和价值理性的统一体。外语教育不仅需要培养学生的语言技能，使他们能够用外语进行有效的交流，这体现了其工具理性；也需要培养学生的跨文化交际能力，使他们能够理解和尊重不同的文化，这体现了其价值理性。

综上所述，无论是从语言的本质、教育的目的，还是外语教育的特性来看，外语教育都是工具理性和价值理性的统一体。这就要求教师在进行外语教育时，既要注重培养学生的语言技能，也要注重培养学生的人文素养和跨文化交际能力。

在培养学生的语言技能方面，外语教育应当注重实践和应用。语言是人类交流的工具，是人们获取信息、理解世界的重要手段。因此，外语教育应当重视学生的语言应用能力，通过大量的实践活动，使学生能够熟练地运用外语进行交流。外语教育还应当注重培养学生的语言创新能力，鼓励学生通过学习外语来拓宽视野、开拓思维，增强自我表达和创新的能力。

在培养学生的人文素养和跨文化交际能力方面，外语教育应当注重价值引导和文化教育。语言是文化的载体，是人的存在方式和思想的组成部分。因此，外语教育应当强调语言的文化内涵，使学生了解和尊重不同的文化，培养他们的跨文化交际能力。外语教育还应当注重价值教育，使学生理解和接受人类共同的价值观，培养他们的人文精神和全球公民意识。

外语教育作为工具理性和价值理性的统一体，应当在培养学生的语言技能和人文素养方面取得平衡，既要注重学生的实践能力和创新能力，也要注重学生的价值观和文化理解。这不仅可以使学生在语言技能上得到提升，也可以使他们在思想和人格上得到提升，从而更好地适应全球化的社会环境，为社会主义现代化建设和为人民服务做出更大的贡献。

二、外语教育的性质

外语教育的性质可以从以下四个角度进行阐述。

（一）应用性

外语教育是一门应用性科学，其应用性体现在两个方面。首先，外语教育关注的是实际教学过程中的问题，如如何更好地教授语言，如何提高学生的语言能力等。其次，外语教育也关注理论与实践的结合，旨在将教育科学的理论应用到实际的教学过程中，以提高教学效果。因此，外语教育不仅有其自身的理论，还要以实践为基础，不断对理论进行检验和完善。

（二）边缘性

外语教育是一门边缘性科学，它涵盖了多个学科的知识，如语言学、教育学、心理学和社会学等，这种跨学科性使得外语教育有更广阔的视野和更丰富的理论资源。它不仅关注语言本身，也关注教学过程，更关注学生的学习心理和社会背景，这使得外语教育能够从多个角度理解和解决教学中的问题。

（三）教育科学性

外语教育是教育科学的一个分支，它以教育科学的理论为基础来研究外语教学。这种科学性体现在两个方面。首先，外语教育是以科学的态度和方法来进行的，它遵循科学研究的规律，通过观察、实验、分析等方法来探索教学的规律。其次，外语教育的目标是提高教学效果，这需要依据科学的理论和方法来设计与实施教学。

（四）教材教法扩展性

外语教育不仅关注教材和教法，更关注教学的全过程。这体现在三个方面。其一，外语教育不仅关注教什么和怎么教，也关注为什么教和为什么这样教。这需要教师有较高的理论素养和敏锐的教学观察能力。其二，外语教育关注学生的学习过程，研究如何引导学生学习、如何培养他们的语言学习能力等。其三，外语教育关注语言教育在全面素质教育中的角色，研究语言学习对于学生个人发展和社会适应的作用。

正因为这四个性质，外语教育并不只是一个技术性的教学活动，还是一个复杂的、涉及多个因素的教育过程。它需要教师有深厚的专业知识、扎实的教育科学理论基础、丰富的教学经验、敏锐的教学观察和分析能力，以及对学生的深切关心和尊重。外语教育也是一个动态的、发展的过程，它需要不断地从实践中学习，从理论中寻找指导，以不断提高教学质量和效果。

在经济日趋全球化的今天，语言不仅是一种工具，更是一种文化的载体。外语教育要注重对学生跨文化交际能力的培养，帮助他们理解和尊重不同的文化，增强他们的国际视野和跨文化交际能力。这就要求外语教师不仅要有扎实的语言专业知识，还要有广阔的国际视野和文化敏感度。

外语教育是一门既重视理论又强调实践，既关注个体又关注全局，既注重技能训练又注重人文素养，既立足于本土文化又开放于世界文化的综合性教育，这就是外语教育的本质特性。理解和把握这些特性，对于提高外语教育的质量和效果，培养具有国际视野和跨文化交际能力的人才，具有重要的理论和实践意义。

第四节　国际视野下的高等外语教育

一、世界高等教育国际化与外语教学的关系

随着经济全球化和信息化的发展，各国的关系和经济联系越来越紧密，高等教育国际化已经成为全球高等教育发展的重要趋势。这种趋势不仅改变了高等教育的发展模式，也深刻地影响了外语教学。

经济全球化推动了外语教学的发展。在经济全球化的大背景下，各国政府和高校普遍认识到学习和掌握外语的重要性，因此在教育政策中都给予了外语教学足够的重视。比如，美国政府制定了《21 世纪外语学习标准》，明确了外语学习的目标和要求，加大了对外语教育的投入，为高等教育的国际化提供了语言保障。同样地，其他国家如英国、韩国、澳大利亚等也都调整了自己的外语教育政策，以适应经济全球化的需求。因此，经济全球化推动了外语教学的发展。

外语教学是实现高等教育国际化的重要途径。外语是不同国家和地区之间交流的桥梁，掌握外语可以帮助学生更好地理解其他文化，增强他们的全球化意识。因此，各国政府和高校都在努力提升学生的外语水平，通过引进优质的外语教育资源，鼓励学生出国留学和跨文化交流，以提高他们的国际化能力。外语教学也能吸引外国学生来我国留学，推动我国高等教育的国际化进程。

高等教育的国际化和外语教学互为促进。一方面，高等教育的国际化需要高质量的外语教学水平作为支撑，外语教学水平的提高也会推动高等教育的国际化。另一方面，随着高等教育的国际化，学生的外语需求也会增加，这反过来也会推动外语教学的发展。因此，两者之间形成了良性循环，互为促进。

高等教育的国际化也对外语教学提出了新的要求。在过去，外语教学往往只关注语言技能的学习，而忽视了文化的学习。在全球化的大背景下，单纯的语言技能已经无法满足人们的需求，跨文化交流能力和全球化视野变得更加重要。因此，外语教学需要从传统的教学模式转变为文化教学模式，注重培养学生的跨文化交流能力和全球化视野，以适应高等教育的国际化需求。

高等教育的国际化和外语教学之间的关系是密切的，两者相互促进、相互影响。在全球化的大背景下，高等教育的国际化和外语教学的改革将成为未来教育发展的重要方向。

二、国际视野下的高等外语教育发展路径

在全球化的大背景下，国际化已经成为当今世界高等教育的主要发展趋势。与此同时，外语教育作为高等教育国际化的关键组成部分，其发展路径也受到了各国政府和教育部门的高度重视。在此背景下，我国应如何发展高等外语教育以适应这一全球趋势，是一个非常重要的问题。以下将从四个方面进行阐述。

（一）政策层面

构建具有包容性的外语教育政策体系。我国应借鉴其他国家的成功经验，提出全面、系统的外语教育政策，鼓励和支持多元化的外语教育。这包括扩大外语种类，如鼓励学习和使用小语种，以满足与世界各国的交流需求；加大对外语教育的投入，如提供物质和人力资源支持，以推动外语教育的发展。

制定一个全面的外语教育政策，明确外语教育的目标、重点和路径。这一政策应该从国家的战略需要出发，考虑到经济全球化和社会发展的需求，以及对外交流和合作的需要；应鼓励和支持多元化的外语教育，不局限于英

语，还包括其他重要的世界语言，如法语、德语、西班牙语等，甚至是一些小语种，这样可以满足我国与世界各国交流的需要，同时也有利于培养具有国际视野的人才；应加大对外语教育的投入，包括资金、师资、设施等，这不仅可以提高外语教育的质量，也可以提高我国的外语水平和国际竞争力；应鼓励我国学校与国外的教育机构进行交流和合作，如开展联合培养项目、交换访问学者、参与国际学术会议等，这样可以增强我国外语教育的国际影响力，有利于我国引进国际先进的教育理念和教学方法；应关注外语教育的公平性，确保所有的学生都有机会学习外语，如通过设立奖学金、提供在线教育等方式，帮助来自不同背景的学生学习外语。

这一政策应以提高我国外语教育的质量和水平为目标，鼓励多元化、全球化的外语教育，同时关注教育公平，以满足经济全球化的需求，培养具有国际视野的人才。

（二）教学内容层面

丰富国际化元素，培养学生的全球化视野。我国的外语教育应引进更多的国际化课程和原版教材，增加对全球文化、历史、经济等多元知识的学习，培养学生的全球化视野；还应注重培养学生的跨文化交流能力，使他们能够在全球范围内有效地交流和合作。

在教学内容方面，考虑引入具有全球视野的教材，这样可以帮助学生更好地理解和接触不同文化的思想和观念。鼓励教师和学生去海外学习和交流，这有助于他们亲身体验不同的文化，提高他们的跨文化沟通能力。此外，还可以引入更多的外国学生和教师，使教室内部就具有多元文化环境。

教师应该使用跨文化的教学方法，如让学生进行跨文化的角色扮演，或者研究不同文化的案例，或者讨论全球的问题；让学生有机会学习其他学科的知识，如历史、政治、经济、社会学等，这有助于他们全面理解其他文化，也可以使他们在全球问题上有更深入的思考，提高他们处理全球问题的能力。教师可以采取模块化教学、弹性学习、翻转课堂等创新性教学模式，充分利用线上线下资源，让学生在多元文化环境中自主学习，形成主动探索、合作交流的学习习惯。

在教学过程中，教师要注重语言技能的教学，为学生提供充足的语言实践环境，让学生在实际应用中提高语言能力，以便更好地进行跨文化交流。除此之外，教师还要传授语言知识，引导学生关注全球问题，培养他们的全球公民意识和社会责任感。

建立国际视野下的高等外语教育发展路径，需要从多方面入手，既要提供全球化的教学内容，也要提供丰富的跨文化交流机会，还要注重语言的实际应用，以扩大学生的视野，培养学生的外语学习能力。

（三）教育主权层面

坚守教育主权，弘扬本土文化。在借鉴国际化课程和教学方法的同时，我们应坚守教育主权，弘扬本土文化，包括在教学内容中注重反映我国的历史文化和现实情况，强化民族认同感，确保教育的独立性和主权。

教育主权是指一个国家有权根据自身的文化、历史、经济和社会背景，决定其教育内容和方式的权力。在推进高等教育国际化的过程中，每个国家都应坚守其教育主权，确保教育符合自己国家的利益和文化价值观。在引进国际化课程和教材时，应注重弘扬本土文化，让学生在了解世界的同时，更深入地理解自己国家的文化，在保持开放的前提下形成自我认同，每个国家应保持教育的自主性。例如，教育决策、教材选择、教学方法等，都应由每个国家自己决定。在全球化背景下，高等教育的目标应是培养具有国际视野、掌握外语技能、理解并尊重不同文化的全球公民。为此，各国应根据自身的国情和需求，制定和实施相应的人才培养策略。在推进高等教育国际化的过程中，应注重公平和包容，确保无论人们的性别、种族、宗教、经济状况等有什么不同，所有人都有接受优质教育的机会。在全球范围内，各国应寻求建立互利合作的教育关系，共享教育资源，共同推进教育发展。

构建国际视野下的高等外语教育发展路径，既要保持教育主权和自主性，弘扬本土文化，又要积极引入国际化的元素，实现教育的公平和包容，寻求互利的国际合作。

（四）人才流动层面

促进国际人才流动，推动教育全球化。我们应鼓励学生出国留学，同时也应吸引更多的国际学生来华学习，实现人才的双向流动，推动教育的全球化。这不仅有利于提升我国的教育质量，也有利于提高我国在国际教育领域的影响力。

每个国家都应鼓励其学生去国外留学，以获得更宽广的视野和更丰富的经验。留学不仅能提高学生的外语技能，而且能让他们直接接触到不同的文化，增强他们的跨文化交际能力。

吸引国际学生到自己的国家学习也是提升高等教育国际化水平的重要方式。为了吸引更多的国际学生，各国可以提供一系列的奖学金和补助，以减轻他们的经济负担；也可以提供更加丰富和多样化的课程选择，以满足他们的学习需求；还可以通过搭建学术交流平台，如国际会议、研讨会等，来增进教师和学生之间的交流和合作，提升他们的研究能力和开拓他们的创新思维。各国应建立并完善人才引进机制，吸引赴海外学习、工作的优秀人才回国工作和生活，这不仅可以提升本国的科研水平，也有助于引入更多的国际化元素。各国可以通过与其他国家的高校建立合作关系，实现教师和学生的互换，这有助于提升各自的教育水平和国际化水平。

人才流动是提升高等教育国际化水平的重要途径，通过鼓励学生留学、吸引国际学生、搭建学术交流平台、建立人才引进机制以及加强国际合作，各国可以在人才流动层面构建国际视野下的高等外语教育发展路径。

在全球化的大背景下，高等外语教育的发展路径应当是多元化、全球化、包容性的。我国应在坚守教育主权的基础上，充分借鉴国际经验，推动外语教育的改革和发展，以适应全球化的新形势，提升我国高等教育的国际化水平。

第二章　中国外语教育基本理论阐释

第一节　外语教育语言学理论

语言学研究的是语言系统，包括语言科学和语言研究两个方面。它关注人类语言的结构、历史发展、运用和社会功能等与语言相关的问题。外语教学研究探讨的是学习一门语言的过程，其研究对象同样是语言。因此，语言学和外语教学研究在研究内容、方法和成果等方面具有密切联系。

语言学的基本理论详细分析和研究了人类语言的一般特点，并从不同角度深入剖析了人们对语言的态度以及不同文化背景下的语言观。在不同的社会发展阶段，人们对语言的认识和社会认知的差异导致了特定社会需求下的语言教学模式的形成。这些理论同样可以解释我国不同历史时期外语教学模式的选择。

除了语言学的基本理论，语言学的许多分支学科对外语教学也有不同程度的影响。

认知语言学是语言学中认可度较高的分支学科，它研究的重点是人类的认知在语言学习过程中的重要作用。近年来，认知语言学在我国的外语教育实践中得到了广泛的应用。认知语言学认为，语言学习者对自己长期生活的环境中的社会实践和社会文化的认知，将在很大程度上影响他们对外语的理解。在外语教学过程中，将认知语言学与外语教学有机融合，可以帮助外语学习者将自身认知经验与外语语言学习相结合，发现母语与外语之间的联系，减少外语学习的难度。①

应用语言学是将语言学理论应用于第二语言教学的领域。它可以帮助学生更全面、深入地理解外语教学，并探索外语语言的本质。应用语言学在明确外语教学安排方面具有重要意义。它强调以学生的具体学习目标为导向，制订合理的教学计划和方案，并注重外语教学过程的科学性。

语料库语言学是一门以语料库为基础进行语言知识研究的科学。作为语言学体系中的新兴领域，它为外语教学提供了创新的方法论支持，丰富了外语教学的理念。语料库教学可以帮助学生深入理解词汇和句式在实际交流中的应用，而不仅仅停留在单词和固定句式的记忆层面。语料库中丰富的内容可以丰富外语教学内容，为外语课堂注入新的活力，帮助学生建立自主学习模式，并提升学生对外语学习的兴趣。目前，语料库语言学在外语教学中的应用仍处于探索阶段，具有广阔的发展前景。

语言本质理论是外语教学的重要基础，它为外语教学内容的设计、教学材料的安排和教学活动的展开提供了多方面的启示。具体而言，语言本质理论包括结构主义理论、转换生成语法理论和功能派语言理论等，这些理论可以帮助教师更好地理解语言的结构和功能，从而更好地指导教学实践，提高教学效果。

一、结构主义理论

结构主义理论强调语言是由一系列规则和模式构成的系统，通过对语言现象的观察和分析，可以揭示这些规则和模式。

结构主义革命始于 19 世纪末至 20 世纪中期，美国和英国的结构主义语言学者在这一革命中做出了重要贡献。他们通过对语言符号的分析，强调了语言结构的内部关系和规律，推动了语言学研究的发展，并对其他学科的理论和研究方法产生了影响。

美国结构主义语言学的起源可以追溯到对印第安人口头语言的研究。早期的研究者记录了印第安人的口语资料，并对这些资料进行分析，试图总结出语言结构及其特征。他们认为语言不仅是交际工具，还是一种规则系统，

① 王二丽．英语教学论 [M]. 北京：新华出版社，2018：5-6.

可以通过系统化的分析和总结来深入理解其本质。[①] 这种方法成为美国结构主义语言学的核心思想，并为后来的语言学研究奠定了基础，对理解语言的本质和结构产生了重要影响。

美国结构语言学家在研究时发现，口语表达和传统语法之间存在差异，包括语法错误和非正式表达方式。此外，不同语言在音位系统、词素系统和句法系统等方面存在独特差异。这些结构上的差异对外语学习者产生了干扰和影响。例如，中、英两种语言之间存在巨大差异，在英语学习过程中，汉语会对英语学习产生一定干扰和影响。因此，美国结构语言学家认为在外语教育中，应重点解决外语和母语在结构上的差异问题。

对比分析法是解决语言差异问题的方法之一。美国语言学家拉多（R. Lado）在《跨文化语言学》一书中使用多个实例阐释了对比分析法的使用方式，并试图比较不同语言的语音体系。然而，随着对语言结构研究的深入，人们发现对比分析法也存在一定不足。母语并非影响外语教育的唯一因素。

二、转换生成语法理论

在 20 世纪 50 年代，诺姆·乔姆斯基（Noam Chomsky）提出了转换生成语法理论，主张语言能力是人类内在的天赋能力，学习语言是发掘这种内在能力的过程。转换生成语法理论强调句子的深层结构和表层结构，认为句子的意义不仅取决于单词的顺序，还取决于句子的语法结构。在外语教学中，这一理论鼓励教师重视学生的语言发展过程，为学生提供丰富的语言输入，培养学生运用内在语言的能力。

乔姆斯基认为，语言使用是受到语法规则限制的行为，但人类的创造力使得有限的语言单位能够创造出无限、复杂的语言表达。[②] 这一点令人惊叹。因此，语言学习不仅仅是学习特定的句子，更需要理解语言规则，并运用这些规则创造新的语言表达。

在转换生成语法理论中，乔姆斯基提出了句子的双重结构理论，即将句子的结构划分为表层结构和深层结构。表层结构描述句子的形式，深层结构

---

① 李红霞 . 大学英语教学研究 [M]. 天津：天津科学技术出版社，2017 : 107.

② 乔姆斯基 . 乔姆斯基语言哲学文选 [M]. 徐烈炯，尹大贻，程雨民，译 . 北京：商务印书馆，1992 : 179.

指明句子所表达的意义。句法规则是转换生成语法理论的核心，包括短语结构规则和转换规则，这些规则不仅有助于学生理解语言结构，还有助于他们将深层结构转换为表层结构。

通过学习转换生成语法的理论，人们能更好地理解句子结构和句法规则，从而更好地掌握和应用语言。

三、功能派语言理论

语言是人类进行交际的重要工具，也是一种复杂的符号系统，可以用来表达思想、情感和意图。语言的基本特性是交际性，即人们通过语言来传递信息、交流思想、分享情感和实现合作。传统的语言研究主要关注语言结构的分析和描述，然而，语言研究不应该只停留在语言结构的层面，还应该从功能的角度对语言使用的情境和意义进行研究。

为了更全面地理解语言的使用的意义，一些语言学家提出了功能派语言理论。[①] 这种理论认为语言使用的最终目的是交际，因此语言的结构和使用方式都应该从交际的角度来考虑。功能派语言理论主要探索语言使用中的功能、言语行为和交际行为，强调探讨语言使用的意义和目的，以及语言使用者在不同情境下的交际行为。

在功能派语言理论中，韩礼德是英国功能学派的代表人物。他在《语言功能的探索》一书中论述了语言功能的双重地位，即微观功能和宏观功能。宏观功能主要包括人际功能、思维功能和篇章功能，这三种功能主要出现在人们已经对语言有一定认知后，追求应用语言进行表达和信息传递的阶段。而微观功能主要包括个人功能、工具功能、相互关系功能、规章功能、想象功能和启发功能，这六大功能主要出现在学生学习母语的阶段。

海姆斯（Dell Hymes）是一位语言学家和人类学家，他在 20 世纪 70 年代提出了“交际能力”的概念，用于描述一个人在特定社交和文化环境中使用语言的能力。与乔姆斯基的语言能力和语言运用的概念不同，海姆斯强调语言使用的社交和文化方面。交际能力是一种综合能力，不仅包括对语言规则的理解和运用，还包括对语言使用目的、方式、适宜性和效果等因素的理解。交际能力不仅是语言学习的重要目标，也是社交和文化适应的必备条件。

① 云桂宾 . 语言行为和语言技能 [M]. 北京：北京广播学院出版社，1998：27.

卡南尔（Canale）和斯温纳（Swain）是语言交际功能领域的重要研究学者，对语言交际功能的发展做出了重要贡献。语言交际功能主要由语法功能、策略功能、篇章功能和社会功能组成，这四种功能相互作用，构成了语言交际的基本要素，对于确定外语教育的重点具有重要意义。

功能派语言理论认为语言的最终目的是交际，因此语言的结构和使用方式都应该从交际的角度来考虑。这一理论的发展使语言学的研究从结构性研究向功能性研究转变，更加注重语言在实际交际中的使用情境和意义。在外语教学中，功能派语言理论强调培养学生的实际交际能力，鼓励教师设计真实、有意义的交际任务，让学生在实际交际情境中学习和使用外语。

这三种语言本质理论为外语教学提供了理论支持，帮助教师更好地设计教学内容、安排教学材料和展开教学活动，从而提高学生的外语水平和实际应用能力。通过功能派语言理论，学生可以更深入地理解语言使用的意义和目的，以及语言在不同情境下的交际行为和言语行为。这将有助于他们提高实际交际能力，灵活运用外语进行交流，更好地适应社会和文化环境。

第二节 语言习得基本理论

一、行为主义学习理论

行为主义学习理论，源自对人类心智的探究，其影响范围远远超出了心理学范畴，深入教育、社会工作等各个领域。

行为主义学习理论将学习视为一种行为的改变过程，关注学习者与外部环境之间的互动。根据行为主义观点，学习是通过刺激和反馈来塑造并加强特定行为模式的。该理论强调环境刺激和反馈的作用，认为行为可以通过正向强化和负向强化来加强或减弱。行为主义学习理论的重点是通过建立正确的刺激—反应机制和提供适当的反馈来塑造并巩固学习者的行为。这一理论的实践应用范围广泛，包括教育、培训和行为改变等领域。依据行为主义学习理论，教育者可以设计出有效的教学方法和技术，以促进学习者的行为改变和技能发展。

（一）行为主义学习理论的历史

行为主义学习理论的起源可以追溯到19世纪末期。当时，心理学家正在努力建立一种科学方法来研究人类行为。在这个时期，人们普遍认为人类的行为是由内部心理过程驱动的，这些心理过程无法直接观察或测量。这种观点受到一些研究者的批评，他们认为心理学应该以可观察的行为为研究对象，而不是以无法测量的心理过程为研究对象。

这些批评引领着行为主义学派的诞生。在早期，行为主义心理学家主要研究动物的行为，以此来探索学习和行为的基本原理，其中包括行为主义心理学家约翰·华生（John Watson）等一些知名的心理学家。他们通过实验研究发现，动物可以通过重复学习与环境的关联关系来改变行为。

到了20世纪，斯金纳（B.F. Skinner）成为行为主义学派的重要代表人物，并提出了操作性条件反射的概念，即行为可以被条件化和塑造，通过正面和负面强化来改变与控制行为。他的实验研究和理论贡献对于行为主义学派的发展和应用产生了深远影响，也成为学习理论研究的重要基础。

行为主义学习理论是由对传统心理学对内部心理过程的批评而引发的。随着实验方法的发展，行为主义学派逐渐形成，并成为研究动物和人类学习行为的重要理论框架。

（二）行为主义学习理论的基本原则

1. 学习是基于环境刺激和反应的

行为主义学习理论认为，学习是在环境的刺激下发生的，人们对环境做出反应，并且这种反应是可观察和可测量的。环境刺激可以通过各种方式来呈现，如声音、光线、味道和触觉等。学习的目的是在特定的环境下正确地做出反应。

2. 学习是通过强化和反馈来加强的

强化和反馈是行为主义学习理论的核心概念。强化是一种增加行为出现频率的过程，而反馈则是提供信息来指导行为的过程。正强化是一种通过给予奖励来增加行为出现频率的过程，负强化是一种通过消除不愉快的刺激来增加行为出现频率的过程。正反馈是一种通过提供信息来增加行为出现频率的过程，负反馈是一种通过提供信息来减少不良行为的过程。行为主义学习理论认为，正确地运用强化和反馈，可以改变人的行为，使其更符合期望和要求。

3. 学习是可预测和可控制的

行为主义学习理论主张，学习是基于环境刺激和反应的，因此人的行为是可预测和可控制的。这意味着，正确地设计环境刺激和反馈，可以预测和控制人的行为，使其更符合预期和要求。这个原则对教育和培训等领域具有重要意义，教师和培训师可以通过精心设计的教学和培训方案来实现学习目标。

（三）行为主义学习理论在教育中的应用

1. 教学设计

行为主义学习理论认为，正确地设计环境刺激和反馈，可以预测和控制人的行为，因此教学设计应该注重提供正确的环境刺激和反馈。[①] 例如，教师可以通过设置正确的学习目标、提供适当的指导和支持、给予积极的强化和反馈等方式，来帮助学生获得知识和技能。

2. 教学评估

行为主义学习理论主张，学习是可预测和可控制的，因此可以通过测量学习结果来评估教学效果。[②] 例如，教师可以通过考试、测验、布置作业等方式来测量学生的学习成果，从而确定教学效果。

3. 奖励和惩罚

行为主义学习理论认为，通过奖励和惩罚，可以强化或减少某种行为。[③] 在教学过程中，教师可以通过给予奖励（如表扬、奖励）来增加学生的积极行为，也可以通过惩罚（如警告、扣分）来减少学生的不良行为。

4. 自我管理

行为主义学习理论认为，人可以通过自我管理来改变自己的行为。[④] 在教学过程中，教师可以通过教授学生自我管理的技能，如设立目标、制订计

① 崔刚．外语学习的心理与神经理论 [M]. 南宁：广西教育出版社，2021：110.
② 崔刚．外语学习的心理与神经理论 [M]. 南宁：广西教育出版社，2021：110.
③ 崔刚．外语学习的心理与神经理论 [M]. 南宁：广西教育出版社，2021：110.
④ 崔刚．外语学习的心理与神经理论 [M]. 南宁：广西教育出版社，2021：110.

划、设定奖励和惩罚等，来减少学生的不良行为。

（四）行为主义学习理论的局限性

行为主义学习理论虽然具有一定的可行性，但也存在一定的局限性。首先，行为主义学习理论忽视了人的内在心理过程，如感受、情绪和认知等。这些内在心理过程对人的行为和学习同样具有重要影响。其次，行为主义学习理论可能会导致过度强调外部奖励和惩罚，而忽视内在动机和兴趣的重要性。在教育中，过度强调外部奖励和惩罚可能会导致学生对学习失去兴趣，降低学习效果。最后，行为主义学习理论忽视了人的自主性和创造性，人类行为不仅仅是对外界刺激的简单反应，还具有一定的自主性和创造性。在教育和培训中，应该综合运用多种学习理论，以达到更好的教学效果。

二、认知主义学习理论

认知主义学习理论认为学习者的先前知识和经验对新知识的理解与记忆具有重要影响，该理论强调学习是一个主动的认知过程，学习者通过对信息的加工和组织来构建新的知识结构。在教学过程中，教师需要充分考虑学生的先前知识和经验，并帮助他们建立新知识与旧知识之间的联系。为了促进学生的学习效果，教师可以采用多种教学策略，帮助学生建立知识结构，以及引导学生反思和调整学习策略等。

认知主义学习理论注重学生的自主学习、深层次学习和创造性思维，认为学习者通过积极参与和主动思考，能够更好地理解和应用知识。该理论为教育教学提供了重要的理论支撑和实践指导，教师可以根据学生的认知特点设计教学活动，激发学生的学习兴趣和动机，培养学生的自主学习能力和批判性思维。

认知主义学习理论在 20 世纪 60 年代至 80 年代初期兴起，并对教育学和心理学领域产生了深远影响。它的核心概念包括学习者的先前知识和经验、知识的组织和结构、认知策略的运用等。该理论的应用也不局限于教育领域，在认知心理学、信息处理和人机交互等领域也得到了广泛应用。

认知主义学习理论强调学习者的认知过程和策略对学习的影响，提倡学生自主学习和发展深层次思维。该理论为教育教学提供了重要的理论基础和实践指导。教师可以根据认知主义学习理论，设计合适的教学策略和活动，以促进学生的有效学习和知识构建。

（一）皮亚杰的发生认识论

皮亚杰（J.Piaget）是瑞士心理学家，他的发生认识论是认知心理学中的一个重要理论，其核心思想是人类的认知发展是一个逐步适应和调整的过程。该理论在教育教学领域得到了广泛应用，对促进学生认知能力的发展和优化教学策略有着重要的指导作用。

发生认识论的核心观点是：人类的认知能力是随着人的生长和发展逐渐建立起来的。[①] 皮亚杰将人的认知发展划分为四个阶段，包括感觉运动阶段、前运算阶段、具体运算阶段和形式运算阶段，每个阶段有其特定的认知特征和能力，而这些阶段的转化是一个逐步适应和调整的过程。

（1）感觉运动阶段（出生到 2 岁）：在这个阶段，婴儿通过感官和身体运动来探索世界。他们开始理解物体常设性（物体即使不被看到也会继续存在）和因果关系。

（2）前运算阶段（2 岁到 7 岁）：在这个阶段，儿童开始用符号（如言语和图像）表示对象。他们还显示出自我中心的思维，即难以从别人的角度看问题。此阶段的儿童还不能理解保持的概念（例如，如果你将同样数量的水从矮宽的杯子倒入高瘦的杯子，水的数量仍然相同）。

（3）具体运算阶段（7 岁到 11 岁）：在这个阶段，儿童开始能处理具体的信息并理解更复杂的概念，如因果关系、分类和序列。他们能理解和使用逻辑，但仍然很难处理抽象或假设的情境。

（4）形式运算阶段（11 岁以上）：在这个阶段，儿童可以进行抽象思考和推理。他们可以处理复杂的假设和理论，并对其进行推理和测试。

发生认识论强调认知的发展是通过适应性过程实现的。适应性过程是指人们通过不断地适应和调整自己的认知结构和行为来适应环境的变化。在适应性过程中，人们通过感知、运动、思考和语言等活动，不断建立和调整自己的认知结构和知识体系，以更好地适应外界环境。

---

① 《外语界》编辑部．掌握语言知识发展语言应用能力——大学英语教学研究（四）[M]. 上海：上海外语教育出版社，2003：228.

在发生认识论的指导下，教育者可以采用一系列教学策略，以帮助学生在不同的认知阶段获得更好的学习效果。例如，在感觉运动阶段，教育者可以为婴儿提供丰富的感官和运动体验，促进其感知和运动能力的发展。在前运算阶段，教育者可以为幼儿提供丰富的象征性玩具，鼓励他们探索和发展符号与象征性思维能力。在具体运算阶段，教育者可以使用各种实例和模型，帮助学生建立具体的思维模型，发展对不同概念和关系的理解。在形式运算阶段，教育者可以引导学生运用符号系统进行推理和推断，帮助学生发展形式逻辑思维能力。

皮亚杰的发生认识论是认知心理学中的一个重要学说，这一学说对于深入理解人类认知发展的机制和规律，以及指导教育教学实践，具有重要的理论和实践价值。

（二）苛勒的完形—顿悟学习论

完形—顿悟学习论是由德国心理学家沃尔夫冈·苛勒（Wolfgang Köhler）于 20 世纪 20 年代提出的。这一理论是对心理学领域传统的试错学习理论（Trial-and-Error Learning）的重要补充。完形—顿悟的核心观点是，个体在面对问题时，可以通过对信息的整合和重新组织，从而突然产生解决问题的新思路，实现顿悟。

1. 顿悟的特点

（1）突然性。顿悟发生时，个体会突然产生一个解决问题的新思路，因此这个过程往往是突如其来的。

（2）结构性重组。顿悟是一种对已有信息进行整合和重新组织的过程，其中涉及对问题的全面理解和关键元素的识别。

（3）内省。顿悟往往伴随着个体对自己思维过程的反思，有时甚至是在一种无意识的状态下进行。

（4）快速且持久。顿悟学习通常很快就能产生效果，且所学到的知识往往能长时间保留。

2. 完形—顿悟学习论的意义

（1）补充传统学习理论的不足。完形—顿悟学习论突破了传统试错学习理论的局限性，强调思维重组在解决问题中的重要作用。

（2）促进创新思维的发展。完形—顿悟学习论对教育和培训领域具有重要意义，它鼓励探索非传统的解决问题的方法，从而促进创新思维的发展。

（3）应用于心理治疗。完形—顿悟学习论在心理治疗领域也具有一定的应用价值。例如，在认知行为疗法中，顿悟可以帮助个体识别和改变其不合理的思维模式，从而改善情绪和行为。

尽管完形—顿悟学习论存在一些局限性，但它仍然为心理学、教育学和其他相关领域提供了宝贵的理论资源，强调了思维重组在解决问题中的重要作用，也为研究者提供了一个理解人类心智运作、学习过程和认知能力的独特视角。

该理论强调儿童的认知能力是逐步发展的，并且在一定时期内会出现顿悟的现象。完形—顿悟是儿童认知能力发展的重要标志，也是儿童智力发展的重要标志。在教育实践中，教育者应该创造积极的学习环境，为学生提供足够的经验和知识，鼓励学生自主学习和思考，以促进他们认知能力的发展和完形—顿悟的出现。教育者还应该注意到每个学生的认知差异，采用不同的教学方法和策略，帮助学生提高其个人认知水平。这样可以更好地促进学生的认知发展，增强学习效果。

（三）布鲁纳的发现学习理论

杰罗姆·布鲁纳（Jerome Bruner）是美国知名的心理学家、教育学家，他的发现学习理论对现代教育领域产生了深远影响。布鲁纳强调学习过程中的主动发现与探究的重要性。学习者应当在学习过程中不断地发现新知识、新技能和新概念。因此，发现学习理论强调学习者的主动性和学习过程的发现性，以及教育的个性化和有意义性。

1.发现学习理论的基本观点

（1）构建知识。学习者需要在探索、研究和解决问题的过程中，逐步建立起对新知识的理解。学习者在学习过程中不断地发现新知识、新技能和新概念，有助于培养其创新精神和独立思考的能力。

（2）以问题为导向。发现学习理论强调学习过程应当以问题为导向，这样学习者在探索问题的解决方案时，会更加主动地参与学习过程，并在其中发现新知识。

（3）适度的指导。适度的指导对于学习者的发现学习是非常重要的。过多的指导可能会导致学习者失去自主发现的机会，而过少的指导则可能让学习者迷失在探索过程中。

（4）个体差异。布鲁纳注意到不同的学习者有不同的学习方式和速度。因此，发现学习理论强调要根据每个学习者的特点进行个性化教学。

（5）意义性学习。学习应当是有意义的。学习者在发现学习的过程中，需要在实际情境中应用新知识，从而使学习变得更加有意义。

2. 发现学习理论的教育启示

（1）强调学生的主体地位。教师的角色应从传统的教学者转变为学生学习的引导者和助手，鼓励学生积极探索，发掘他们的兴趣和潜能。

（2）创设真实的学习情境。发现学习理论强调解决问题的能力，教师应设立各种情境，让学生面临真实的问题，通过自己的努力找到解决问题的方法，这样既能够提高他们的思维能力，也能够提高他们的动手能力。

（3）关注个体差异，因材施教。每个学生的学习方式和节奏都是不同的，因此教师应关注个体差异，针对每个学生的特点和需要进行个性化教学，以最大限度地发挥他们的学习潜力。

（4）注重教育过程的合作与交流。通过团队合作，学生可以分享彼此的想法，学习如何沟通和协作，这对于他们未来的职业生涯和社交生活都是非常有益的。

（5）培养终身学习的习惯。发现学习理论鼓励学生对知识的持续追求，培养他们的终身学习习惯和能力，以适应快速变化的社会和生活。

3. 发现学习理论在教育实践中的应用

（1）课堂教学。在课堂教学中，教师可以发现学习理论为指导思想，设计富有挑战性的问题，激发学生的探究兴趣。需要注意的是，教师应引导学生自主发现问题、自主解决问题，培养他们的独立思考能力。

（2）课外活动。在课外活动中，教师可以组织各种实践性、探究性的活动，让学生在实际操作中发现问题、解决问题，锻炼学生的实践能力和创新能力。

（3）评价与反馈。教师在评价学生的学习过程和成果时，应充分考虑学生的个性特点，关注学生在发现学习过程中的付出与努力。评价方法应多样化，既应包括传统的笔试、口试，也应包括学生在实际操作中的表现、团队合作能力等。教师要及时对学生的学习过程和成果进行反馈，以帮助学生发现自己的优点和不足，提高学习效果。

（4）教育资源与技术的运用。教师在运用现代教育技术进行教学时，应注意激发学生的学习兴趣，鼓励学生自主探索和发现，利用网络资源、多媒体教学等手段，为学生提供丰富的学习资源，扩大学生的学习视野。

（5）家庭教育。家长也应以发现学习理论为指导思想，鼓励孩子自主探索、发现问题，培养孩子的独立思考能力。家长应关注孩子的个性特点，提供个性化的教育支持，帮助孩子发挥自己的优势。

布鲁纳的发现学习理论为教师提供了一种全新的学习方法和教育理念，使学习过程变得更加生动、有趣，有助于培养学生的创新精神和独立思考能力。在教育实践中，教师应以发现学习理论为指导思想，关注学生的主体地位和个性特点，创设真实的学习情境，培养学生的终身学习能力。

（四）奥苏伯尔的认知—同化学习理论

认知—同化学习理论由戴维·奥苏伯尔（David Ausubel）提出，该理论强调新知识与既有知识之间的联系以及理解性学习在教育过程中的重要性，学习过程实际上是新知识与既有知识相互作用、同化的过程。通过将新知识纳入既有知识体系并根据新知识调整和丰富既有知识体系，学习者能够更好地理解、掌握和应用新知识。

奥苏伯尔将学习分为接受性学习和发现性学习。接受性学习是指教师将学习内容以定论形式教授给学生，学生接受并记忆这些内容。发现性学习则是学生在教师的引导下，通过自己的探索和思考发现学习内容，形成自己的认知结构。

此外，奥苏伯尔还将学习过程分为机械学习和意义学习。机械学习是指学习者对知识进行硬性记忆，可以记住词汇和形式，但不能理解这些内容的内在意义。意义学习则是教师将新知识与学生已有认知结构中的相关概念联系起来，使学生理解学习内容的意义。

奥苏伯尔的认知—同化学习理论强调在教学过程中，教师应采用适当的教学策略以促进学生的理解性学习。这些策略包括利用学生已有的先行组织概念来引导学习，逐步展示新知识与既有知识之间的联系，提供丰富的实例和应用场景以帮助学生将新知识与现实生活相联系，鼓励学生主动探索、提问和讨论，以便更好地理解和消化新知识，以及关注学生的学习进度和成果，及时提供反馈和评估，帮助学生了解自己的学习情况并调整学习策略。

奥苏伯尔的认知—同化学习理论为教育者和学习者提供了一个有益的理论框架，有助于提高教学和学习效果。教育者在实际应用时，还要结合学生的个体差异和学习需求，灵活运用各种教学方法和策略，以实现更为全面、有效的教育。

教育者应注意在教学中平衡各种学习类型，关注学生的个体差异和学习需求，以确保教育的全面性和有效性。教育者需要与学生保持良好的沟通，以了解学生的学习情况，及时调整教学策略，从而激发学生的学习兴趣和积极性，提高学习效果。在这个过程中，学生的自主学习和探索精神至关重要，他们需要在教师的引导下，通过不断的实践、思考和讨论，形成自己的认知结构，实现真正意义上的学习。

三、建构主义学习理论

建构主义学习理论是一种重要的教育学习理论，强调学习者通过构建新的知识和理解来主动建构其知识结构。该理论认为，学习不是一个被动的过程，而是一个主动的过程，学习者必须参与并与所学知识进行交互，才能建立起自己的知识结构。

建构主义学习理论的核心思想是，学习者不是知识的被动接受者，而是知识的主动构建者。这意味着，学习者需要通过自己的经验和观察，来构建自己的认知模型。建构主义学习理论的核心观点是，人们通过对自身经验的反思及与外部世界的交互，来建立自己的知识结构。

建构主义学习理论是一种以主动参与、交互和建构知识为核心的学习理论。该建构主义学习理论源于对认知发展和社会文化学习的研究，是教育学和心理学领域中的一种主流学说。

（一）建构主义学习理论的核心概念

建构主义学习理论的核心概念包括学习者的主动参与、交互和建构。学习者的主动参与是指学习者需要积极参与学习过程，主动地探索和发现新的知识。学习者的交互是指学习者通过与他人和环境的互动，构建自己的知识结构。学习者的建构是指学习者通过整合既有知识和新知识，来建立自己的认知模型和知识结构。

建构主义学习理论还强调学习者的个体差异和知识的文化依存性。学习者的个体差异指的是不同学习者在接受和处理知识时，会受到自己的经验、文化背景、语言和认知风格等多种因素的影响。知识的文化依存性指的是不同文化背景下的人们，对于同一事物的认知和理解是不同的。因此，建构主义学习理论认为，学习者需要根据自己的情况和背景，主动构建自己的知识结构。

（二）建构主义学习理论的主要支持者

建构主义学习理论的主要支持者有皮亚杰和维果茨基。

皮亚杰是建构主义学习理论的奠基人之一。他认为，学习是一个主动建构知识的过程，并强调学习者的适应性平衡，即学习者通过调整自己的认知模型，适应不同的环境和情境。他将人的认知发展划分为四个阶段，学习者在不同的年龄和认知水平下，会以不同的方式构建知识结构。

维果茨基是建构主义学习理论的另一位重要支持者。他的主要贡献是提出了“最近发展区”的概念。维果茨基认为，学生的发展有两种水平，即实际发展水平和潜在发展水平。其中，实际发展水平指的是学生在独立活动时所能够达到的解决问题的水平，而潜在发展水平则指通过教学和指导所能够达到的水平，也就是学生的潜力。两者之间的差距，就是最近发展区。

维果茨基认为，教学应该着眼于学生的最近发展区，提供带有一定难度的内容，激发学生的积极性，发挥他们的潜能，超越其最近发展区的水平，从而达到下一发展阶段的水平。[①] 这就要求教师了解学生的实际发展水平和潜在发展水平之间的差距，根据学生的情况提供适当的支持和指导，帮助他们实现潜在的发展水平。

---

① 维果茨基．思维与语言[M]．李维，译．杭州：浙江教育出版社，1997：78.

（三）建构主义学习理论的影响

1. 认识方面

建构主义学习理论强调学生在学习中是主动建构者和信息加工的主体，这对于高校外语教育来说非常重要，因为学习外语需要学生主动掌握语言知识和技能，能够积极地构建意义和知识。教师也需要从传授知识的角色转变为学习的指导者和学生主动性的激发者，以更好地引导学生进行学习。

2. 学习方式方面

建构主义学习理论强调学生之间的互助与协作关系，提出了互动式教学模式，该模式强调学生的参与性与能动性。在外语教育中，这个模式非常适用，因为语言学习需要学生积极地参与语言交际活动，通过与他人的交流和互动来提高语言能力。

3. 学习内容方面

建构主义学习理论强调学习内容和学习材料的意义与趣味性，主张语言材料的输入要结合学生现实生活与社会热点话题，这可以帮助学生更好地理解语言知识和技能，并在实践中进行运用和巩固。

4. 测试形式和内容方面

建构主义学习理论提出了基于情境和交互的口语考试形式，要求学生在交流中展示自己的语言能力和沟通能力。

（四）建构主义学习理论的应用

1. 课程设计

学习应该基于学习者的兴趣和需求，并与学生的文化背景相关。因此，在课程设计中，应该考虑学习者的不同文化背景，并根据学生的兴趣和需求，提供不同的学习资源和任务，以促进学生的主动参与和建构。

2. 教学策略

学习者应该通过与他人和环境的交互来建构知识。因此，在教学中，应该使用不同的教学策略，包括合作学习、角色扮演、探究式学习、问题解决和项目学习等，以促进学生的交互和合作。

3. 评估方法

学习者是通过尝试和错误来建立自己的认知模型的。因此，在评估学生的学习成果时，应该使用多种方法，包括观察、记录、反思和自我评价等，以便学生能够了解自己的学习进展，并对自己的学习进行调整和改进。

第三节　高等外语教育理论

一、教育学理论

教育学是一门研究教育过程、教育方法和教育目标的学科，涉及学习理论、教学方法和课程设计等多个方面。教育学理论是对教育实践的科学解释和理论支持，能够为教育决策者和教师提供指导。

教育的本质在于促进个体的发展。从个体的角度看，教育是一个学习过程，包括知识、技能、价值观和态度的获取。从社会的角度看，教育是一个社会化过程，是社会传统和文化的传承。因此，教育学理论要研究的一个重要问题是，如何有效地促进个体的学习和社会化。

学习理论是教育学理论的重要组成部分，包括行为主义学习理论、认知学习理论和建构主义学习理论等。行为主义学习理论主张通过外部刺激和反馈，来影响和改变学生的行为；认知学习理论强调学习者的内在认知过程，如信息处理、记忆、思考和解决问题；建构主义学习理论认为学习是学习者主动构建知识的过程，强调学习者的主体性和学习环境的重要性。

教学方法是教育学理论在实践中的应用，包括讲授法、讨论法、案例教学法、项目学习法、合作学习法等。不同的教学方法有不同的理论基础，适用于不同的学习目标和学习内容。教师需要根据学生的特点和学习情境，灵活选择和使用教学方法。

课程设计是教育学理论的应用，包括课程目标的确定、课程内容的选择和组织、教学活动的设计、评价方法的选择等。课程设计需要考虑学生的需求和兴趣、社会和文化的要求、学科知识的特点，以及学习理论和教学方法的指导。

另外，教育学理论还关注教育的社会功能及教育政策。教育不仅是个体发展的手段，也是社会进步的工具。教育政策的制定需要基于教育学理论的研究，综合考虑教育的社会效益、公平和效率的平衡、资源的合理分配等问题。

教育学理论是教育实践的科学基础和理论指导，为教育目标的设定、学习过程的设计和教育政策的制定提供了重要支持。

二、课程理论

课程理论是教育学理论的重要组成部分，它研究如何设计、实施、评价和改进课程，以提高教育质量和效果。课程理论包括课程哲学、课程设计、课程实施、课程评价等多个方面。

课程哲学研究课程的本质、目标和价值。课程的本质是什么？课程的目标是什么？课程的价值在哪里？这些问题的答案取决于教育者的教育观和人生观。例如，如果教育者认为教育的目标是培养具有创新能力和批判性思维的公民，那么课程应该包括多元化的知识内容，培养学生的独立思考能力和问题解决能力及公民素质等。

课程设计是课程理论的核心，它研究的是如何制定课程目标、选择和组织课程内容、设计教学活动和评价方法等。课程设计应该基于学生的需求和兴趣、社会的需求、学科的发展，以及教育目标和教学理念等因素。课程设计的过程应该是参与性的，参与主体包括教师、学生、家长、社区和其他利益相关者。

课程实施是课程理论的关键，课程实施关注的是如何在教学过程中实现课程目标，提高教学效果。课程实施包含教学方法的选择和使用、教学资源的开发和利用、教学环境的创设和管理等。课程实施应该是动态的，需要教师根据学生的反馈和自己的反思，不断调整教学策略和教学行为。

课程评价研究的是如何评价学生的学习效果、教师的教学效果及课程的效果和质量。课程评价的内容应该是全面的，包括学生的知识和技能、思维和情感、态度和价值观等；课程评价的过程应该是公正的，遵循有效性和可靠性的原则；课程评价应该是形成性的，通过不断的反馈和改进，提高学习和教学效果。

课程理论为教师更好地理解和实践课程、提高教育质量和效果提供了一个理论框架和实践指南。在高校外语教学中，课程理论的应用可以帮助教师更好地设计和实施课程，满足学生的需求和期望，最终实现教育目标。

三、教育心理学理论

教育心理学是一个交叉学科，它将心理学的理论和方法应用于教育实践，研究个体在教育环境中的心理过程、行为规律以及影响学习效果的各种因素。教育心理学的主要研究领域包括学习心理学、发展心理学、教育测量学、教育指导和咨询等。

学习心理学专注于探索人类学习的心理机制，涵盖了注意力、记忆、思考、情绪和动机等多个方面。其中，有效的学习需要集中注意力去获取和处理信息；记忆是学习的底层支撑，整个学习过程本质上就是一个记忆的过程，包括信息的编码、储存和提取等步骤；思考是学习的核心环节，通过思考，人们能理解信息、分析问题并找到解决办法；情绪和动机是推动学习的引擎，正面的情绪和积极的动机能提升学习效率。

发展心理学研究的是个体从生到老的心理发展历程，包含了认知发展、语言发展和社会情感发展等多个方面。如皮亚杰的认知发展阶段理论、维果茨基的社会文化理论、布鲁姆的教育目标分类法等，都是教育心理学领域里的重要理论。

教育测量学着眼于如何准确衡量和评估学习效果，包括成绩测量、能力测量和态度测量等多个维度。在教育测量学中，测试和评价手段是主要的研究工具，如标准化测试、教师自制测试、观察法、面谈法等。

教育指导和咨询是教育心理学的重要实践领域，涉及学业指导、职业指导、心理咨询等多个方面。它们的主要目标是协助学生解决在学习和生活中遇到的问题，从而提升他们的学习和生活质量。

教育心理学通过研究学习的心理过程、发展规律、测量方法和指导技巧，为提高教育效果提供理论支持和实践指导。在高校英语教学中，教育心理学的理论和方法可以帮助教师更好地理解和引导学生，从而提高教学效果。

四、教育语言学理论

教育语言学是一门关注教育背景下语言问题的学科。它的研究领域主要包括第二语言教学与学习、双语教育、语言政策和规划、课堂话语分析、语言评估等。教育语言学的研究不仅包括对语言现象的描述，也包括对教育实践的应用和改进。

（一）指导教学方法和策略

教育语言学的许多理论为高等外语教育提供了理论依据和策略。例如，交际能力理论指出，教学的目标不仅是教授学生语法和词汇，更重要的是培养学生的交际能力，这对指导外语教学实践具有重要意义。[①] 元认知策略理论则强调培养学生的自主学习能力，这对高等教育尤其重要。[②]

（二）理解学生差异

教育语言学理论中的多元智能理论提供了理解学生差异的视角，能够帮助教师设计和实施差异化教学。在高等外语教育中，理解并尊重学生的个别差异，调整教学方法和策略以适应不同学生的需求和特点，是提高教学效果的关键。

（三）课程设计与教材开发

教育语言学的研究成果对外语课程设计和教材开发具有指导作用。例如，教材应提供真实的语言使用情境，并强调任务和项目学习，以提高学生的语言运用能力。

（四）评估学生的语言发展

教育语言学提供了评估学生语言发展的理论和工具，能够帮助教师了解和评估学生的学习进度，为制定教学决策提供依据。例如，可以使用标准化的语言测试，也可以使用课堂观察、学习档案等形式评估学生的语言发展水平。

① 戴晓东．跨文化交际理论［M］．上海：上海外语教育出版社，2011：140.

② 冯维．高等教育心理学［M］．重庆：西南师范大学出版社，2020：99.

五、教育生态学理论

教育生态学是一种跨学科的研究范式，结合了生态学的一些核心原则和理论，并将其应用于教育理论和实践中。该理论以系统论为基础，特别是开放系统理论的观点，强调教育活动与其所处的环境的交互性。以下是对教育生态学理论主要观点的详细阐述。

（一）教育系统是一个开放的系统

这个观点源于开放系统理论，强调系统与环境之间的相互作用。教育系统不是孤立存在的，而是与其所处的环境（如社会、文化、政策、技术、经济等）紧密相连，存在着复杂的相互作用。例如，社会文化的变化会影响教育目标和内容，技术进步会改变教育方式和手段，经济条件会影响教育资源的配置等。

教育生态学理论强调教育活动和环境的互动关系。对于高等外语教育而言，学习环境不仅包括教室环境，也包括社会环境，甚至包括全球环境。例如，教学方法、教学资源、评价制度等构成了硬件环境，社会对外语人才的需求、对外语学习的态度等构成了社会环境。这些环境因素都会对学生的外语学习产生影响。

（二）教育系统是一个动态的系统

这个观点源于动态系统理论，强调系统的变化和发展。教育系统的各个组成部分（如学生、教师、课程、教学方法等）不断地进行交流和相互影响，从而推动系统的发展和变化。例如，教师的教学方式会影响学生的学习效果，学生的反馈又会促使教师改进教学方法，这样就形成了一个动态、互动的过程。

（三）教育系统是一个多元化的系统

这个观点源于多元化理论，强调系统的多样性和复杂性。教育系统包括各种不同的个体（如学生、教师、家长、社区成员等）和组织（如学校、教育机构、政府机关等），每个个体和组织都有其独特的功能和角色，也都有其各自的需求和目标，它们的相互作用和协调构成了教育系统的复杂性。

教育生态学理论强调教育系统的多元性和复杂性。学生、教师、教材、教学方法等都是高等外语教育系统的组成部分，每个部分都有其独特的特点和功能。因此，教师需要根据各部分的差异或需求，采用多元化的教学方法和策略，以提高教学的效果和效率。

（四）教育系统是一个自适应的系统

这个观点源于自适应系统理论，强调系统的学习和调整能力。教育系统各部分能够通过学习和调整来适应环境的变化，以保持自身的稳定和发展。例如，学校可以根据社会需求的变化调整课程设置，教师可以根据学生需求的变化调整教学方法，学生可以根据学习任务的变化调整学习策略等。

在外语学习过程中，学生需要根据学习环境和任务的变化，调整自己的学习策略和方法；教师需要根据学生的反馈和学习结果，调整教学计划和方法。这种自适应的学习和教学，可以帮助学生和教师更好地应对语言学习的挑战，提高学习和教学的成功率。

（五）教育系统是一个有机的、整体的系统

这个观点源于整体论，强调系统的整体性和有机性。教育系统的各个部分是相互关联、相互影响的。这就要求教育者从整体的、全局的角度来看待和处理教育问题，而不是孤立地看待和处理教育问题。

在外语学习过程中，语言技能（如听、说、读、写）、语言知识（如词汇、语法、文化知识）等都是相互关联的，学生和教师需要整体地、协调地进行学习和教学。

教育生态学理论为高等外语教育提供了一种全新的理解和改进的视角，可以帮助教育者更好地理解和改进外语教育的实践。

第三章　中国高等外语教育的多维目标、原则与过程

第一节　中国高等外语教育的多维目标

关于高等外语教育的目标，学者的观点各有不同，莫衷一是，但是大致可以分为三大类：培养学生语言认知与应用的能力、培养学生明确文化定位的能力、培养学生的思辨能力。

一、培养学生语言认知与应用的能力

（一）语言知识教学

1.词汇教学

外语教学的语言知识教学目标涵盖了词汇、语法、音位等多个方面，其中词汇教学是核心内容。词汇是一门语言的基石，对学生的语言表达和理解能力至关重要。对于英语学习者来说，掌握丰富的词汇是语言表达的关键。词汇教学的目标主要包括三个方面：词义理解、词汇运用及词汇结构掌握。

（1）词义理解。词义理解是词汇教学的基础。它要求学生能够理解单词在不同语境中的含义。教师需要提供丰富的例句和实际情境，以使学生能够在不同语境中感知词汇的意义。此外，教师可以采用多种教学方法，帮助学生更全面地理解词汇；教师还可以教授学生一些词汇记忆技巧，如关联记忆法、词根词缀法等。

（2）词汇运用。词汇运用是词汇教学的重要目标。在理解词义的基础上，学生需要学会如何在实际语境中恰当地运用词汇。词汇运用能力反映了学生对词汇的熟悉和掌握程度。教师需要设计各种语言活动，如角色扮演、情景对话、写作等，让学生有机会在真实的语境中使用词汇，从而提高他们的词汇运用能力。

（3）词汇结构掌握。词汇结构掌握也是词汇教学的重要目标。词汇结构教学有助于学生理解构词规律，从而更有效地记忆和理解单词。掌握构词规律对于高效、准确地记忆和理解单词至关重要。教师可以通过教授词根、词缀等构词元素，帮助学生扩大他们的词汇量，提高他们的词汇记忆效率。

词汇教学的目标为帮助学生掌握丰富的词汇，理解词汇在不同语境中的含义，能够在实际语境中恰当地运用词汇，并掌握构词规律。这些目标都需要教师采用恰当的教学策略和方法，创造真实的语境，激发学生的学习兴趣和动机，最终帮助他们提高外语语言能力。

2. 语法教学

语法教学是外语教学的核心环节，其目标不仅包括帮助学生掌握描述性知识，也包括帮助学生掌握程序性知识。描述性知识涵盖了各种语法规则，如词法、句法和篇章结构，涉及词类、从句、时态、语态、情态等方面。程序性知识则关注如何运用这些规则来实现有效的交流。这两类知识是相辅相成、缺一不可的。

（1）描述性知识。对于描述性知识，语法教学的目标是帮助学生理解和掌握各种语法规则，其内容不仅包括对词法的学习，研究词的构成和分类，词的转换、派生、合成以及词组的不同类型等，也包括对句法、句子的组成部分、句子的分类和标点符号的学习和使用等。该类型知识可以通过课堂教学、课本阅读、练习题等方式来获取。

（2）程序性知识。单纯地理解和记忆语法规则是不够的，更重要的是让学生能够在实际的语言环境中运用这些规则，这就涉及程序性知识的学习。程序性知识作为一种技能，需要通过实践和应用来掌握。教师可以通过设计各种实践活动，如角色扮演、情景对话、写作等，让学生有机会在真实的语境中运用语法知识，从而提高他们的语法运用能力。

（二）实践技能教学

1. 外语口语教学

外语口语教学的目标是多方面的，不仅包括语音训练，也包括提高学生的交际能力，加深学生对英语文化的理解。

语音训练是外语口语教学的基础。它包括对音节、重音、弱读、连读、意群和停顿等的发音和语调训练。正确的发音和语调是语言表达和理解的基础，因此，教师需要设计各种活动，来帮助学生掌握外语的音韵规律，提高他们发音的准确性和自然性。

提高学生的英语交际能力也是口语教学的重要目标。在这个过程中，学生需要学习如何在不同的语境中进行有效的口头交流，如何理解和运用各种会话策略，如请求、建议、道歉、感谢等。教师可以通过模拟真实的交际场景，如购物、旅行、面试等，为学生实际运用他们所学的语言知识和技巧提供机会。

英语口语教学也应注重英语文化知识的传授。语言和文化是密切相关的，理解目标语言的文化可以帮助学生更好地理解和使用语言。教师可以通过介绍英语国家的风俗习惯、历史背景、社会制度等，帮助学生更深入地了解英语文化，从而提高他们的跨文化交际能力。

英语口语教学的目标是帮助学生掌握正确的发音和语调，提高他们的交际能力，掌握有效的会话技巧，并深入理解英语文化，以实现有效、自然、恰当的英语交际。

2. 英语听力教学

英语听力教学的目标是培养和提升学生的听力能力，其中听力知识的巩固起着基础性的作用。听力知识主要包括语音知识、语用知识、策略知识和文化知识等。

（1）语音知识。语音教学是听力教学的重要组成部分之一。通过语音教学，可以规范学生的词汇发音，从而有助于学生更好地理解听力材料中的单词和短语，提高听力的准确性和流利度。

（2）语用知识。语用知识在听力教学中也具有重要意义。语用知识指的是语言在交际过程中的运用方式，包括习惯用语、交际用语和话语分析等。学习和掌握语用知识，可以帮助学生更好地理解英语语境下的交流习惯和对话方式，减少听力误判，提高听力理解能力。

（3）策略知识。策略知识对于学生的听力能力也至关重要。学生通过掌握一定的策略知识，可以根据不同的听力任务选择合适的听力方式。例如，预测和猜测上下文信息、关注关键词语和词汇提示等。策略知识的运用可以帮助学生更有针对性地应对听力考试或日常听力活动，提高听力成绩。

（4）文化知识。文化知识在英语听力中也具有重要作用。通过学习不同国家的文化习惯和背景知识，学生可以增进对多元文化的了解，这可以辅助他们更好地理解听力材料，更全面地理解对话背后的意义，从而推理出作者的意图。

英语听力教学的目标是通过巩固学生的听力知识，包括语音知识、语用知识、策略知识和文化知识，培养和提升学生的听力能力。通过学习正确的发音，掌握语言运用方式，运用有效的听力策略以及了解不同文化背景，学生可以更准确、流利地理解听力材料，提高整体的听力水平。

3. 英语阅读教学

英语阅读教学的目标是培养学生的阅读能力。英语阅读在我国的教育评价体系中占据重要地位，教师应该更加注重实际应用，以提高学生的分析和思考能力、拓宽他们的视野、扩展他们的英语思维。

（1）提高学生的分析和思考能力。通过阅读不同类型的英语文章，学生将学会分析和理解文章的结构、主旨和观点，学会从文章中提取关键信息进行推理和解释，并形成自己的观点和见解。这种分析和思考的能力对于学生的学术发展和终身学习至关重要。

（2）拓宽学生的视野。通过阅读各种题材和文体的英语材料，学生将了解不同领域的知识和观点，增加他们对世界的了解；通过阅读文学作品、科学文章、历史记载和社会评论等，培养他们的跨文化理解力和跨学科思维能力。这有助于他们成为具有全球视野的学习者和思考者。

（3）扩展学生的英语思维。通过阅读英语文本，学生将逐渐习得英语思维方式和表达习惯，学会用英语思考问题、表达观点和进行逻辑推理。这种英语思维的培养将有助于提高学生的口语表达和写作能力，并使他们更自信、流利地运用英语进行交流。

为实现这些目标，教师应选择以分析文章结构为主的高效阅读教学模式，教授学生如何识别文章的主题句、段落结构、关键词和逻辑关系等。通过训练学生分析和解读不同类型的文章，可以帮助学生提高阅读速度、扩展理解深度和信息获取能力。此外，教师还可以引导学生根据阅读材料进行讨论和写作活动，以促进他们的思维发展，提高他们的表达能力。

4.英语写作教学

英语写作教学的目标是培养学生谋篇布局的能力，并能确保文章内容的完整统一，同时保持句子的和谐连贯和逻辑性。

（1）培养学生谋篇布局的能力。学生在写作之前应该学会谋篇布局，确定文章的整体结构。一般而言，文章的结构应包括引言段、支持段和结论段，而段落的结构应包括主题句、扩展句和结论句。然而，文章的类型不同，结构也会有所不同。在教学中，教师需要全面培养学生的谋篇布局能力，使其能够根据文章内容选择适当的扩展模式。

（2）确保文章内容的完整统一。文章的所有内容，包括事实、观点和例子等，都应围绕着中心思想展开，以保持内容的一致性。此外，各个部分也要具备完整性。教师可以通过专项训练，有针对性地培养学生的写作能力，从而确保文章内容的完整统一。

（3）保持句子的和谐连贯和逻辑性。句子的排布应具有逻辑性，句子之间要通过连接词组有机地结合在一起，内容环环相扣，流畅展开。教师可以针对过渡语进行专项训练，帮助学生掌握合适的过渡词和短语，从而使句子之间的连接更加流畅自然。

（三）文化教学

从表面看，中、英两种语言的差异，是源于单词或句子的区别，但更深入的差异实际上是两国文化的差异。在培养学生听、说、读、写等方面的能力时，文化教学是不可或缺的。

1.价值观

中西方价值观存在明显差异。中国的传统价值观强调天人合一，体现的是人与自然、主体与客体、精神与物质的二元合一。这种观念源自中国哲学家对主客体关系的辩证思考。受天人合一价值观的影响，中国人在思维、意识、思维模式以及言语表达等方面，倾向于追求整体性，重视感知体验和综合性。天人合一价值观认为，人与自然、主体与客体之间存在内在的联系和相互影响。中国传统文化注重人与自然的和谐共生，强调人类应当尊重自然、与自然相互依存。这种观念反映在中国人的价值观和行为模式中，体现为谦逊、尊重传统、注重和谐关系的特点。

相比之下，西方价值观强调天人分相，将世界看作由多个独立物体组成的整体，这些物体可以独立存在。因此，西方文化更强调个体的自主性和个人主义，强调人类通过思维和行动来认识世界、改造世界和征服世界。西方文化注重个人权利、竞争和个人成就。

中西方的这种差异源于文化和哲学的不同根基。中国的观念强调和谐、整体性和相互依存，而西方的观念强调个体的独立性和个人的自由选择。需要指出的是，这种对比并不意味着中西方价值观的对立，而是存在着交流和融合。在当今全球化的背景下，中西方文化之间的相互影响和互动已经日益增加，不同文化之间的交流与融合也在不断推进。

在跨文化交流中，了解和尊重他人的价值观是至关重要的。这种了解和尊重有助于促进不同文化之间的和谐共存，推动文化多样性的发展，并为全球社会的进步和发展做出贡献。

2. 思维方式

思维方式是由社会环境塑造的，地理、历史、经济和文化背景的差异导致不同地区和文化中的人们具有不同的思维方式。中西方的思维方式存在着显著差异，主要原因是受不同文化和哲学观念的影响。

中国传统思维方式强调内倾性，更倾向于直觉、感知体验、意会和领悟，而不是依赖于严密的逻辑推理。中国文化注重人与自然的和谐关系，追求整体性的思考，因此中国人更注重感受和体验事物的综合性，通过整体把握和融会贯通来理解问题。这种思维方式反映了中国哲学中的一些核心概念，如天人合一、阴阳平衡和五行相生相克等。

西方的思维方式更加注重逻辑性和理性分析。西方文化强调个人的独立性和自主性，追求精确、可重复和可证实的知识，因此西方人倾向于进行逻辑推理、实证研究和精确的观察，强调分析和解构问题。西方哲学中的思辨主义、科学主义和个人主义等也对西方的思维方式产生了影响。

随着文化交流和融合的不断推进，不同文化中的人们越来越具备跨文化思维能力，能够灵活运用不同的思维方式。

3. 非语言交际

非语言交际在外语教学中扮演着重要角色，它指的是除语言因素外，人在表达时还会用到交际环境中其他具有信息价值的因素。中西方在非语言交际方面既有共性，也存在差异。

中西方非语言交际的共性主要体现在一些基本的非语言符号和行为上。例如，面部表情、姿势、眼神接触和身体动作等都是非语言交际中常见的表达方式。这些共性的非语言符号在交际中都能传达情感、态度和意图等信息。

中西方在非语言交际中也存在一些文化差异和个性特点。在中西方文化中，面部表情的解读方式有所不同。在西方文化中，面部表情通常直接反映个人的内心感受，而在中国文化中，面部表情往往控制得更多，注重社会面子和情感保持。此外，身体动作和姿势在不同文化中也具有不同的含义。例如，西方人可能倾向于使用大幅度的手势和身体动作来强调自己的观点，而在中国文化中，过于夸张的身体动作和手势可能被认为是不礼貌或不得体的。

在外语教学中，非语言交际是不可忽视的教学内容之一。教师应该教授学生了解和掌握非语言交际的基本规则和文化差异，从而帮助学生掌握适当运用面部表情、身体语言等非语言符号的技巧，提高他们在交际中的表达能力和理解能力。在外语教学中，教师还应引导学生学习和理解非语言交际的隐含信息，因为非语言交际往往能够传递语言背后的情感、意图和隐含信息。学生通过观察和分析非语言交际的细节，能更好地理解不同交际场景中的信息。

4. 语言交际

中西方在语言交际方面存在显著差异，这主要是受不同文化背景和社会文化规约的影响。比如，社交称谓是中西方语言交际中的一个明显差异点。在汉语中，身份类称谓种类繁多、范围广、使用频率高。常见的身份类称谓有姓加职务、姓加职称、姓加职业，如李副官、秦司令、张老师等。而在英语中，头衔类称谓的使用相对较少，主要限于皇族、政府上层、宗教界、军界和法律界。常见的形式是职称加姓氏，如 Queen Elizabeth（伊丽莎白女王），教授通常以 Doctor 和 Professor 作为头衔称谓。

礼貌用语和交际方式也存在差异。在汉语中，讲究使用恭敬、客气的语言表达，如使用敬语和谦辞来表示尊重和礼貌；而在英语中，尽管也有礼貌用语，但表达方式更为直接简洁，注重与语境和情境的适应。语言的表达方式和语言风格也存在差异。汉语倾向使用比喻、典故和修辞手法，注重言辞的华丽和感染力；而英语则更注重简洁明了、准确表达和逻辑性。这反映了中西方在价值观、思维方式和文化传统方面的差异。

在外语教育中，应充分关注中西方语言交际的差异，并将文化教学融入听、说、读、写、译等方面的教学中。学生需要了解和适应不同文化中的语言交际规约，以提高跨文化交际能力。了解中西方语言交际的差异，有助于增进两国人民之间的相互理解，促进友谊和合作。

中西方语言交际在社交称谓、礼貌用语、交际方式和语言风格等方面，存在着明显的差异。这些差异不仅体现在单词和句子的表达上，更深入地反映在价值观、思维方式、非语言交际和语言交际等方面。在外语教育中，教师应该重视这些差异，并将文化教学融入教学中，以提高学生的跨文化交际能力。

二、培养学生明确文化定位的能力

在高等外语教学中，培养学生明确文化定位的能力是一个重要目标。英语作为一门国际通用语言，在全球范围内发挥着重要的交流和传播作用，因此，高等英语教学应紧跟时代发展，拓展教学内容，以培养学生的文化身份意识和自身文化定位。了解母语文化和目标语文化的定位对于跨文化交际至关重要。母语文化是跨文化交际的基石，如果交流者不能理解自己的母语文化，就无法进行深入的交流。因此，高等英语教学应以中国文化为基础，通过母语文化英译、文化对比等方式开展母语文化教学，从而提高学生的文化对比能力。

人际交流是自我认知与他人认知相互碰撞的过程，缺乏对自身文化和目标语文化的思辨能力将导致交际能力不足。因此，在高等英语教学中，教师应通过启发式教学、文化案例研究等方式来培养和提高学生的文化思辨能力，以使他们在跨文化交际中更好地理解和应对不同文化的差异。只有深入了解目标语文化，学生才能反过来更加深刻地理解母语文化。因此，高等英语教学在文化传承方面具有重要的媒介作用。学生需要在了解本国文化的基础上，积极吸收不同国家文化的精华，为未来跨文化交际奠定坚实基础。

通过深入了解母语文化和目标语文化，培养学生的文化身份意识和文化定位能力，能够使学生更好地适应跨文化交际的需求，提高跨文化交际能力，以为未来的国际交流与合作做出积极贡献。

三、培养学生的思辨能力

外语教学的目标不仅仅局限于语言知识和技能的发展，还包括听说能力和语言文化内容的拓展，如对语言形式背后所传达的观念和思想的理解，以及对学习过程进行深入的分析和思考。外语教学应该致力于培养学生的思考和批判能力，因为思考和批判涉及定义、归纳、解释、讨论和评估等语言活动。

不能简单地将语言技能的发展等同于思考和批判能力的发展。一个人的语言技能水平高，并不意味着他的思考和批判能力也一定高。外语学习可以帮助人们打破原有的理解和交流障碍，建立新的平衡，并不断完善思考和批判的能力。

所有学科都面临着一个巨大的挑战：帮助学生超越原有的知识和经验，运用已有经验及时反思，并改变基于原有经验的观点，从而改变学生体验世界的方式。外语教育强调语言形式和观点之间的联系，使学生逐步掌握、应用并最终构建学习的意义。这个过程需要通过对语言形式和观点的探索来实现。

在外语课程中，培养思辨能力主要通过直接或间接的途径来实现。思考和批判能力所强调的认知技能和情感倾向可以在外语教学中得到有效促进。教师鼓励学生识别、分析和深入理解语言形式和观点之间的联系，从而加强他们对外语的整体认识，为成为终身语言学习者打下基础。

培养学生的思辨能力是外语教育的重要目标之一。外语课程的设计应该致力于提高学生的思考和批判能力，并通过语言教学来促进该能力的发展。通过学习语言形式和观点之间的联系，学生可以逐步理解并运用英语，进而进行深入思考和分析。这样的教学方法能够为学生成为跨文化交流中的有能力的思考者和批判者奠定基础，并为他们的学习和未来的社会交往提供重要支持。

第二节　中国高等外语教育原则

高等外语教学主要有以下五大原则：以学生为主体的原则、全面性原则、实用性原则、循序渐进原则、趣味性原则。

一、以学生为主体的原则

教育活动的基本原则之一是以学生为主体。在外语教学中，老师在引导学生学习的过程中扮演主导者的角色，学生则是学习的主体。老师的任务不仅是传授知识，还包括采用科学的教学方法，激发学生的学习兴趣，增强他们的学习主动性，引导他们进行全面系统的外语学习，并为他们提供必要的支持。为了实现这一目标，教师可以从以下两个方面努力。

一方面，要改变传统的教学模式。在外语教学中，选择适当的教学模式和方法非常重要。作为我国学习人数较多的外语之一，英语的教学方法与其他学科的教学方法有所不同。如果采用填鸭式教育和死记硬背的教学方法，容易让学生感到枯燥，增加学习难度。尽管英语学习在一定程度上需要机械操练和死记硬背，但训练的强度不应过大，否则会适得其反，降低学生的学习积极性，影响学习效果。多年来的英语教学实践表明，单一的教学模式和方法无法满足英语教学的需求。教育者应该综合运用多种教学模式和方法，借鉴各种经验，选择最适合自身教学需求和符合教学客观条件的教学模式与方法。

另一方面，应该以学生为中心，因材施教。学生是知识的接受者，是认知的主体，外语教学的目标是提升学生的外语水平。因此，在外语教学过程中，教育工作者应始终坚持以学生为中心，充分发挥学生在学习过程中的主体作用，其中涉及教材的选择、教育方式的选择、外语课程的设计、教学辅助设施的完善、外语教学环境的优化以及外语教学活动的安排等方面。可理解性的语言输入是人类学习和理解语言的基础，与学习者的认知能力不相匹配的外界输入难以对学习者的语言学习起到积极作用，也不利于提高学习效果。因此，教育工作者需要根据学生的个体差异，因材施教，为学生提供能理解的语言输入，从而提高教学效果。

以学生为主体是教育活动的基本原则之一。在外语教学中，教师应该采用科学的教学方法，激发学生的学习兴趣，提高学生的学习主动性，并为学生提供必要的帮助；应该选择适当的教学模式和方法，根据学生的个体差异为其提供可理解的语言输入。这样可以更好地提升学生的外语水平，实现外语教学的最终目标。不同的学生在不同的外语学习环节中的学习效果有所差异，这要求外语教育工作者要对学生的个体差异有充分的了解，在教学过程中针对不同学生的特点选择不同的教育和引导方式，努力做到在保证整体教学质量和进度的前提下，兼顾每个学生的具体学习情况，因材施教，挖掘学生的潜力，提升学生的学习主动性。[①]

二、全面性原则

1. 重视外语文化教学

外语教学的最终目标是提高学生的外语综合素质，培养全面发展的外语人才，而不仅仅是进行应试技巧的训练。因此，教师应该注重培养学生在各个方面的外语素养，包括外语文化、语言特点与发展历史、风土人情、民族文化、中西方文化差异等。外语学习不仅涉及词汇、语法和写作的学习，也涉及语言文化的学习，因为语言本身既是文化的重要组成部分，也是文化的重要表达方式。从语言的功能属性来看，文化的学习是语言学习的重要组成部分。

跨文化交流不仅需要精通语言，还需要了解和包容不同的文化。不同的文化体系塑造了不同的价值观和行为方式。通过比较和分析中西方文化，学生可以开阔自己的文化视野，增进对不同文化的理解，增强跨文化交流意识，使语言在实际交流中更加准确和得体。

在实际的教学管理和教学实践中，外语教育工作者可以结合教材和相关读物，引入相关的文化知识，使学生对外语文化有一个整体的认识，而不是仅局限于语言工具的学习。例如，在词汇教学过程中，教师可以适当补充词汇的文化意义，拓展其来源、结构和实际应用。这种方式可以激发学生的学习兴趣，同时加深他们对词汇的理解和记忆，远胜于死记硬背。

---

① 冯华，李翠，罗果．英语语言学与教学方法研究[M]．长春：吉林人民出版社，2019：125-128.

（1）Muses 一词来源于希腊神话中主司艺术与科学的女神缪斯，因此 Muses 的衍生词大多与艺术相关，如 music（音乐、乐曲）、museum（收藏艺术品的博物馆）、amusement（表示艺术与娱乐活动为大家带来的快乐）。

（2）罗马神话中的花神芙罗拉，象征着生机勃勃的春天与姹紫嫣红的鲜花，其英文名称为 Flora，她拥有一座长满奇花异草的花园，因此 flora 在英语中有植物、植物群的意思，flora 的衍生词 flower、florist、floruit、floral 等，均与花朵、植物、盛开等相关。

（3）在古希腊神话中，大地女神盖亚是重要的早期神祇之一，生于混沌，代表大地与生命。在希腊语中，盖亚的名字（Gaia 或 Gaea）即有地球、大地的意思；在英语中，“地球、大地”的词根 ge- 及 geo- 就来源于此，并衍生出众多词汇，像 geography、geology、geometry 等，皆与土地、地理、几何相关。

2. 探索新的教学模式

外语教育工作者可以尝试探索新的教学模式，以加强外语文化知识的教学。例如，在英语课堂上留出一部分时间专门教授文化知识，或者定期举办英语沙龙、英语小短剧表演或英语演讲比赛等活动，这些活动将为学生提供与英语文化相关的实践机会，帮助他们更深入地了解和体验英语的语言文化。此外，教师应鼓励学生主动学习相关英语文化知识，通过推荐相关的书籍、电影、音乐和网站等，激发学生的兴趣，促进他们的自主学习。

外语教学需要贯彻全面性原则，这意味着外语教学管理需要从整体出发，对整个外语教学系统进行全面系统的分析，并制定科学合理的教学规划。全面性应体现在英语教学的各个方面。例如，英语教学大纲的制定需要综合考虑语言知识、交际能力和文化素养等维度，确保学生全面发展；英语教材的编写要包含丰富的文化背景和实际应用；英语教学模式的选择要注重培养学生的综合能力和跨文化交际能力；英语教学工作计划要统筹安排各个环节，确保教学目标的全面达成。通过全面的教学管理，可以实现英语教学过程的整体优化，提升学生的综合英语能力。

外语教育工作者还应积极与其他学科的教育工作者合作，推动跨学科教育，如通过跨学科项目、活动和合作教学等形式，为学生提供开阔视野和培养综合素质的机会，让学生在学习英语的同时，获得更多的跨学科知识和综合能力。

三、实用性原则

（一）实用性原则的内容

尽管外语教育的主要目标是培养学生的语言运用能力和实用的外语交际技能，但实用性在外语教学中常常被忽视。在某些阶段，其他语言学习方面的内容往往优先于实际的交流技能培养。例如，在小学阶段，英语教育的重点是语音学习和打下坚实学习基础，更注重的是基础训练，而不是实际交流技能的培养。在中学阶段，学生面临更大的学业压力和有限的英语课程时间，通常强调以考试为导向的教学，以提高分数为主要目标。因此，词汇和语法教学占据了课程的主导地位，而听力和口语技能较少得到关注。虽然与中学相比，大学阶段的英语教学更科学合理，但英语通常被视为通识教育科目，未得到足够的重视。此外，由于需要通过英语水平考试（如 CET-4 和 CET-6），许多学生更注重词汇、阅读和写作技能的学习，而忽视了英语口语练习。研究生阶段，英语能力对于学术研究变得越来越重要，但学生需要平衡专业课程和提高交际能力的需求。总体而言，我国的外语教育需要在学习的各个阶段强调实用性和交际技能，并着重逐步培养学生长期实际运用英语的能力。

在外语教育中，实用性原则是至关重要的。英语作为一种交流工具，提高学生的英语实际运用能力是英语教育的核心目标。因此，教师需要在英语教学的各个阶段贯彻实用性原则，逐步提升学生的英语运用能力。

在教学实践中，教师应明确自己的主导地位和学生的主体地位，注重与学生之间的互动。外语教学的重点应是英语交际能力的培养，而不仅仅是掌握语言形式。因此，教师应将外语作为交际工具来教授，并通过多种教学方式帮助学生将外语语言知识转化为实际的交际能力。在具体的英语教学中，教师应注重讲、练、用的结合，通过英语口语教学和语言训练来培养学生的实际运用能力和交际能力。教师可以在教学过程中穿插英语交际的训练，通过模拟真实的英语交际环境帮助学生进行英语交际能力的训练；还可以利用多媒体、播放影像等手段，向学生展示英语国家人们在不同语境下实际交流过程中的语言运用，以使学生对英语在实际生活中的运用有更直观的印象。

通过这些手段，外语教学可以更好地贯彻实用性原则，逐步提升学生的英语运用能力和交际能力。

（二）实用性原则在外语教学中的体现

提高学生的英语交际能力不仅仅是教师的责任，也需要学校和其他教育机构提供良好的教学环境和资源支持。例如，学校可以组织英语角、英语沙龙等活动，鼓励学生积极参与，从而增加实际运用英语的机会；还可以配备先进的多媒体设备，为教师提供更多教学工具，以支持对学生英语交际能力的培养。

英语教学需要与社会和实际生活相结合。教师可以通过多种方式，如组织学生进行实地考察、参观英语国家的文化和社会机构、与当地人进行交流等，为学生提供与英语母语者交流的机会，加深学生对英语语言和文化的理解。使用现代科技手段也可以为学生提供更多英语交际的机会。例如，教师可以引导学生利用网络和社交媒体平台，与其他英语使用者进行线上交流，分享学习经验和文化差异，提高自己的英语交际能力。

英语教学中的评估和反馈也是提高学生英语交际能力的重要环节。教师可以设计合适的评估方式，如口语测试、演讲比赛、小组讨论等，来评价学生的英语交际能力。给予学生及时的反馈和建议，帮助他们发现自己的不足之处，并提供指导和支持，促进他们在英语交际能力方面的持续发展和进步。

因为提高学生的英语交际能力是英语教学中至关重要的目标之一，所以在教学实践中，教师应发挥主导作用，注重学生英语实际运用能力的培养，帮助学生实现从语言知识向语言交际能力的转化。学校和其他教育机构也要提供良好的教学环境和资源支持，促使学生在多样化的学习环境中积极参与英语交际实践。通过多种途径和手段，包括课堂教学、社交活动、实地考察、网络交流等，可以全面提高学生的英语交际能力，使他们更自信、流利地运用英语进行交流，从而为未来的学习和工作打下坚实的基础。

四、循序渐进原则

循序渐进原则在英语教学中发挥着重要的作用。它涉及教学内容的有机组织和教学方法的适度调整，目的是确保学生能够逐步掌握英语的各个方面，从而提高他们的语言交际能力。

在英语教学的各个环节中，循序渐进原则均较为重要。对于听力教学而言，循序渐进意味着从简单到复杂的过程，即教师应该从简单的单词和短语开始，逐渐引入更复杂的听力材料，如句子、对话和文章等。通过逐步增加听力材料的难度，学生能够逐渐适应英语的语音和语调，并提高他们的听力水平。此外，教师还应该注重训练学生的听力技巧，如预测、推断和理解上下文的能力，以帮助他们更好地理解和应对不同的听力任务。

词汇教学也需要遵循循序渐进的原则。教师可以从常用的基础单词开始，逐步扩大学生的词汇量。通过引导学生积累、记忆和运用词汇，帮助他们逐渐掌握更多的词汇，并且注重词汇的实用性。教师还可以根据学生的兴趣爱好选择相关的单词，帮助学生在实际生活中灵活运用所学词汇，增加学习的趣味性和实用性。

在阅读理解能力的教学中，循序渐进原则同样重要。教师可以选择简单的文章，让学生掌握基本的阅读技巧，如预测、猜测和推理等，并随着教学的推进，逐渐增加文章的难度，引导学生提高阅读理解能力。教师还可以通过选择实用性和多样性的文章，让学生了解不同的文化和思想，以提高他们的阅读能力和综合素养。

循序渐进原则在口语向书面语的过渡中也具有非常重要的作用。从口语到书面语的过渡，是一个逐步提升语言能力的过程。通过口语的学习，学生可以掌握日常生活中的交际用语，在此基础上，通过复杂句式的训练以及英语文化的学习等，可以提升书面语的运用能力和英语综合素养。在学习过程中，词汇的学习也需要循序渐进，中小学阶段所学习的词汇有相当一部分在大学阶段被替代，新的词汇更加正式、专业，更适合在正式场合或学术论文中使用。

循序渐进的原则在整个英语教学过程中起着重要的指导作用。教师需要根据学生的学习情况和发展水平合理规划教学内容和方法，从易到难、由浅入深地帮助学生提升英语语言能力。在教学中，教师可以通过教科书、多媒体教学、互动活动和实践项目等，为学生提供丰富的学习材料和机会，促进学生在英语教学中的全面发展。此外，教师应该关注学生的学习进度和个体差异，根据学生的不同需求和水平，调整教学内容和方法，使每个学生都能够在循序渐进的教学中取得进步。

教师需要正视循序渐进原则在英语教学中的指导作用，合理规划教学内容和方法，逐步引导学生掌握英语的各个方面，从而提高他们的语言交际能力。除此之外，教师还应关注学生的学习进度和个体差异，根据学生的需求和水平进行个性化教学，确保每个学生都能够在循序渐进的教学中取得进步，达到英语交流的自如和准确。

五、趣味性原则

在英语教学中，激发学生的学习兴趣是至关重要的。在我国，一些学生缺乏英语学习的语言环境，他们往往感到英语学习乏味、疲倦，导致学习效果不佳。然而，如果能够培养学生对英语学习的兴趣，提高学习效果就能事半功倍。兴趣能够激发学生的学习热情，增强学生的学习动力，使学生更加主动地融入英语学习中。因此，教师应注重培养学生的学习兴趣，创造有趣、生动且富有挑战性的教学环境，以激发学生的学习热情和积极性。这样，学生在学习英语的过程中将感到更加有趣、有意义，从而取得更好的学习效果。

（一）重视激励的作用

学习兴趣需要建立在自信心的基础上，而自信心的培养离不开教师的认可和鼓励。早在 20 世纪 80 年代，我国教育界已经认识到激励对于提高学生学习兴趣和主动性的重要作用，因此出现了激励教育的理念。心理学认为，激励行为是一个强化的过程，通过一定的刺激来引起个体心理上的变化，从而产生强化作用。人类的进步和发展需要个体建立主体意识，它可以帮助个体将社会的要求转化为自身的需求，并主动寻求进步和自我提高。激励教育作为重要的教育理念之一，可以激发学生的学习动机和学习兴趣，提升学生的积极性和主动性。

在英语教学中，教师是激励的传递者，通过对学生的肯定和鼓励等正向激励，培养学生在英语学习中的自信心和主动性。激励的方式多种多样，包括使用鼓励的语言、设计有趣的任务、给予奖励或体现情感支持等。通过一系列激励过程，学生的兴趣会逐渐增强，从被动接受英语教育逐渐转变为主动学习英语，并将英语学习提升为自身发展的需求，从而有利于维持英语学习的兴趣。这样就形成了一个良性循环，即激励和自我激励相互促进—学习兴趣增强—学习成绩提升。

在实践中，教师可以通过多种方式激励学生。例如，给予学生积极的反馈和认可，鼓励他们克服困难，以及提供有趣且有挑战性的学习任务；与学生进行有效沟通，了解他们的学习需求和兴趣，根据他们的个性化特点提供相应的激励措施。此外，教师还可以引导学生设定目标，制订学习计划，并在学习过程中给予适当的支持和指导，帮助学生建立自信心和实现目标。

（二）提升教学趣味性

提升英语教学的趣味性对学生的英语学习成绩具有明显的影响。因此，教师应避免枯燥乏味的教学方式，采用创新、灵活和有趣的教学方法，以活跃教学氛围，增加学生对英语学习的兴趣。从教学实践中可以看出，趣味性强的教学方法和相对宽松的课堂氛围有助于学生更专注地学习英语。在这种氛围下，教师传授知识，学生积极思考，教师和学生之间形成一种英语教学与学习的合力。在创造宽松的学习环境之前，教师需要维持好课堂纪律，做好教学活动安排，以避免课堂混乱。

教材在英语教学中扮演着重要的角色，教师除了精心选择教材外，还应充分挖掘教材中的趣味点，以激发学生学习英语的热情。此外，教师可以选择一些辅助教材或英语读物，如英文杂志和短篇小说集等，来拓展学生的思维，增加学习英语的乐趣。教材的重要性不容忽视，如果教师想要提高学生学习的积极性和主动性，就必须充分挖掘和利用教材。

教师可以采用多种教学方法和教学资源来增加教学趣味性。例如，引入多媒体技术，利用音频、视频和互动游戏等多样化的教学工具，来吸引学生的注意力。此外，教师还可以组织有趣的小组活动、角色扮演和实地考察等，使学生在实践中学习，增强学习的趣味性和实用性。这样的教学方法能够增加学生的学习动力，同时能够促进他们在英语学习中取得更好的成绩。

（三）改变传统评价模式

新时代对评价模式提出了更高的要求。传统的终结性评价模式以成绩为导向，尽管在某种程度上合理，但它忽视了对学生英语学习过程的考查，且单一的评价体系可能削弱学生的学习热情。因此，英语教育工作者应正视终结性评价中的不合理因素，将终结性评价与形成性评价相结合，更好地反映学生在英语学习过程中的真实表现。

形成性评价模式更加关注学生的学习过程，有助于教师及时发现并纠正学生在英语学习过程中的错误，并根据具体的教学实践改进教学方法。而终结性评价模式适合评估学生在一定阶段内取得的英语学习成果，对于激发学生的学习动力和自信心具有重要意义。

这两种评价体系并非完全对立，而是相互补充的关系。为了促进学生的全面发展，英语教育工作者应以学生为中心，关注学生的整个学习过程，充分发挥两种评价体系的优点，减轻学生在英语学习中的压力，同时提升他们的英语学习水平。这样的综合评价模式有助于培养学生的创新思维、实践能力和综合素质，使他们在面对未来挑战时具备更强的竞争力。

在改变评价模式的过程中，还需要注意以下几点。首先，教师需要进行评价方式的创新和探索，如采用个性化评价、任务型评价等方法，使评价更加贴近学生的实际学习需求。其次，学生应该参与到评价的过程中，鼓励他们对自己的学习进行评价和反思，从而增强学习动力和责任心。家长也应积极参与到评价的过程中，与教师进行有效的沟通和合作。改变评价模式还需要建立相应的评价标准和指标体系，以便更准确地评估学生的英语能力和发展水平。这些评价标准应该涵盖听、说、读、写、译等多个方面，注重学生语言运用能力的提高和综合素质的培养。

改变评价模式需要全体教育工作者的共同努力。教师应接受评价方式的变革，并不断提升自己的评价能力，为学生提供更科学、公正和有效的评价。教育机构和相关管理部门应给予支持和指导，为评价改革提供制度保障和资源支持。

通过改变传统的评价模式，英语教育可以更好地促进学生的全面发展，提高学生的实际英语能力和综合素质。这将有助于学生在未来的学习和工作中更好地运用英语，进而提高我国的英语教育质量和国际竞争力。

第三节　中国高等外语教育过程

一、课程教学要素

在学校教育中，课堂教学作为主要渠道，承载了学生学习、成长和发展的重要任务。课堂教学过程具有独特性，因为它涉及师生之间的信息传递、转化和相互影响。教师需要根据教学目标、任务以及学生的身心发展特点，利用课堂环境，使学生掌握科学文化基础知识和基本技能，发展智力和体力，培养情感和意志，逐步形成健康的世界观，具备较高的道德品质。

关于课堂教学要素，有“三要素”“四要素”“七要素”三种说法。“三要素”包括教师、学生和教材。其中教师是主体，负责教学活动的设计、组织和实施；学生是客体，是教学对象；教材是教学内容，连接教师和学生的纽带。“四要素”在“三要素”的基础上增加了教学手段，强调教学方法在实现教学目标中的重要作用。“七要素”更为全面，包括学生、目的、课程、方法、环境、反馈和教师。我国教学论专家李秉德教授指出，在这“七要素”中，学生是学习的主体，目的主要通过具体课程和方法实现，课程和方法分别受制于教学目的和课程本身，教学环境受制于外部条件，反馈体现在师生双方关于课程和方法的反应上，而教师是其他各要素的中介。[①]

（一）教育目标

教育，作为人类社会的重要实践活动，是以特定目标为导向的，旨在通过系统化和有意识的介入，促进学习者个人和社会的发展。这种目的性使人类教育活动与动物的本能活动形成鲜明对比。

教育的根本目标是引导学习者发展出满足社会需求的知识、技能和价值观。通过制订教学计划、课程和活动，教育工作者引导学习者理解并掌握必要的信息和技巧，以便他们在未来的职业和社会生活中取得成功。教育的

① 李秉德．“教学设计”与教学论[J]．现代教育技术，2000（3）：4-6.

目标不仅仅局限于学术知识的传授，也包括良好道德品质、社交技巧和解决问题能力的培养，还包括激发学习者的兴趣和好奇心，以便他们积极主动地参与学习，不断探索新的知识领域。教育工作者的任务是设计出吸引学习者的课程和活动，以激发他们的创新精神和求知欲，从而为终身学习奠定基础。在信息爆炸的时代，学习者需要能够判断信息的真实性，分析问题的复杂性，能够独立思考，突破固有思维模式的限制。教育旨在促进学习者的全面发展，包括他们的身心健康、社会和情感技能，以及对社会和环境的责任感。由此可见，教育不仅关注学习者的学习成绩，也关注他们的身心健康和个人发展。

教育的目标是通过有目的的社会实践活动，帮助学习者发展出满足社会和个人需求的知识、技能和价值观。在这个过程中，教学目标扮演了导向、调控、测评和激励等多重角色，对整个教育活动的进行起到了至关重要的作用。

（二）教师与学生

教师与学生是教育过程中的两个关键角色，虽然他们在教学过程中的角色有所不同，但又相互影响、密切相关，共同创造出有意义和富有成效的学习体验。

教师在教学活动中的角色主要是指导者和引导者。他们不仅负责传授知识和技能，而且通过设计和实施教学策略，激发学生的学习兴趣，培养学生的学习习惯和技能，促进学生的全面发展。教师也需要评估学生的学习进度和成果，提供反馈，以帮助学生了解自己的学习情况，及时调整学习策略，提高学习效率。此外，教师也需要尊重学生的独立性，充分发挥学生的主体作用，鼓励学生独立思考，培养学生的创新能力和批判性思维能力。

学生在教学活动中的角色主要是学习者和实践者。他们需要积极参与学习活动，主动吸收和掌握教师传授的知识和技能；也需要主动参与学习过程，通过实践和探索，将学到的知识和技能转化为自己的能力；还需要对自己的学习进行反思，通过反馈和自我评价，不断调整和优化自己的学习策略，提高自己的学习效果。此外，学生也需要尊重教师，与教师保持良好的交流和互动，以促进教学活动的顺利进行。

在教学活动中，教师与学生的关系是相互依赖、相互影响的。教师的教学行为影响着学生的学习行为，学生的学习效果又反过来影响着教师的教学行为。他们在教学过程中相互促进，共同推动教学活动的进展。这种“教学相长”的过程不仅有助于提高教学质量，而且有助于培养学生的自主学习能力，提高学生的学习兴趣和学习动力，实现学生的全面发展。

（三）教学内容

教学内容是教育过程中的一个核心元素，它旨在传递人类已有的科学文化知识，丰富学生的认知，并以此为基础，推动学生的全面和谐发展。这是教师在教学过程中向学生施加教育影响的关键媒介。

教学内容主要反映人类已有的知识和经验，包括各学科的基础知识、理论和技术，如数学、物理、生物、历史、文学、艺术、语言等，以及社会生活中的通用知识和技能。这些内容不仅有助于增加学生的知识储备，而且有助于培养他们的批判性思维、创新能力、解决问题的能力及价值观和道德观。

教学内容主要体现在课程计划、课程标准（教学大纲）和教学材料等系列化的课程材料中。课程计划确定了各学科的学习内容和学习顺序，以及教学目标和教学方法等。课程标准（教学大纲）明确了各学科的主要教学内容和要求，以及评价标准。教学材料，如教科书、参考书、实验设备和教学软件等，提供了学习内容的具体信息和学习工具。值得注意的是，教学内容应根据学生的年龄、认知水平、兴趣和需求进行选择和设计，以确保教学活动的有效性和针对性。教学内容也应随着社会的发展和科技的进步进行更新和改进，以保持其时代性和前瞻性。

（四）教学方法和手段

教学方法和手段在教学过程中起着重要的作用，它们是教师有效传递教学内容、完成教学任务、实现教学目标的基本保障。合理的教学方法和手段能够提高教学效率、丰富教学形式，激发学生的学习兴趣，促进学生的全面发展。

教学方法主要包括观念形态的教学方法、教学策略、教学艺术等。观念形态的教学方法主要指教师在教学过程中运用的各种教学模式和教学技巧，如讲授法、讨论法、问题解决法、案例分析法等。选择适合的教学方法，有助于教师传递知识，激发学生思考，培养学生的创新能力和批判性思维能力。教学策略是教师根据教学目标、教学内容、学生特点及教学环境等因素，有意识地选择和组织教学活动的方式，如个体化教学、协作学习、翻转课堂等。教学艺术则包括教师在教学过程中展示的情感、态度、个性和风格，如热情、耐心、公正、开放等。

教学手段主要包括物质形态的技术手段和教学媒体等，如教科书、实验设备、多媒体教学软件、网络教学平台等。这些教学手段为教学活动提供了具体的材料和工具，有助于增强教学的直观性和生动性，满足不同学生的学习需求，提高学习效果。

在教学过程中，教师需要根据教学目标、教学内容、学生特点和教学环境等因素，灵活运用与调整教学方法和手段，以实现教学目标，提高教学效果。

（五）教学组织形式

教学组织形式是教学活动中的重要组成部分，包括教学活动在人员搭配、时间和空间安排等方面的特殊方式、结构和程序。不同的教学组织形式对于完成教学任务、实现教学目标具有不同的作用。

一种常见的教学组织形式是班级授课，也就是教师在一个班级中给所有的学生同时教学。这种形式适合传递共享的知识和技能，可以让教师一次性向学生传达大量信息，提高教学效率。然而，它可能无法充分考虑到每个学生的需求。另一种常见的教学组织形式是小组教学，也就是将学生分成小组进行学习。这种形式可以让学生在更小的群体中互相交流和合作，有助于他们社会交往能力和团队协作能力的提高，也有助于教师关注到每个学生，满足他们的个性化学习需求。还有一种常见的教学组织形式是个别教学，即一对一的教学形式，这是一种极度个性化的教学形式，适用于需要针对个体特点和需求进行深度指导的情况。这种形式可以让教师充分关注每个学生，针对他们的个性化需求进行教学，但可能会消耗更多的教学资源。

在具体的教学活动中，教师需要根据教学目标、教学内容、学生的特点和需求，以及教学环境等因素，灵活选择和组合适合的教学组织形式。例如，对于基础知识的讲授，更适合使用班级授课的形式；对于需要学生深度讨论和合作的项目，更适合使用小组教学的形式；对于需要个性化指导的学习任务，更适合使用个别教学的形式。总的来说，通过合理的教学组织，教师可以更有效地实现教学目标，学生可以更好地满足学习需求。

（六）教学环境

教学环境是教学活动的重要基础，影响着学生的学习效果。它包括两个主要方面：物质环境和精神环境。

1. 物质环境

物质环境主要涉及教学场地、教学设备、图书资料、校园环境等因素。宽阔、清洁、明亮的教学场地，能提供舒适的学习环境，从而使学生在轻松愉快的氛围中进行学习。教学设备，如多媒体设备、实验器材等，能使教学形式多样化，丰富教学内容，激发学生的学习兴趣，提高教学效果。图书资料则是学生获取知识的重要途径，足够丰富的图书资料能够满足学生自主学习和研究的需要。校园环境包括教学楼、图书馆、体育设施等，可以提供多样化的学习和活动空间。

2. 精神环境

精神环境主要包括校风、班风、人际关系、教学氛围等。校风和班风能够对学生的行为产生深远的影响，良好的校风和班风能够激励学生积极学习，树立正确的价值观。人际关系是教学活动中的重要组成部分，良好的师生关系和同学关系，能够创建一个友善、和谐、互助的学习环境。教学氛围则直接影响学生的学习状态，一个轻松、开放、互动的教学氛围，能够激发学生的学习热情，促进他们主动学习。

良好的教学环境既包括优质的物质环境，也包括和谐的精神环境。学校和教师应该重视教学环境的建设，精心设计和改善教学环境，以创造一个有利于学生全面发展的学习环境。学生也应该珍惜和维护好自己的学习环境，共同创造一个有利于自我发展的良好环境。

（七）教学评价

教学评价是教学过程中的重要环节，其目的不仅是判断学生的学习效果，更是对教学过程进行调整和改进，从而达到更好的教学效果。

1. 教学检查

教学检查是对学生学习情况的实时观察和记录，主要用于了解学生的学习状态，包括知识掌握情况、学习态度、学习习惯等。教学检查可以为教师提供及时、直观的反馈信息，使教师能够实时调整教学策略，以满足不同学生的学习需求。

2. 教学测量

教学测量则是通过各种形式的测试，如笔试、口试、实验、实践等，对学生的学习成果进行定量评估。教学测量的结果可以为学生提供明确、具体的学习反馈，帮助他们了解自己的知识掌握程度，以及在学习过程中的优点和不足。

3. 教学评价生成

教学评价生成是在教学检查和测量的基础上，对教学活动的结果进行价值判断，目标是确定学生的学习是否达到了预定的教学目标。教学评价不仅评估学生的学习成果，也评估教师的教学效果，因此，它对于教师和学生都有重要的指导意义。教学评价的结果可以指导教师对教学策略进行调整，也可以激励学生更好地学习。

教学评价是教学过程的反馈和调整环节，它可以提供关于教学效果的重要信息，帮助教师和学生改进教学和学习，从而达到更好的教学效果。在进行教学评价时，应坚持公正、全面、客观的原则，尊重学生的差异性，以促进所有学生的全面发展。

二、课程教育过程溯源

苏联教育家凯洛夫提出的基于班级授课的“五环教学”在我国教育领域产生了长达半个多世纪的深远影响，被一代代教育者所尊崇并广泛运用于教学实践。这一教学法将课堂教学分为五个关键环节：组织教学、回顾旧课、解析新课、巩固新知、布置作业。这种教学模式有助于系统地传授知识，显著提升教学质量。[①]

然而，这一教学法过分注重书本知识的学习和教师在教学过程中的主导

① 陈伟丽，王岩．俄罗斯教育改革之路[M].长春：吉林大学出版社，2016：247.

地位，较少关注学生在学习过程中的主体地位。学生学习的积极性和主动性未得到足够重视，对培养学生思维能力和个人能力的关注度也不够，不利于创新型人才的培养。

为了解决传统“五环教学”法的弊端，教育者需要对教学模式进行改进和创新。首先，关注学生在学习过程中的主体地位和积极参与。教师可以鼓励学生提问、发表观点，以及参与课堂讨论，以激发他们的积极性和主动性。其次，注重培养学生的创新能力和思维能力。教师可以引入问题解决、合作学习等教学方法，帮助学生发展独立思考、批判性思维和创新能力。适当减轻对书本知识的依赖，让学生在实践中探索新知识，形成自己的认知体系。

美国教育心理学家加涅（Robert Mills Gagne）等在《教学设计原理》一书中，把学习过程分为九个阶段。

（1）通过接收器接受刺激。

（2）通过感觉登记器登记信息。

（3）确保选择性知觉信息，以便在短时记忆中储存。

（4）通过复述在短时记忆中保持信息。

（5）为了在长时记忆中保存而对信息进行语义编码。

（6）将长时记忆中的信息提取到工作记忆中。

（7）反应生成并进入效应器。

（8）学习结果表现于学习者的环境中。

（9）通过执行策略对过程实行控制。①

根据上述学习过程的九个阶段，加涅把教学过程（教学事件）也分为九个阶段。

（1）引起注意，确保刺激被接受。

（2）告知学习目标，建立适当的预期。

（3）提示学习者从长时记忆中提取先前习得的内容。

（4）以清晰和富有特色的方式呈现材料，确保选择性知觉。

（5）以适当的语义编码指导学习。

（6）引出行为表现，包括反应生成。

① 加涅，布里格斯，韦杰．教学设计原理[M]．皮连生，庞维国，等译．上海：华东师范大学出版社，1999：34.

（7）提供关于行为表现的反馈。

（8）测量行为表现，包括额外的反应反馈机会。

（9）安排多种练习，以巩固学习成果并提高学习者在不同情境中的应用能力。

加涅的教学设计原理强调了教学活动的有序性和结构性，确保了学习者能够逐步地、有效地掌握知识和技能。这种教学设计方法有助于教师在规划教学活动时，更有针对性地安排各种教学环节，从而提高教学效果。

我国教育心理学家皮连生教授在加涅等总结的教学过程的基础上，构建了"六步三段两支"的现代教学过程模型。①

"六步三段两支"，即六个步骤、三个阶段、两个分支。第一阶段为知识习得阶段，包括第一步到第四步；第二阶段为知识巩固阶段，包括第五步；第三阶段为知识应用与迁移阶段，包括第六步。从第四步开始，过程分为两个分支：陈述性知识学习的分支和程序性知识学习的分支，这两个分支均包括第五步、第六步。这个过程与传统教学过程在形式上相似，但也存在以下区别。

传统教学过程侧重于教师的教学行为，而"六步三段两支"模型关注教师与学生的双方活动，因此这种模型被称为"学教并重"模型，亦可称为授导型或主导型模型。

通过分析上述教学过程模型，可以看出教学过程由一系列相互关联的环节组成。虽然没有固定的模式，但一般认为教学过程包括六个关键阶段：激发求知欲、感知教材、理解教材、巩固知识、运用知识以及检查知识技能、技巧。

对于以目标为导向的单节课的教学过程，其结构可以分为三个部分：导入环节、新授环节和评价环节。其中，新授环节由一个或多个教学目标的实施过程组成。

三、教育过程的基本规律

在教育过程中，内部的各种因素相互依存、相互作用形成了一些稳定必然的联系，这就是教育过程的规律性。

① 皮连生，刘杰．现代教学设计[M]．北京：首都师范大学出版社，2010：90.

（一）间接经验与直接经验相统一

在教学中，学生通过间接经验和直接经验两条途径获取认识，这两者构成了学生知识获取的主要路径。这两种经验之间的相互关系和相互作用，对于学生的学习过程和成效具有重要影响，因此，处理好间接经验与直接经验的关系，对于教学工作有着重要意义。

间接经验主要是指学生通过学习前人的认识成果获得的经验。这种经验是人类科学文化知识的积累，包括人类历史经验的沉积，可以通过书本、网络、影视等多种方式传递给学生。对于学生而言，掌握间接经验，特别是基本的科学文化知识，是他们适应社会、理解世界的重要途径。学校通过设计课程，使学生在最短的时间内以最高的效率掌握人类的基本科学文化知识，从而达到提高学生认知水平和文化素质的目的。直接经验则是学生通过亲身实践获得的经验。这种经验丰富了学生的感性认识，强化了学生的实践技能。学生的直接经验是他们获取知识的基础，也是他们理解间接经验的桥梁。因此，在教学中，应该充分利用学生的直接经验，为他们提供更多的实践机会，引导他们将间接经验与直接经验结合起来，从而将抽象的知识具体化，加深对知识的理解。

间接经验与直接经验在教学过程中应当相互统一、相互促进。一方面，间接经验为学生提供了丰富的知识体系，构建了学生理解世界的框架，但是，间接经验本身是抽象的、理性的，对于学生来说，需要通过直接经验去理解、去实践。因此，直接经验在这里起到了支持间接经验的作用，使间接经验得以实践、得以具体化。另一方面，直接经验丰富了学生的感性认识，使学生能够从自身的体验出发，理解和掌握知识。然而，单纯的直接经验往往是片段的、孤立的，难以构成完整的知识体系，这就需要间接经验来填充、来完善。因此，间接经验在这里起到了引导和延伸直接经验的作用，使直接经验得以系统化。

在教学中，教师要处理好间接经验与直接经验的关系，既要注重传授间接经验，提高学生的知识水平，又要注重引导学生进行实践，丰富学生的直接经验；要引导学生将间接经验与直接经验结合起来，以对知识的理解和掌握更加深入、更加全面。只有这样，才能实现教学的最终目标，即提高学生的全面素质，培养出既具有扎实理论知识，又具有丰富实践经验的复合型人才。

（二）掌握知识与发展智力相统一

在教学中，知识的掌握与智力的发展是相互依存、相互促进的两个重要方面。它们不仅在学生的学习过程中起着关键作用，而且在他们的成长发展中扮演着重要角色。

智力的发展依赖知识的掌握。所谓智力，是指个体的理解、推理、解决问题、思考抽象概念以及从经验中学习的能力。无论是基础知识，还是专业技能，都是智力发展的基础。只有掌握了充足的知识，人们才能更好地理解世界，解决问题。知识的掌握是智力发展的前提和基础。知识的掌握可以提供理解和解决问题的工具，还可以刺激人们的思考，激发人们的想象力，从而进一步提高人们的智力。知识的掌握又依赖于智力的发展。智力的高低直接决定了人们理解和掌握知识的速度和深度。高智力者可以更快、更深入地理解和掌握知识，在面对知识难题时，更能够运用他们思考问题、解决问题的能力，克服困难，取得成功。因此，智力的发展是提高知识掌握水平的关键因素。显然，知识的掌握与智力的发展在教学过程中是相互促进、相互依存的。只有把握好这两者之间的关系，才能确保教学的有效性，提高教学质量。

在教学过程中，教师应该注意促进学生的智力发展，提高他们的理解力、推理力、问题解决能力；还应该注重引导学生掌握知识，激发他们的学习兴趣，鼓励他们主动学习，不断扩大他们的知识面。只有这样，才能更好地促进学生的智力发展，提高他们的知识掌握水平。

掌握知识与发展智力是教学过程中的重要环节，也是提高教学效果、培养高质量人才的关键因素。教师应该深入理解和把握这两者之间的关系，并将其应用到教学实践中，提高教学效果及学生的综合素质。

（三）掌握知识与提高思想水平相统一

在教学过程中，掌握知识与提高思想水平是两个相互联系、互相影响的重要部分。这个统一规律在学生的认知发展、人格塑造以及未来生活中的行动选择等方面都起着关键的作用。

知识是思想水平提高的基础。知识不仅是学生了解世界的基础工具，而且是学生形成和发展自己思想的必要条件。知识为学生提供了观察和理解世界的视角和方式，帮助学生理解并解释其所遇到的各种现象和问题。掌握的知识越多，学生对世界的理解就越深入，学生的思想就能更好地发展。例如，对科学、文化和社会方面基本知识的理解，可以帮助学生形成科学的世界观，培养他们的批判性思维和独立思考能力。

教学内容本身具有教育性，可以对学生的思想产生影响。不论是自然科学、社会科学，还是人文科学，都有其深厚的思想内涵。通过教学，学生不仅能学到知识，而且能接触到各种思想观点，从而提高他们的思想水平。例如，历史教学不仅是让学生了解历史事件，还需要他们理解历史的内在规律，形成科学的历史观。学生思想水平的提高能推动他们更积极、自觉地学习。学生的学习态度、学习动机和学习目标，都与他们的思想水平密切相关。如果学生的思想水平得到提高，他们对知识的渴望将会更强烈，学习的动力也会更足，他们将更愿意主动学习，不断探索新知，从而不断丰富和扩展他们的知识库。教育的目标是培养具有高尚品德、科学世界观和独立思考能力的公民。为此，教师需要将知识的传授和思想水平的提高紧密结合起来，使它们在教育过程中形成一个有机的整体。只有这样，才能真正达到教育的目标，培养出能适应社会需求、为社会做出贡献的人才。

（四）智力因素与非智力因素相统一

在教学过程中，智力因素与非智力因素的相互作用。这两个因素相互影响、相互依存，共同决定了学生的学习效果。理解和掌握这一规律，对于优化教学方式，提高教学效果具有十分重要的意义。

智力因素是指学生通过观察、记忆、思考和联想等心理活动，对事物进行认知和知识掌握的心理因素。而非智力因素则主要指学生在认知和掌握知识过程中的兴趣、情感、意志和性格等心理因素。在教学过程中，智力因素是非智力因素的基础。只有通过智力活动，学生才能成功地认知和理解新知识。这些智力活动也在潜移默化地塑造学生的非智力因素。例如，通过学习和掌握具有价值的知识，学生可以培养起对知识的兴趣和热爱，从而激发他们的求知欲和探索精神。

同时，非智力因素同样对智力因素起着至关重要的作用。学生的兴趣、情感、意志和性格等非智力因素，可以为智力活动提供强大的内驱力。如果一个学生对知识有着强烈的兴趣，那么他在学习过程中的注意力就会更集中，对新知识的理解和记忆也会更加深入。反之，如果一个学生对学习没有兴趣，那么无论他的智力因素如何，都难以实现有效的学习。

在教学过程中，教师需要适时地调动学生的非智力因素，以便更好地促进他们的智力活动。一方面，教师可以通过改进教学方式和方法，使教学内容更加丰富多彩，激发学生的学习兴趣；另一方面，教师可以通过引导学生进行自我教育，培养他们的求知欲、毅力和信心，增强他们的学习积极性和自觉性。优质的教学不仅需要提高学生的智力因素，也需要重视学生的非智力因素。只有当这两个因素协调一致，才能实现最优的教学效果。

（五）教师主导作用与学生主体作用相统一

教师主导与学生主体作用在教学过程中的相统一是实现高效教学的关键。强调教师的主导作用并不意味着忽视学生的主体作用，反之亦然。两者是相辅相成、相互促进的关系，而非相互排斥或抵触的矛盾。对这一规律的理解和把握，对于提升教学效果，激发学生的学习兴趣，发挥学生的创新思维和主动求知的潜力都有着重要的指导意义。

教师的主导作用是显而易见的。作为教育的专业者，教师的专业知识、教育技巧和理解教育规律的能力，使他们在教学过程中具有不可替代的作用。教师的主导作用体现在他们对教学内容的选择和安排、对教学方法和手段的运用、对学生学习过程的引导和激励等多个方面。教师还要扮演评估者的角色，通过对学生学习成果的评价和反馈，帮助学生更好地认识自我，提高学习效果。然而，教师主导作用的发挥并不能忽视学生的主体作用。教育不仅是教师教授知识，更重要的是激发学生的主动性和创新性，使学生成为真正的学习主体。学生是认识的主体，他们的主观能动性，是学习效果的决定性因素。即使是在教师主导的教学过程中，学生也需要积极参与，主动思考，批判性地接受或反思所学知识。只有通过自身的积极认识和实践，学生才能真正吸收和掌握知识，从而实现知识的内化。

教师在教学过程中，不仅要发挥自身的主导作用，也要激发和保证学生的主体作用。这就需要教师以学生为中心，尊重学生的主体性，启发学生的思维，鼓励学生自主探究，引导学生自主学习，通过各种教学手段，创设良好的教学环境和氛围，使学生愿意、善于、乐于学习，进而提高学生的学习积极性和效果。

教师主导作用与学生主体作用的相统一规律，要求教师以其专业知识、教育技巧和理解教育规律的能力，引导和激发学生的主动性和创新性，激发学生的学习兴趣，发挥其创新思维和主动求知的潜力，使学生成为真正的学习主体，从而实现教学目标。

四、外语教育过程的功能

（一）知识传递功能

教学过程不仅是知识的传递，而且涵盖了技能的形成、智能的培养和个性的发展。这种全方位的教学过程，无论是在本土语言教育还是外语教育中，都至关重要。

对于外语教育而言，知识传递的作用尤为显著。首先，知识传递是外语学习者接触新语言及其文化的关键方式。通过教师的指导，学生可以掌握新语言的语法、词汇和发音规则，还可以理解语言背后的文化和社会背景。因此，知识传递在外语教育中不仅包括传统意义上的语言知识，还包括对新语言环境的理解和适应。

外语教育过程中的知识传递也是形成技能的基础。外语学习不仅需要掌握知识，更需要将这些知识转化为实际的语言使用技能。例如，听力理解、口语表达、阅读理解和写作能力都是外语学习者需要掌握的基本技能，这些技能的形成往往需要在掌握知识的基础上进行大量的实践和训练。知识的传递也有助于培养学生的智能和个性。在外语教学过程中，教师应鼓励学生主动思考，通过比较、分析、归纳等多种方法深入理解知识内容。这种活动能够锻炼学生的思维能力，提高他们解决问题的能力，培养他们的创新意识。此外，外语学习过程中的跨文化交际也能促进学生的个性发展，使他们更加开放、包容，更能适应多元化的世界。

知识的传递不仅仅是教师向学生传授知识，更需要学生通过感性认识和理性认识来领会和掌握知识。在外语教学中，教师需要采取多种方法，如直观教具、实验、实习、观察、参观等，使学生从多方面获取感性认识，从而更好地理解和掌握知识；也需要引导学生将感性认识升华为理性认识，深化对知识的理解，从而实现对知识的真正掌握。除此之外，知识的巩固和运用在外语教学中同样重要。只有巩固并将所学知识运用到实际生活中，学生才能真正掌握外语。在这个过程中，教师应鼓励学生通过完成各种书面作业、口头作业、实验和实习等，将所学知识运用到实际生活中。此外，教师还可以组织学生参加一些社会实践活动，引导学生综合地、灵活地运用所学知识，提高他们解决问题的能力。

知识的传递是外语教育过程中不可或缺的一部分，它在知识的掌握、技能的形成、智能的培养和个性的发展中都发挥着重要的作用。因此，外语教师需要采取有效的教学方法和策略，以实现教学过程中知识传递的最大效果。

（二）形成技能的功能

技能形成功能是外语教学过程中的重要部分。在这个过程中，学生通过系统和反复的练习，掌握并熟练应用新语言的各种知识，从而形成一系列的智力技能和动作技能。这些技能不仅能够帮助学生更好地掌握外语，而且能够提高他们的学习效率，使他们更经济、高效地学习和运用新知识。

外语教学过程中的技能形成功能体现在智力技能的形成上。在学习外语时，学生需要掌握大量的语法规则、词汇和表达方式，这就需要他们具备一定的记忆能力。通过反复的学习和练习，学生可以逐渐形成这些智力技能，如理解和应用语法规则的能力、记忆和使用新词汇的能力、语言理解和表达的能力。

外语教学过程中的技能形成功能也体现在动作技能的形成上。在学习外语时，学生需要掌握一些特定的肢体或器官的活动方式，如正确的发音方式、合适的手势和表情等。这些动作技能的形成需要学生通过大量的模仿和实践来实现。例如，通过反复的发音练习，学生可以逐渐掌握新语言的发音规则；通过观察和模仿，学生可以逐渐理解和掌握新语言中的手势和表情等非语言交际方式。这些动作技能的形成不仅能够帮助学生更好地进行语言交际，而且能够提高他们的语言表达能力和交际效率。

然而，技能的形成需要长期的学习和练习才能实现。在外语教学过程中，教师应根据学生的学习进度和水平，合理安排教学内容和方法，逐步提高学生的技能水平；还应及时评价和反馈学生的学习成果，帮助他们了解自己的学习效果，及时调整学习策略，从而更好地形成技能。

技能形成功能对学生的学习成效和发展有着深远的影响。因此，教师在进行外语教学时，应充分认识到技能形成的重要性，采取有效的教学策略，促进学生的技能形成，从而提高他们的学习效果和整体素质。

（三）智能培养功能

外语教育在全球化的趋势下变得越来越重要。学习一门外语不只是获取一种新的沟通技巧，更是一个涉及文化、思维方式、知识和认知能力等多方面的复杂过程。这个过程的复杂性和挑战性，为智能培养提供了一个理想的环境。

外语教学提供了一种环境——学生通过探索和实践学习，以促进智能发展。学习一门新的语言需要学生了解和理解另一种文化和思维方式，这就需要他们运用已有知识和技能，以及他们的批判性思维和解决问题的能力。这样的学习环境鼓励他们进行独立思考和探索，这是培养智能的重要方式。外语教学强调技能的掌握和应用，这对智能的发展也是至关重要的。语言不仅是一种知识，也是一种技能。学生需要通过实际的语言运用来掌握语言技能。这意味着他们需要学习如何在不同的情境中运用语言，如何理解和解释信息，以及如何有效地表达他们的想法和情感。这些都是培养智能的重要环节。外语教学通过传授一种全新的表达和理解世界的方式，帮助学生扩大他们的认知范围，这有助于培养他们的开放思维和适应能力，也有助于他们更好地理解和接纳不同的观点和生活方式。

外语教学鼓励学生通过实践活动进行学习，包括使用新语言进行对话、阅读外文资料、进行语言游戏等。这些实践活动为学生实际运用所学知识和技能提供了机会，有助于培养他们的创新能力和灵活性。

第四章　外语教育中的多维能力培养

第一节　外语教育中的情感态度培养

一、情感态度的概念界定

情感态度的培养是指人的非智力因素的培养。普通心理学对情感态度的定义，主要包含兴趣、自信、动机、意志、自我意识、性格几项内容。

（一）兴趣

兴趣，作为一种强烈的心理动机，反映了人的内心渴望、喜欢和追求。它源于人的内在，与个体的知识、情感、价值观等心理成分紧密相关，常常是动力、活力和创新精神的源泉。

兴趣是一种心理倾向，一种对某些活动、话题或对象产生持续吸引力和注意力的心理状态。一个人的兴趣可能源于对特定领域的知识、技能或体验的好奇心，也可能是对未知的探索，还可能是对已知的深化和延伸。例如，一个对音乐感兴趣的人，可能会花大量时间学习乐理知识，弹奏乐器，或者欣赏各种音乐作品。

兴趣是人的学习、成长和发展的重要驱动力。研究表明，兴趣可以提高个体的学习效率和质量，有利于认知过程的深入和持久。具有兴趣的学习者更容易投入学习，更能耐心地面对困难和挑战，也更可能在学习中获得满足感和成就感。当人们从事自己感兴趣的活动时，往往会经历愉快和满足的情感，这有助于人们对活动的投入和坚持，也有助于提高人们的生活质量。对于很多人来说，追求兴趣是生活的一种重要方式，因为它能够带来极大的乐趣和满足。兴趣引导个体对某一领域进行深入研究和探索，挖掘新的知识和技能，产生新的想法和创新。许多伟大的科学家、艺术家和企业家都是对某一领域有强烈的兴趣，兴趣推动他们不断探索和创新，从而实现突破性成就的。

兴趣是人类行为的重要动力，它关系到人们如何学习、如何感知世界，以及如何创造和创新。无论是个人发展还是社会进步，兴趣都起着至关重要的作用。

（二）自信

自信，又称自信心，是一个人对自己的能力和价值的积极认同与肯定。它是自尊、自爱和自我效能感的重要体现，是个体在应对生活挑战和实现个人目标时的重要心理资源。

自信反映了个体对自身能力和潜力的积极评价。当一个人对自己的能力有足够的了解和认识，能够准确地评估自己的优点和长处时，就会对自己充满信心，愿意接受挑战，勇于尝试新事物。这种自信可以帮助个体克服困难，坚持目标，从而实现个人的发展和成长。

自信源于对自己的肯定和尊重。每个人都有独特的价值和能力，自信的人能够认识到这一点，对自己的存在和生活方式有积极的认同，愿意按照自己的方式生活和工作。他们不容易被他人的看法和评价影响，能够根据自己的价值观和目标来决定自己的行为和决策。然而，自信并不等同于自大或者自负。自大或者自负往往表现为过度的自我中心和自我崇拜，忽视了对他人的尊重和理解。而自信的人则能够理性地看待自己的能力和价值，既能看到自己的长处，也能认识到自己的短处。他们知道自己的价值不仅取决于他们的表现和成就，而且取决于他们的内在品质和特质。此外，自信也有助于个体的社会交往和人际关系。自信的人更容易赢得他人的尊重和信任，他们的言行更具说服力和影响力，能够建立健康的人际关系。

自信是个体成功的关键因素，它有助于提高个体的心理健康，提高个体的学习和工作效能，增强个体的社会适应能力。通过提高自我认知，建立正面的自我形象，培养良好的心理素质，每个人都可以提高自己的自信心，从而更好地实现自己的目标和理想。

（三）动机

动机，是个体行为的发起点，为实现某个目标而付出努力的一种心理状态。动机源自人们对某个目标的注意力与兴趣，它决定了人们注意力的集中方向，降低了人们对非目标事物的感知阈限，增强了人们的反应速度，并在整个过程中促进了人们行为的有效提升。

在教育和学习中，动机有着极为重要的地位。动机可以被分为内在动机和外在动机。内在动机来源于学习者的内在需求和兴趣，如对某一学科的热爱、对知识的好奇、对挑战的渴望等。这种动机可以使学习者更主动地学习，更专注地完成任务，对学习者的学习效果有极大的促进作用。

外在动机则来源于外界的刺激，如奖励或者惩罚。外在动机也能提升学习者的行为激活水平，但其作用时间相比于内在动机可能较短。因为当外界的奖励或惩罚减少或消失时，外在动机也会随之减弱或消失。所以，在教学过程中，教师应当合理利用外在动机，同时也要努力激发学生的内在动机。动机是驱动人们行动、走向成功的重要力量。无论是在学习、工作还是在生活中，正确的动机可以帮助人们集中注意力，积极面对困难，持续提升自我。

在教育中，教育者要鼓励学生找到自己的内在动机，使他们在学习中感受到乐趣和满足，因为这样的学习是最有效的，也最可能是持久的。教育者也要适时地给予学生外在的激励，让他们感受到成功的喜悦，进一步增强他们的动机。

动机是人类进行任何活动的原动力，是人类实现目标、实现自我价值的关键。无论是内在动机还是外在动机，都在人类的行为中起着重要的作用。理解动机、合理利用动机，是人类获得成功的关键。

（四）意志

意志，指的是人在追求某一目标或任务的过程中，通过自我调节，克服各种困难和挑战的心理过程。它是人们内在力量的体现，是人们完成任务、实现目标的重要驱动力。

意志在人们的认知过程中起到了核心的调节和控制作用。当人们设定了一个目标，意志就会引导人们将注意力集中在这个目标上，并帮助人们维持持续的精力和专注，从而提高人们完成任务的效率和质量。当人们遇到困难和挫折时，意志就会激发人们的韧性和坚持，帮助其克服挑战，坚持到底。情绪对意志的影响是巨大的。当人们面对困难时，如果人们能产生积极的情绪体验，比如坚定的信念、乐观的态度等，这些情绪会促进人们的意志活动，让人们更加坚定地去克服困难，实现目标。相反，如果人们产生了消极的情绪体验，如恐惧、焦虑、沮丧等，这些情绪就会阻碍人们的意志活动，让人们犹豫不决，甚至放弃。

了解并管理情绪，对于一个人的意志发挥是非常重要的。人们需要培养积极的情绪态度，把挑战视为提升自己的机会，把困难视为激发内在力量的触发器，这样意志力就会更加强大、更加坚定。

（五）自我意识

在学生的成长过程中，自我意识的形成是一项重要的心理任务。自我意识的产生意味着他们开始明白自己是一个独立的个体，有自己的思想、情感和能力，同时也意味着他们开始关注自己在社会中的地位和角色。这是一个必然的发展阶段，但同时也带来了一些挑战。

自我意识的形成往往会激发出一种自我保护机制，这种机制可能表现为回避、退缩等行为，这是因为他们害怕面对挑战和困难，害怕出错，害怕自己的能力不足以应对问题。这种心态在教学过程中是需要被关注和引导的。

教育者需要尊重学生的自我意识，认识到他们的自我保护机制是对挑战和困难的自然反应。同时，教育者也需要引导他们了解挑战和困难是成长中的一部分，是提升能力和磨炼意志的重要途径。教育者需要通过各种方式，如肯定他们的努力、赞扬他们的勇气，让他们明白犯错并不可怕，勇敢面对挑战是值得鼓励的。教育者需要鼓励学生发展积极的情绪态度。在遇到困难和挫折时，积极的情绪态度会使他们有勇气去面对，有决心去克服。这种态度可以通过多种方式培养，比如，提供积极的反馈、提供适合他们能力的挑战，以及提供他们在失败后反思和改进的机会。

对自我能力过低评估是导致回避和退缩行为的一个重要原因。教育者需要帮助学生建立积极的自我评价。要让学生明白，他们的能力不是固定的，而是可以通过努力学习来提升的；他们的价值并不仅取决于他们的表现和成绩，而且取决于他们的内在品质和努力。

（六）性格

性格，作为个体较为稳定的个性心理特征，对学习过程有着显著影响。人们常常认为，外向的性格对学习更有利。

对于某些学科，如外语教育，外向性格的学生在课堂互动、口语表达以及听力训练等方面往往具有更大的优势。外向的学生通常更愿意进行口语和听力练习，他们擅长与人交流，善于表达自己的观点，敢于在人群中表达自我，这为他们提供了大量的实际运用语言的机会，有助于他们更好地掌握外语。他们在情景交际练习中往往能够更好地融入，更有利于他们理解和掌握语言的实际用途。

虽然内向的学生可能在以上方面略显不足，但这并不意味着他们不能在语言学习上取得优秀的表现。内向的学生往往更善于静思、反思，他们更倾向于深入思考，这能帮助他们在词汇学习、语法理解等方面取得更大进步。他们也更能投入大量时间进行自我学习，这也为他们在语言学习中取得进步提供了可能。

因此，教师要理解并尊重每个学生的个性差异，因材施教，使教育真正发挥其作用。对于外向的学生，教师可以提供更多的口语和听力练习机会，鼓励他们在课堂上积极发言，参与情景交际练习。对于内向的学生，教师应该给予他们更多的时间和空间，让他们在舒适的环境中进行深入思考和学习，同时也应该鼓励他们逐步打破自我束缚，积极参与语言学习活动。

二、外语教育与情感态度培养的关系

人类的语言和情感态度密切相关。语言具有表达情感、传递情感、建立情感关系的功能。通过语言，人们可以表达和传递内心情感，建立良好的人际关系，从而融入社会生活。因此，语言和情感态度是不可分割的。

人类应用语言表达情感态度，情感态度又反作用于人类开展语言学习活动。与学习母语不同，外语往往要面对更多的困难，因此，学生只有持积极的态度，并全身心参与外语教育，学习外语的效果才会更好。当在外语学习过程中遇到困难时，往往需要积极、坚强的态度面对学习困境，也只有在这种态度下持续不断地努力才能走向成功。另外，语言作为一种人与人交际时使用的工具，学生学习语言不仅仅是为了参加考试或考核，应该以积极的态度主动应用这门语言与他人沟通交流。

三、情感态度培养的理论依据

关于情感态度培养的理论依据，主要参考人本主义心理学家马斯洛、罗杰斯和克拉申的相关论述。

（一）马斯洛的需求层次理论

知名心理学家马斯洛（Abraham Harold Maslow）融合精神分析心理学和行为主义心理学，开创了人本主义心理学。1943 年，马斯洛在《人类动机理论》中提出的需求层次理论，认为人生而便有种种需求，从最低的生理需求开始，并逐级上升，其中最高层次的需求是人的自我实现，如图 4-1 所示。

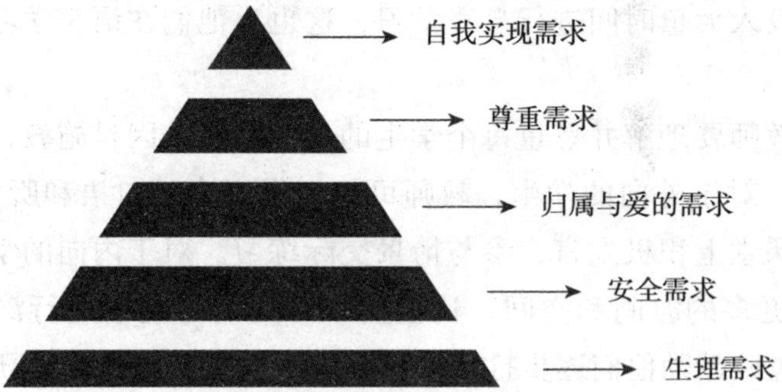

图 4-1　马斯洛的需求层次理论

1. 生理需求

在马斯洛的理论中，生理需求位于需求层次的最底层，被认为是最基本和最迫切的需求。这些需求包括食物、水、空气、住所、睡眠、性欲等。生理需求是人类生存和维持身体健康必不可少的。

生理需求的满足对于个体的生存至关重要。当生理需求得不到满足时，个体会感到饥饿、口渴、疲惫和不适等，这会成为个体行为的主导因素。只有当这些基本需求得到满足后，个体才能进一步追求更高层次的需求。当这些需求得不到满足时，说明一个人最基本的生存都得不到保障，这时，生理需求是人生存发展的最强大动力。一旦人类赖以生存的生理需求得到满足，其他需求便成为新的激励因素，得到满足的生理需求难以再产生激励效果。

生理需求在马斯洛的需求层次理论中占据了基础地位，是个体生存和健康的基本要求。

2. 安全需求

在马斯洛的需求层次理论中，安全需求是紧随生理需求之后的一个层次。安全需求指的是人们对个人安全、身体安全、经济安全、住所安全、稳定性和保护的需求。

安全需求包括个体对生活稳定和安全的渴望，如个体希望能够获得稳定的工作和收入、有安全的住所和居住环境，以及不受到威胁和伤害。这些需求反映了个体对预测性、控制性和可靠性的追求。当个体的生理需求得到满足后，安全需求成为主要的动机。如果个体感到不安全或受到威胁，他们的注意力和行为会集中在满足安全需求上，以保护自己和维持稳定。

安全需求的满足有助于个体建立稳定感和安全感，更好地应对不确定性和挑战。这种稳定感和安全感对于个体的心理健康和发展至关重要。生理需求与安全需求是生存层次的需求，是人类生存发展的前提与基础。

3. 归属与爱的需求

归属与爱的需求也可以称为情感需求。一方面，人有归属于一个群体、成为群体当中一员的需求，在群体范围内，人会产生归属感、认同感，并在群体中获得力量。另一方面，爱的需求是指在社会环境中，人与人之间构成的不同类型的人际关系。亲情、友情、爱情都是人类在满足生存层次需求之后产生的情感需求，每个人都希望获得他人的爱，每个人也都对外释放爱意。

在马斯洛的需求层次理论中，归属与爱的需求是位于安全需求之上的一个层次。归属与爱的需求指的是人类对归属感、情感联系和亲密关系的需求，包括对友谊、家庭、爱情关系等的渴望。个体希望被接受、理解和关心，也希望与他人建立亲密的情感连接和相互依赖的关系。

当个体的生理需求和安全需求得到满足后，归属与爱的需求成为主要的动机。个体开始寻求与他人建立深入的人际关系，并通过与他人的情感交流和互动来满足归属感和爱的需求。

满足归属与爱的需求对于个体的心理健康和幸福感至关重要。稳固的社交支持网络和亲密关系可以提供分享快乐和共同面对困难的情感支持，从而增强个体的幸福感和满足感。

归属与爱的需求在马斯洛的需求层次理论中是个体发展的重要组成部分。通过满足归属感与爱的需求，个体能够建立稳固的人际关系和社交支持网络，为追求更高层次的需求和自我实现创造条件。

4. 尊重需求

在马斯洛的需求层次理论中，尊重需求是紧随归属与爱的需求之后的一个层次。尊重需求包括两个方面：尊重他人和被他人尊重。

（1）尊重他人的需求。尊重他人的需求体现为个体对其他人的尊重、认同和重视，能够在社交互动中看到他人的价值、能力和贡献。

（2）被他人尊重的需求。被他人尊重的需求是指个体希望在社会中得到平等对待、公正对待和尊重的需求。这种需求体现了个体对于尊严、自尊心和自我价值感的渴望。

满足尊重需求对于增强个体的自尊心和自信心至关重要。当个体感到被尊重和认同时，他们会感到自豪和满足，也更有动力去发挥自己的潜力。尊重需求在马斯洛的需求层次理论中是个体发展的重要组成部分。通过满足尊重需求，个体能够获得自尊心和自信心，为追求自我实现和个人发展创造条件。

5. 自我实现需求

自我实现需求是马斯洛需求层次理论中最高层次的需求。它指的是个体发挥个人潜力，实现自身理想与抱负的内在需求。自我实现需求是一种内在发展和成长的驱动力，推动着个体朝自我完善和自我发展的目标迈进。

自我实现需求体现了个体对于凸显自身独特性和实现个人价值的渴望。它涉及个体对于创造力、自我表达、成就感和个人成长的追求。个体在满足其他层次的需求后，会产生对更高层次需求的渴望，希望能够在生活中找到更大的意义和目标。自我实现需求包括以下四个方面。

（1）创造性表达。个体追求创造性的表达方式，如通过创作、发明或创新来展示个人独特的才能和创造力。

（2）自我发展。个体渴望在各个方面的个人发展中不断成长和进步，追求个人潜力最大限度的发挥。

（3）自我实现的目标。个体追求自身理想与抱负的实现，并努力朝着设定的目标不断努力。

（4）自我满足感与成就感。个体在实现自我潜力和目标的过程中获得满足感和成就感，形成个体对自我成长和发展的体验。

自我实现需求是一种不断追求完善和个人进步的内在驱动力。它要求个体去发现和实现自身的潜力，并不断超越自我，达到更高层次的自我认同和自我实现。个体在追求自我实现的过程中，会经历个人发展和内在成长的过程。值得注意的是，自我实现需求不是终点，而是一个不断进化的过程。个体在实现一个目标之后，可能会设定新的目标，并继续追求更高层次的自我发展。它代表了个体内在追求和成长的动力，是一个个人持续发展的过程。

马斯洛的需求层次理论将人类的基本需求分为五个需求进行分类，当较低层次的需求得到满足之后，会追求更高一级的需求。除了生理需求是生理层面需要，其他四种是心理层面需要。对于生活在文明社会的人来说，生理需求很容易得到满足，而心理需求往往较难满足，对人类行为的影响也更大。教师通过教育培养学生的情感态度、促进学生人格的形成，激发学生的非智力因素，使学生获得价值感，激发自身的内在价值，成就理想的自我。

（二）罗杰斯的人本主义理论

罗杰斯（Carl Ransom Rogers）同样是人本主义心理学的主要代表者之一。他在《自由学习》一书中阐述了自由学习的教育思想和以学生为中心的教育观点，他认为教育的首要任务是促进人的发展与成长，并致力于培养集身体、心智、情感、精神等于一身的人，即完人。

罗杰斯认为，教育能够调动学生的积极性、创造性，通过教育开发出学生的自我潜能后，学生可以提高自主学习的能力，从而学会学习。

罗杰斯强调在学习的过程中，教师要采取非指导性教学，尊重学生，与学生在情感和思想上达成共鸣，关注培养学生的良好品格、情感态度与完整独立的人格，始终相信学生并激发学生的内在潜能，建立良好的师生关系。

罗杰斯强调教育必须关注智力与情感两方面的发展，若只关注智力的发展，则会导致培养出情感空白、人际关系淡薄、身心未能得到全面发展的学生，这些学生仅在智力方面得到了发展，有可能难以融入复杂的社会人际关系。

（三）克拉申的输入假说理论

克拉申（Krashen）是一位研究第二语言的专家学者。20世纪中叶，他在习得—学得假说、自然顺序假说、监控假说、语言输入假说、情感过滤假说这5大假说相互补充、相互联系的基础上，发展出第二语言习得的输入假说模式。

输入假说模式可以用“*i*+1”公式来表达，其中“*i*”代表学习者现有的语言水平，“1”代表略高于习得者现有水平的语言材料。根据此观点，“*i*+1”的输入是指只要语言习得者能够理解输入，又有足够的语言学习材料时大脑就可以自动提供这种输入。

克拉申主张的情感过滤假说认为，输入环境是影响学生学习第二语言的重要因素，但是，学生在学习第二语言的过程中，并非只受到输入环境这一单一因素的影响，也受到情感因素的影响。第二语言的输入过程必须经过情感的过滤，个体才能真正接纳和吸收该语言。

克拉申认为，动力、性格和情感状态都影响语言的习得。学生有明确的学习动力，将会提升学习的效果；一旦学生没有明确的动力时，则会导致事倍功半的结果。学习者性格外向，较为自信，能够在学习环境中敢于自我表达时，有利于第二语言的学习与输出。当学习者情感较为放松时，学习第二语言的效果往往更好，一旦学习者处于焦虑之中并形成情感屏障时，则难以真正实现语言的融会贯通。

四、情感态度的培养路径

（一）激发学生的求知欲

教师在教学中的职责不仅是传授知识，更重要的是激发学生的求知欲，以及他们自主学习的动力，这在外语学习中显得尤为重要。外语学习是一项长期、复杂的任务，如果缺乏学习动力，学生将很难坚持下去。因此，激发学生的求知欲和学习动力，就成为教师的重要任务之一。

教师需要创造一种积极、鼓励的学习环境。学习环境对学生的学习动力产生直接的影响。教师应该鼓励学生积极参与讨论，而不是被动接受知识；也应该尊重每个学生的想法和观点，让他们感到自己的观点被接纳和重视；还应该定期向学生展示他们的进步，让他们看到自己的努力是有结果的。教师需要引导学生理解外语学习的重要性。例如，教师可以通过各种方式，向学生展示外语在现代社会和职业生涯中的重要性，使他们认识到外语学习的价值；还可以向学生介绍成功的外语学习者的故事，激发他们的学习兴趣和求知欲。教师应该关注学生的情感态度状况，而不仅仅关注他们的学习成绩。学习动机往往与学生的情感态度密切相关。教师需要建立与学生的亲密关系，了解他们的兴趣和需求，使他们感到被理解和关心。当学生感到被接纳和被理解时，他们的学习动力和求知欲往往会增强。教师应该采用各种教学方法和技巧，调动学生视觉、听觉和触觉等多感官的参与，使学习变得更加生动和有趣；通过游戏、角色扮演等活动，使学习变得更加实际和有趣。这些方法可以帮助学生更好地理解和记住学习内容，也可以激发他们的学习兴趣和求知欲。

总的来说，激发学生的求知欲需要教师的耐心和努力，需要教师创造一个积极、鼓励的学习环境，理解学生的情感和需求，引导他们理解外语学习的重要性，以及采用各种教学方法和技巧，使学习变得有趣和吸引人，为学生的学习和成长提供巨大的帮助。

（二）教学内容与情感态度的契合

教学内容与情感态度的契合是教学策略成功的重要因素。对于外语学习来说，这一点尤为重要，因为外语学习不仅是知识的学习，更是情感、文化的交流。

情感是推动人们行动的重要因素。有研究表明，情感与认知过程紧密相关，能够影响人们的注意力、记忆力和思维方式。在外语教学中，学生的情感态度对学习效果有重要影响。积极的情感态度可以激发学生的学习兴趣和动力，提高他们的学习效果；相反，消极的情感态度可能会降低学生的学习兴趣和动力，阻碍他们的学习进程。教学内容是激发学生情感的重要途径。

外语学习的教学内容通常是以语篇的形式呈现，这些语篇不仅包含知识信息，也包含丰富的情感因素。教师可以通过挖掘这些情感因素，引导学生体验和理解这些情感，从而激发他们的学习兴趣和动力。

教师在备课时应当分析教材中蕴含的情感因素，自己率先被这种情感感染，然后在授课过程中传递这种情感。这种情感的传递能够增强学生对教学内容的认同感和接纳度，也能够激发他们的学习兴趣和动力。教师也应当注意尊重和接纳学生的情感反应。每个学生都有自己独特的情感反应，教师应当鼓励他们表达和分享自己的情感，而不是强迫他们接受自己的情感。这种情感的尊重和接纳能够增强学生的自尊感和自信心，也能够鼓励他们积极参与学习过程，提高学习的效果。

（三）授课过程与情感态度的结合

在外语教学中，授课过程与情感态度的结合，有助于提高学生的学习动力，增强学生的学习兴趣，提高学生的学习效率。

第一，情感态度可以通过教学活动的设计来培养。例如，在阅读课程中，教师可以将语篇阅读与主题情感、中心思想相结合，以设问的形式，引导学生一边阅读一边找寻答案。这种教学方式能够刺激学生的思维，帮助他们更深入地理解和掌握语篇的内容，也能够激发他们的学习兴趣，提高他们的学习动力。在书面表达课程中，教师可以运用情感态度来提高学生的写作技能。例如，教师可以将外语中的名人名句展示给学生，并分析其中蕴含的思想。这种教学方式能够帮助学生更好地理解和掌握写作技巧，也能够培养他们的情感态度，使他们在写作过程中更好地表达自己的思想和情感。

第二，情感态度可以通过教师的言行来引导和影响。教师在授课过程中的言行举止，无论是对学生的鼓励和支持，还是对学生的批评和指正，都可能对学生的情感态度产生影响。因此，教师需要时刻保持积极、热情和耐心的态度，尽可能地激发学生的学习兴趣和动力。

第三，情感态度可以通过教学评估来培养。教学评估不仅可以评价学生的学习成绩，也可以评价他们的情感态度。教师可以通过对学生情感态度的评价，帮助他们认识和改进自己的情感态度，从而提高他们的学习效果和学习满意度。

授课过程与情感态度的结合是一种有效的教学策略，可以在多个层面上提高学生的学习效果和学习满意度。因此，教师在进行教学设计和实施时，都需要充分考虑到情感态度的因素，尽可能地将情感态度融入教学过程中，从而实现更高效的教学。

（四）教师运用肢体语言

教师的肢体语言在教学过程中起着关键的作用，它能传递信息，还能调动学生的情感，激发他们的学习兴趣。教师有效运用肢体语言，可以构建更加活跃、开放和积极的教学环境。

教师在授课过程中的点头、微笑、肯定的手势等积极的肢体语言有利于构建鼓励、认可的教学氛围，让学生感到他们的努力和进步得到了教师的赞扬。这种肯定的反馈可以激励学生更积极地参与到课堂活动中，提高他们的学习积极性。教师的肢体语言也能增进师生之间的互动。例如，在小组活动或讨论时，教师可以通过环绕、巡视等方式，认真倾听学生的讨论，并在必要时主动提供帮助。这种积极的互动可以拉近师生之间的距离，让学生感受到教师的关注和关心，从而有利于形成积极、和谐的师生关系，促进学生情感态度的良性发展。

视线投射也是教师传递情感和态度的重要手段。教师的眼神交流可以传递出诚挚、亲和的情感，使学生感到自己被重视和尊重。例如，教师可以通过目光接触给予学生鼓励和肯定，也可以通过目光接触引导学生的注意力，增强学生的学习集中度。

教师运用肢体语言时需要注意适度。过度的肢体动作可能会分散学生的注意力，影响他们的学习。此外，教师的肢体语言也应该与口头表达相一致，避免给学生造成混淆。

教师在课堂上的肢体语言有着重要的作用。它既可以传递信息，也可以调动学生的积极性，还可以拉近师生之间的距离，增强教学的互动性。因此，教师需要通过持续的学习和实践，提升自己运用肢体语言的能力，以提高教学效果。

（五）教师运用激励性语言

激励性语言在教学过程中扮演着非常重要的角色。它是教师与学生交流的一种方式，也是激发学生学习动力和积极参与课堂活动的有效工具。

激励性语言的特点是积极、鼓励、激励，它可以帮助学生建立自信，增强学习动力。在教学过程中，当学生参与教学活动时，教师可以通过赞扬、鼓励的语言来激发学生的信心和参与感。例如，教师可以说“你做得非常好！”“我非常欣赏你的努力！”“你的回答很有深度！”等激励性的语言，来增强学生的成就感，同时创造良好的学习氛围。激励性语言还可以帮助学生建立积极的学习态度，如鼓励学生勇于尝试、敢于挑战，提高他们独立思考和解决问题的能力。例如，当学生在学习过程中遇到困难时，教师可以用激励性语言来鼓励他们，如“我相信你可以做到”“你有解决这个问题的能力”“不要怕失败，每一次尝试都是进步的体现”等，来帮助学生克服挫折感，提高学习积极性和持久性。教师的激励性语言还可以提升教师的个人魅力。一个语言表达生动、热情、有韵律感的教师，能够吸引学生的注意，增强教学的吸引力。这种语言也能够拉近教师与学生的距离，促进师生之间的交流和互动。

激励性语言是一种非常有效的教学工具，它可以增强学生的学习动力，提高学生的学习效果，也可以提升教师的教学魅力。因此，教师在教学过程中应该积极运用激励性语言，以激发学生的学习热情和学习能力。

第二节　外语教育中文化意识的培养

一、文化意识的概念界定

文化意识并非简单地将“文化”和“意识”这两个词组合在一起，而是在这两个词的基础上具有更深层次的含义。各个学科对文化意识都有不同的解释。在外语教育中，文化意识是在不同国家或地区拥有不同文化背景的情况下，形成对态度和价值观理解差异的意识。它是成为国际化人才的必备条件。

在跨文化交际的环境下，外语教育的目标是培养学生理解和运用非本国文化所需的文化知识、技能和态度。跨文化意识是在不同文化背景下的人际交流所必需的认知要素，包括语言能力、语用能力以及处理文化差异的灵活适应能力等。

二、文化意识培养的理论依据

（一）人的全面发展观

早在古希腊时期，普罗泰戈拉（Protagoras）就提出了人是万物的尺度，强调人对世界的能动作用，将人视为丈量世界的尺度，认为人是世界的中心。这一观点凸显了人的主体性和人在世界中的独特地位。苏格拉底（Socrates）则探究人的内在精神，这无疑凸显了人的主体性和自我意识的重要性。柏拉图（Plato）强调促进人的身心和谐发展，而亚里士多德（Aristotle）主张人的和谐发展。这些古希腊哲学家都强调了人的重要性、人的能动作用以及人类不断发展的本质。

随着历史的发展，文艺复兴时期迎来了一次反对神权统治的浪潮，该时期强调个人的自由和人性的解放，以及个性的张扬。文艺复兴被认为是人类历史上的一次伟大变革，它引导人们对自身的认识迈上了新的阶梯，为人的全面发展提供了思想解放的基础。在这一时期，艺术家、学者和思想家均追求个人的自由和独立思考，他们对传统观念的挑战和创新为人的全面发展提供了重要的思想支持。

在启蒙运动时期，启蒙思想家伏尔泰（Voltaire）、孟德斯鸠（Montesquieu）、卢梭（Rousseau）等强调人的自由思想和人权解放。他们主张人类应该摆脱束缚，追求自由、平等和公正。启蒙运动为人的全面发展的实现提供了重要的理论基础。这一时期，人们开始重视个体的独立性和人的自由意志，倡导思想的开放和自由的探索，为个人的全面发展奠定了思想基础。

人的全面发展指的是个人素质的全面提高，包括道德、智力、体力、美感、劳动等各个方面。人的全面发展强调了人类的社会性和与社会的相互作用，个人的全面发展必然发生在社会环境中，并促进社会的进步和发展，促进人与社会之间良好关系的形成。

实现人的全面发展是一个重要而迫切的目标。它涵盖了个人在道德、知识、身体、美感、劳动等各个方面的全面提升，以及与社会和谐互动的能力。人的全面发展是个人的追求，也是社会的需要和责任。在实现人的全面发展的过程中，个人需要充分发挥自身的能动性和创造力，社会也需要创造有利于个人发展的环境和机会。因此，教师应注重培养学生的全面素质，既要关注知识的传授，也要关注学生的道德、思维、创造力和社交能力的培养。政府和社会组织也应制定政策和措施，为个人的全面发展提供支持和保障。

（二）文化历史理论

苏联的心理学家维果茨基（Lev Vygotsky）从人类社会、文化和历史等多个角度，分析了人类个体的心理发展。

维果茨基的文化历史理论强调人类社会文化的发展，认为人类在社会发展过程中起着积极的作用。人类的发展受到生物进化规律的限制，也深受社会历史发展规律的影响和制约。他认为，人类的文化历史发展是个体心理发展的根源，而语言符号系统在人类从低级心理机能向高级心理机能转变的过程中发挥着重要的作用。

意识作为高级心理机能的发展，对社会、文化和个体的发展具有重要意义。语言作为人类创造的一种文化符号，在促进人的全面发展方面扮演着关键角色。语言教育对于培养核心素养具有重要的育人价值。语言用于传递文化，因此培养文化意识在传递文化知识和学生学习文化背景方面至关重要。在外语教育中，教师应关注学生的“最近发展区”，创造相应的外语情境，帮助学生理解和学习文化知识，促进外语意识的培养。

培养文化意识是外语教育中一项复杂而重要的任务。教师应注重文化的融入，通过教学内容和方法引导学生了解并理解不同文化的差异和共同之处。教师可以通过引入文化背景知识、文化实践活动和跨文化交际活动等方式，激发学生的兴趣和参与度，培养学生对文化的敏感性和理解力。此外，教师还应注重培养学生的情感态度，鼓励他们欣赏和尊重不同文化，培养跨文化的包容心态。

通过外语教育中的文化意识培养，学生能够拓宽视野，增强跨文化交际能力，提升文化素养和国际交往能力。在当今日益全球化的背景下，培养跨文化意识对于个人的发展和社会的进步都具有重要意义。它有助于人们更好地理解和尊重不同文化的差异，促进不同文化间的相互交流与合作，推动建立和谐的国际社会。

三、文化意识的培养路径

文化意识包括外国文化知识与外国价值观等内容。外语教育中文化意识的培养路径，可以依照以下五个方面进行。

（一）明确文化意识培养教学目标

教学目标是开展课堂教学的基础，明确的教学目标是教学内容设计、教学环节开展的方向指南。

文化意识培养的首要步骤是明确文化意识培养的教学目标，可以从以下三个目标维度、六项教学目标内容（见表4-1）出发，以学生认知心理过程为基础环环递进，循序渐进地促进学生文化意识的形成。

表 4-1 教学活动中文化意识的培养目标

目标维度	教学目标内容
文化知识	掌握词汇中的文化内涵
	了解并掌握主题和语篇中包含的文化背景知识
	掌握主题和语篇中具有文化内涵的词汇及文化知识表达
文化理解	文化对比，帮助学生理解和感知两种文化的异同
	以情景对话、角色扮演等活动理解和巩固所学内容，提高交际能力
文化意识的形成	关注主题和语篇的思想性及精神文化内涵，挖掘主题和篇章的育人价值，培养学生开放、包容的价值观，促进学生形成人类命运共同体意识

文化意识贯穿外语教育课堂全程，无论是词汇教学、语篇教学还是情景模拟，都以潜移默化的方式影响着学生。

（二）语篇搭载文化意识培养

语篇作为更高层次的语言单位，在外语学习中扮演着重要的角色。语篇的内容凸显文章的主题和思想，它与特定的情境相结合，构建了一个完整的思想意识输出平台。在外语教育课程中，学生学习语篇可以获得文化知识和提高语言技能，也可以潜移默化地培养文化意识。

语篇中包含了主题的文化背景。通过学习语篇，学生往往可以了解外国的基本国情、文化常识、习俗和习惯、语言和文学知识等，也可以深入了解不同国家和地区的文化，拓宽自己的视野，增加对世界多元文化的认知。

语篇中蕴含了作者的意图和中心思想。语篇的主题往往传递着作者的价值观念和观点。通过阅读和理解语篇，学生可以了解不同文化背景下的思想观念和价值体系，培养自己的文化意识。这种意识的培养有助于学生更好地理解和尊重不同文化之间的差异，增强跨文化交际的能力。

语篇由词汇构成，而词汇本身蕴含着丰富的文化信息。外语教师可以通过解释词汇中所蕴含的文化内涵和相关知识，帮助学生识别并理解词汇中的文化信息。通过学习词汇蕴含的文化信息，学生可以更好地理解和运用语言，增强自己的语言表达能力和跨文化交际能力。

语篇中常常存在着不同文化间的对比。外语教师可以帮助学生加深对母语与外语两种文化的理解，并促使学生思考和比较两种文化之间的差异和相似之处。这种比较有助于学生深入思考和理解文化的多样性，增强跨文化意识和跨文化沟通能力。

（三）在主题情境教学中培养文化意识

情境是将文化知识转化为文化理解和文化意识的重要形式。维果茨基认为，青少年的心理发展是社会经验的获取过程。[①] 无论是培养文化意识、外语语言能力还是思维品质，都必须在尽可能接近现实生活情境的教学设计中进行，以实现快速而高效的学习效果，帮助学生形成意识能力和思维能力。

在外语教育中培养文化意识，情境教学是基本的出发点，主要体现在以下四个方面。第一，情境教学的设置必须与文章的文化背景相符合。通过创设情境，学生能够更好地理解和感受相关文化的氛围。第二，情境教学必须基于学生的现实情境，不能脱离时代背景，可以关注当下的热点话题和实际问题。第三，情境教学的出发点应符合学生当前的外语水平需求和认知能力

① 维果茨基．思维与语言[M]．李维，译．杭州：浙江教育出版社，1997：56.

发展水平。教师需要根据学生的实际情况进行教学设计，确保学生能够理解所呈现的情境。第四，情境的构建应基于调动学生已有的知识和经验基础，激发学生的主动性和创造性，引导学生参与教学活动。

在主题情境教学中，情境的创设必须依托于文章的主题和相关的文化背景，采用多模态的语篇选择和运用形式，为学生创设生动而真实的情境，让学生能够身临其境地感受文化氛围。除此之外，教师应引导学生不断地练习所学的语言知识，实践表达方式，将语言知识应用于与现实情境相似的情境中。情境教学能够提供真实的语言运用场景，还能够激发学生的兴趣和动机，使学习变得更加有趣和有效。通过与情境相结合的教学设计，学生可以更好地理解和掌握外语，加深对文化的理解和认知。情境教学还能够培养学生的跨文化交际能力和解决问题的能力，使他们能够在不同文化背景下进行有效的交流和合作。

即便社会生活中的语言情境五花八门，但可以将其归纳为人与自我、人与社会、人与自然三大类别。在这三大类语言情境下可细化出大量的情境主题，如图 4-2 所示。

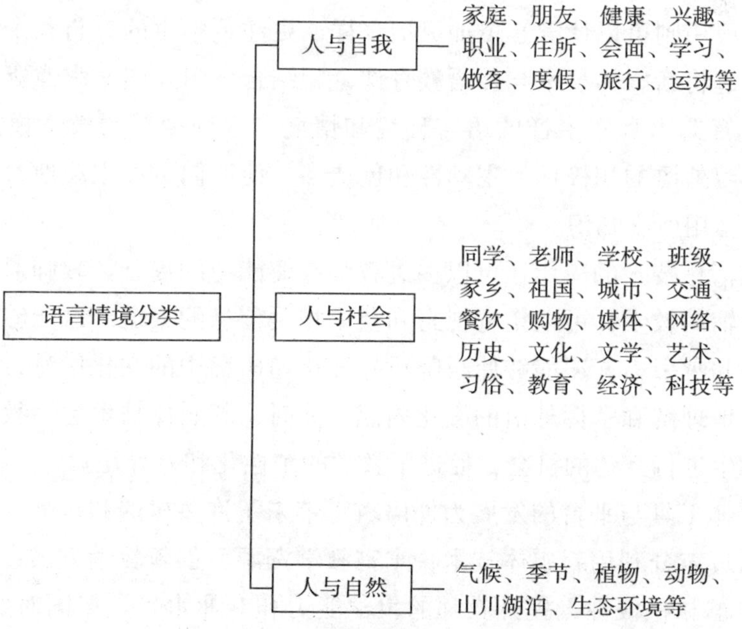

图 4-2　语言情境分类

设置与现实较为相近的情境，引导学生在真实情境中练习语言沟通与表达，能够促进学生进一步理解情境中蕴含的文化知识。

在外语教育的组织与实施过程中，可以通过创设真实性情境，调动学生参与的积极性，引导学生主动体验探索与合作，培养学生的创新与合作意识，以达到外语教育的效果。

（四）利用新媒体与现代技术培养文化意识

新媒体工具与平台的不断革新推动了教育的信息化发展。一方面，教育工作者可以利用新媒体技术对原有的课程资源进行二次开发和创新。例如，整合和利用多种媒体形式，如音频、视频、图像等，使教材内容更加生动有趣，吸引学生的注意并提升他们的学习效果。此外，新媒体技术还可以为学生提供更广泛的学习资源和信息，如通过社交平台收听外语歌曲、观看外文电影，或通过电子材料和社交媒体了解更多关于外语文化的信息。通过新媒体工具，学生能够与其他国家的学生进行信息交流，从而增加学习外国文化和自主探索相关资源的能力。另一方面，新媒体技术也可以开创全新的课堂教学模式。传统的教育模式常常以教师为中心，注重知识的传授，而现代信息技术的应用则可以使教学更加灵活多样，更注重学生的参与和主动性。教师可以通过将新媒体技术与外语教育课堂相结合，引入图文影像资料等多媒体元素，营造出真实多样的语言环境和情境。这种创新的教学模式可以激发学生学习外语的积极性、主动性和创造性，使他们更加主动地参与到课堂中，积极运用所学知识。

现代信息技术的应用还可以促进教师专业能力的提升。教师通过利用多媒体技术辅助教学，可以拓宽视野和获取相关信息的渠道。这能够丰富课堂的趣味性和吸引力，还能够使教师更好地传递语篇中的文化信息，帮助学生更加深入地理解和掌握外语的文化内涵。同时，新媒体技术也为教师提供了更多与学生进行互动的机会，促进了教学的个性化和差异化。

新媒体工具与平台的发展为外语教育带来了许多机遇和挑战。教育工作者可以通过充分利用新媒体技术，丰富教学资源、创新教学方式、激发学生的学习兴趣和积极性，提升教师的教学能力和专业水平。但同时要认识到，新媒体技术在教育中的应用仍然需要不断的研究和探索，以更好地满足学生的需求和教学目标实现。

（五）利用课外活动培养文化意识

培养学生的文化意识不应局限于课堂教学，丰富多样的课外活动同样可以起到培养学生文化意识的作用，这也是探究学习的重要内容。课后活动对学生提升学习效果和培养文化意识具有重要意义。在外语教育中，课后活动是对课堂教学的延伸和实践，为学生提供了更多的学习机会和实践平台。

外语教师可以运用互联网和新媒体技术，通过布置任务和创建微信群等方式，增加学生之间的沟通和交流频率。通过这种方式，学生可以在课后继续进行语言学习和文化探究，扩展自己的知识和视野。互联网提供了丰富的学习资源和工具，学生可以利用各种学习软件和应用程序，如在线词典、语音识别工具、语言学习平台等，提高外语学习的效率。

教师还可以组织学生参观文化场所，参加文化节庆活动，进行社会实践等。通过亲身体验和参与，学生可以更加深入地了解和体验不同文化的风俗习惯、艺术表达和社会生活方式，从多个角度感知和理解文化，从而培养跨文化意识和文化包容性。

学生还可以通过阅读外语原版书籍、观看外语电影和纪录片、参与国际交流项目等方式，进一步拓展自己的文化视野。这些活动可以帮助学生深入了解不同国家和地区的文化，增加他们对世界多元文化的认知和理解。

第三节　跨文化交际能力培养

一、交际能力的概念界定

交际是指人与人之间进行信息传递、语言交流甚至非语言交流的行为。在语言交际中，相比于同种语言之间的交际行为，外语交际更为复杂。因为它涉及交际双方在母语和目的语之间的语码转换和重构，同时受到交际双方所处文化背景、语言使用环境等多种因素的影响。

外语交际能力是指通过外语进行社交交流的能力。在我国，外语交际能力主要通过知识和技能两个方面来衡量。首先，知识方面指的是外语基本语言知识，包括词汇、语法、语音等方面的知识，这些知识是外语交际的基础。其次，技能方面指的是应用语言知识的能力，主要包括听、说、读、写、译五个方面。

外语交际能力包括对外语基本知识的掌握，还要求学习者能够应用这些知识进行实际的交际活动。通过不断地练习和实践，学习者可以逐渐提高自己的外语交际能力，从而更好地与世界各地的人进行交流和合作。

二、交际能力培养的理论依据

交际理论是一门涉及心理学、教育学、语言学、社会学等多门学科知识的交叉。交际理论为外语教学中培养交际能力提供了思想和理论基础。

（一）语言是情境中的需求

1. 生态语言学

语言受到客体、主体和环境等方面的影响，与其他因素共同构成一个完整的语言生态系统。

生态语言学的出现，改变了原本处于长期分化的外语教育。它是一门系统综合的科学，关注环境与语言之间的关系，强调各因素之间相互依存、和谐共生。生态语言学是在维护人与环境和谐发展的思想的指导下，将学习外语的人作为培养的出发点，考虑整个语言教学生态系统中各个要素的关系与内在发展规律，试图建构和谐的课堂生态环境的科学。

在生态语言学下，各个“成员”都具有发展性和合作性的特点，“成员”之间需要相互支持、相互依赖，以实现合作共赢。

2. 社会学视角下的语言观

从社会学角度进行分析，语言强调交际性。语言产生于交际行为，并对交际行为不断概括，逐渐成为一种社会交际工具。语言结构是随着语言的使用而产生的，这体现了其交际工具的社会性。

（1）语言知识的形成来源于人们对语言的使用。语言成分的使用频率，决定了人脑能否将该语言成分以构式形式储存在头脑之中，成为语言知识。每当人们使用语言成分后，人脑中对应的意象图像就会被激活一次，多次使用后，头脑中的意象图像被反复激活，达到一定的频率之后，语言成分固化，形成形义配对的构式。例如，“open”“the”“door”是三个本身不存在联系的词汇，但是这三个词可以应用于各种交际场合，随着使用频率的增加，强化了形式和意义，最终这三个词汇以习语构式的形式留存在人的语言记忆库中。人们对语言的反复使用，形成了语言知识。

（2）学习语言知识的目的在于语言的使用。语言的最终目的就是用于交际，为实现交际的目的，人们以语言为工具进行交往。

人类的交际行为发生在不同的社会环境中。情境，也可称为环境，在交际理论中被称为交际环境，指的是整个社会环境，包括语言、校园环境、课堂环境等，甚至文化学意义上的软环境也被囊括在内。

不同的语境下，人类对环境产生不同的理解，根据交际双方激活头脑中的百科知识，应用对应的构式完成交际。以“cool”这个词为例，这个词带有“帅气”“很棒”“凉爽”多重含义，具体是什么意思，还要在具体的语句中分析。例如，“You are cool.”既可以翻译为“你是帅气的。”，也可以翻译为“你很棒。”。只有通过交际语境，才能判断其具体意思。

从社会视角来看，语言作为一种社会性交际工具，实现了人们的交流目的。社会学视角下的语言观强调实用性与功能性，强调语言在社会生活中的最终目的是交际。

外语情境设置分为有意义的情境和交际情境两大类。有意义的情境，旨在帮助学生促进语言形式和语言意义的联结。交际情境则应尽量还原真实的生活情境。

（二）交际语言教学观形成溯源

1.社会背景

交际语言教学观的起源可以追溯到20世纪70年代，当时欧洲国家开始谋求共同的经济、政治和文化发展，出现了一种集中化的发展趋势。不同国家之间的经济和文化交流日益紧密，人们对学习他国语言的需求也随之增加，以便在日常交流、旅游和经济贸易中能够更好地进行信息沟通和交流。欧洲国家众多，语言种类繁多，为了满足经济、文化和政治之间的相互沟通需求，精通多国语言的人才成为必要。

在这样的背景下，交际语言教学观逐渐孕育并发展起来。交际语言教学观强调的是学习者在真实交际环境中运用语言进行交流的能力，而不仅仅是掌握语言知识和技能。它注重培养学习者的交际能力，使其能够自如地进行社交和跨文化交流。这种教学观认为语言是一种社会交往工具，应该通过实际交际来学习和应用。

交际语言教学观在欧洲得到了广泛的推广和实践。为了培养具备多国语言能力的人才，许多欧洲国家开始重视交际语言教学，采取了实践和沟通导向的教学方法和教材。这些教学方法注重学习者的交际技能培养，通过模拟真实的交际情境和任务，让学习者在实际交际中应用所学的语言知识和技能。

交际语言教学观的影响不仅仅局限于欧洲地区，它对全球的语言教学都产生了积极的影响。许多国家和地区开始关注和培养学习者的交际能力，强调语言的实际运用和跨文化交流的能力。这种教学观的发展使语言教学更加注重学习者的实际需求和实际应用能力的培养，促进了语言教学的创新和发展。

2. 语言学发展背景

研究交际语言教学观的形成，必须研究交际语言教学观的语言学形成基础。传统语言学只单独考虑语言的形式、规则和结构，不与社会因素相连。结构主义语言学派和转换—生成语言学派都持相似观点，具体如表 4-2 所示。

表 4-2　传统语言学派关于社会的观点

语言学流派	结构主义语言学派	转换—生成语言学派
代表人物	布龙菲尔德	乔姆斯基
研究重点	研究语言的形式、规则和结构	研究语言的形式、规则和结构
关于社会的观点	把语言的社会功能排斥在语言研究之外	脱离语言使用环境

由表 4-2 不难看出，传统语言学关注语言结构本身，忽视了其与社会环境的联结。语言具有社会交际功能，与社会环境的互动较多，甚至会因为社会的变迁不断发生变化。因此，割裂语言与社会交际关系，忽视了社会环境对个人社会交际能力的影响，同时也忽视了语言具有的社会属性，与欧洲谋求国家间的交流沟通的需要是背道而驰的。

研究语言的交际功能，首先要明晰交际过程具有哪些特点，再根据交际过程的特点，聚焦语言学。交际过程主要有以下五大特点，如图 4-3 所示。

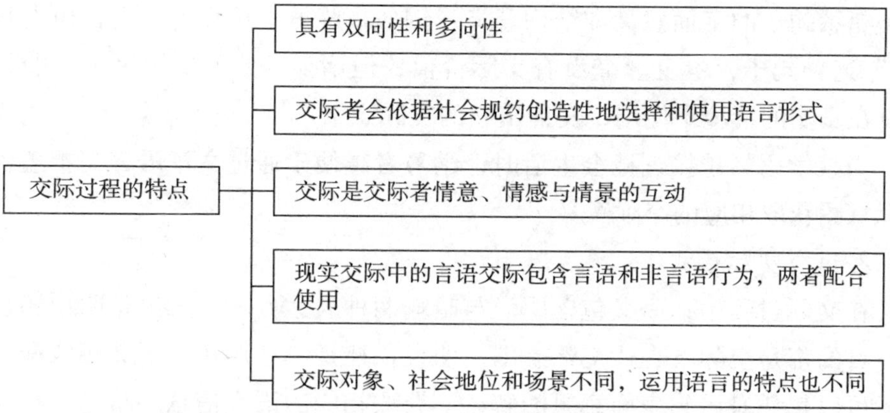

图 4-3　交际过程的特点

1976 年，英国语言学家威尔金斯（Wilkins）提出的意念—功能为纲正式确立了交际语言教学在语言教学中的地位，之后许多语言研究专家著书立说，为交际教学观的形成做出了重要的理论贡献。众多学者也从理论指导实践的角度探讨了语言教学交际思想在课堂教学中的体现，为一线教师提供了教学方法。

（三）语言能力是社会交际的前提

语言能力也是交际的基础。语法知识、语篇知识、词汇知识是培养学生交际能力的语言基础。因此，仅仅关注语法知识的外语教育只注重语言规则，不利于培养学生的交际能力，终归会被时代淘汰。

1. 整个语篇的构成与解读

语篇主要涉及阅读和书面写作两大部分。事实上，无论是口头交流还是书面交流，任何语言的理解都不能脱离具体的语境，不能单独使用句子，而是必须将其置于大的语境之中。根据人类对大脑目前的研究，人类大脑中的语言不是孤立存在的，而是相互之间结成有意义的语义区块。语篇中的单词与单词之间，或者是句子与句子之间也存在语义上的连贯与衔接。

无论句子长短，只要句子起到交际作用，该句子就具有篇章性。句子的篇章性往往与句子使用者有关，交际者身份、对交流信息的态度、交际的目的等都在一定的语境下，将句子的形式和意义相结合，赋予句子交际意义。因此，外语初学者学习的单独的句子不具备交际作用，初学者练习的主要目的是熟悉句子的字面意义和结构意义。例如，练习“棕色的牛坐在树上吱吱叫。”这种句子，本身丝毫没有交际价值，但诸如“这是一个……”的句子可以在真实的情境中使用，发挥出它的交际意义。

当教学语篇越接近社会生活时，学习者越便于通过文章语言文本蕴含的交际意图获取相应的交际意义。

2. 语言交际模式

在交际过程中，语义包含明说与暗喻两种表达方式。无论是明说还是暗喻，目的都是交际者表达交际意图。明说往往是表达形式与语义相匹配，接收者可以仅凭对语句表面意思的解读，获取相应的语言信息。暗喻往往需要在交际的语境基础上，对句子蕴含的意义进行深入推理，站在说话人的角度，才能推理出说话人的意图。以英语教学为例，简要分析暗喻中蕴含的意图。例如：

Alice: Would you like to have dinner with me tonight?

Lily: I...I...I...I will visit my doctor tonight.

根据这个对话，仅仅分析句子的表面意思，似乎是一个答非所问的对话，但是对句子交际双方的交际意图进行深入探析，则会明确这段对话所蕴含的深意。

Alice 与 Lily 都站在各自的立场上表现出了自己的交际意图。首先，Alice“ Would you like to have dinner with me tonight?”这句话就是很明确的邀约之意，即 Alice 想要邀请 Lily 今天共进晚餐。但是通过 Lily 的回答可以看出，Lily 连续三次的重复主语并非 Lily 口吃，而是用这种口吃表达出自己的委婉拒绝之意。Lily 面对 Alice 的邀请，表现出自己的支支吾吾，以及已经跟医生约好，很明显是难以接受 Alice 的邀约，是一种婉拒。

当然，也可以大胆猜测，对话双方是明晰对方意图的，双方结合表达信息以及语境之间的相关性，实现语言认知与语言蕴含信息之间的关联。两者之间的关联较差时，语境效果较好，这就是一种带有目的性的活动，传递交际者想真实表达的意图。

因此，语言交际模式就是根据交际者意图，进行的一种带有目的性的活动。交际双方需要对语言进行编码—解码的过程，同时也需要个人认知能力参与其中。

三、交际能力的培养路径

当语境教学割裂语言与意义之间的联系时，缺乏交际意图的语言只是文字与符号，而不是可以培养学生综合能力的有意义的外语教育。

（一）语境创设

教师在外语教育中的角色至关重要，他们通过教育手段为学生提供丰富多样的课程资源，提供尽可能多的语料和学习手段，以科学、恰当、合理的方式提高教学效果，帮助学生实现有效的交际意图表达。教师应创设与学生日常生活情景相近的教学情境，关注有意义的信息传递、交换和协商，并在这个过程中规范语言的语法性，以使学习更加具有现实意义。

在外语教育中，语言结构和交际能力都是重要的内容，两者不应有所偏颇。过度关注语言结构、忽视交际能力培养的教学，会导致学生在实际交际中受到限制。语言的目的是交流和表达意思，如果学生的交际能力得不到充分培养，他们在外语学习中就容易忽视语言的交际功能。同样地，如果只注重交际能力的培养，忽视对外语语言结构的教学，学生的语言能力可能无法得到有效提升。因此，教师应努力在语言和社交交际能力之间取得平衡，促进两者的综合提升。

为了提升学生的语言能力和交际能力，教师可以采取多种教学策略和方法。首先，教师可以创设真实情境、开展模拟交际活动，使学生置身于具有现实意义的语言环境中。通过角色扮演、小组讨论、任务驱动等教学方式，让学生积极参与真实的语言交际活动，提高他们的交际能力和语言应用能力。其次，教师可以结合实际情境和文化背景，引导学生学习相关的文化知识，提高他们的跨文化交际能力。通过学习不同国家和地区的文化习俗、社会礼仪等，学生可以更好地理解和应对跨文化交际挑战。此外，教师还可以鼓励学生参与语言交流活动，如语言角、外语俱乐部、演讲比赛等，为他们提供展示语言能力和交际技巧的机会。

（二）关注意义协商和意义建构

在语言交际的过程中，意义协商起着重要的作用。意义协商涉及疑问、假设、验证、推理等多个步骤，通过这些步骤，交际双方可以确保信息的顺畅传递、交换，实现有效的交流。意义协商是互动理论的核心思想，也是交际教学的前提，它有助于语言学习的进行。

意义协商能够帮助学习者关注自己的输出是否正确，是否准确地表达了自己的交际意图。在协商的过程中，学习者会主动关注交际对象的反馈信息，并将其与自己已有的语言知识进行对比。通过主动审视和思考，学习者可以提高语言的准确性和适应性。意义协商强调语言输入和输出，注重交际双方之间的信息交流和反馈。学习者通过不断地与他人交流和协商，可以深入地了解语言的使用和交际的要素。这样的交际互动有助于学习者不断进步并开拓自身的学习空间。

意义协商过程还有助于学生关注交际双方的互动和反馈，意识到自身与他人的差距，并明确自身的不足之处，从而可以有针对性地弥补自身的不足，提升自己的语言和交际能力。

如果说意义协商是交际教学的前提，那么意义建构则是外语教育中培养交际能力的最终目标。在意义协商的基础上，学习者不断完善自身的知识体系，不断发展自己的思维，通过参与社会交际，利用已掌握的语言知识与其他学习者共同搭建外语语言的框架，在意义协商的过程中相互帮助，共同构建意义，勇攀外语交际的高峰。

第五章　中国高等外语教育的语言知识教学

第一节　外语语音知识教学

一、语音教学的内容和顺序

语音包含单音和语调这两大部分。单音又可以分为元音和辅音，而语调则涵盖连读、无爆破节奏以及升降调等。有效地规划语音教学的步骤和顺序可以显著提高教学质量。

在我国的语音教学实践中，主要采用两种截然不同的教学方式：一种是传统外语教学法所倡导的分析综合法，另一种则是现代外语教学法主张的综合分析法。如果使用分析综合法来教授语音，那么教学将从音素开始，教授单音的同时会教授相应的音标和字母，然后逐步扩大到单词、句子和课文。反之，如果使用综合分析法，那么教学将先在语境中教授语音和语调，再教语篇和句子，最后将其分解成词组、单词、音组和音素。经过实践证明，后一种方法更能有效地达到语音教学的目标。

在实际语境中进行语音教学，需要遵循语音本身的内在使用规则，关注语音的各个方面，如停顿、连读、节奏和语调等。例如，如果在英语学习的初始阶段，学生学习的是不准确的音标读音，那么一年后，他们将很难纠正这些错误。因为经过一年的反复训练，学生已经习惯了错误的单音，这会对他们未来的语音和语调学习产生负面影响。因此，教师应该从一开始就教授学生正确的发音方式。

章兼中提出，从发音的角度来看，语音是发音器官产生的结果，是一种生理现象。[①] 婴儿在学习语言的过程中，通过使用他们的发音器官，模仿母语中的各种发音。通过两年的日常训练，他们可以流利地说出地道的母语，并且发音已经成为一种自动的动作。同样，学习外语也需要在实际语境中练习发音，而不是只练习单个发音。否则，久而久之，学生将会习惯于发出孤立的单音，而无法在实际语境中连读、掌握节奏。

根据学习迁移理论，动作也是可以迁移的。将已经习惯的单音发音动作迁移到语调学习中，会大大增加学习连读、意群停顿和掌握节奏的难度。如果不纠正这些问题，将影响学生的交际能力；而纠正这些问题，则需要付出更大的努力。因此，从一开始就应该采用综合分析法，在实际语境中学习单音和语调，然后进行单音和辨音练习，最后再回到语境中进行实践应用，以形成熟练的技巧。

二、外语语音教学的技巧

在我国，许多学生在开始学习外语时，他们的中文语音和语调习惯已经根深蒂固。这样一来，学习外语的语音和语调就变成了一种新的习惯形成的过程。新的和旧的习惯之间很可能会产生冲突和矛盾，而学生往往会无意识地将他们的中文语音习惯应用到外语学习中，这可能会导致负向迁移。

在进行外语语音教学时，应该采用比较法：比较所学外语的语音与中文语音的差异，找出学生在学习语音过程中可能遇到的难点（也就是与中文语音有所不同的地方），然后采取适当的措施，消除中文发音习惯的干扰，以提高外语语音和语调教学的效果。

首先，教师可以通过比较中英文音系的差异，帮助学生理解并掌握英语的发音规则。例如，英语的元音、辅音的种类和发音方法与中文有很大的差异，这需要教师有针对性地教授。其次，教师需要引导学生在实际的语境中练习英语的语音和语调，以形成正确的英语发音习惯。最后，通过反复的练习和纠正，学生可以逐渐摆脱中文发音的影响，真正掌握英语的语音和语调。

① 章兼中．外语教学心理学[M]. 福州：福建教育出版社，2016：127.

（一）语音的教学技巧

1. 英语和汉语元音的对比教学

英语的元音是指在发音过程中，气流通过口腔不受任何阻碍而发出的声音，是教师在教授英语时需要重点介绍的内容。汉语的韵母则主要由元音充当。英语元音与汉语韵母的特性在很多方面存在显著的差异。

汉语的韵母在音长方面并无明显的区别，但英语元音明确区分了长元音和短元音。我国学生在学习英语发音时，往往会受到汉语发音习惯的影响，发长元音时发音长度不足，而短元音则发得过长。

此外，英语元音包含了汉语韵母中并不存在的音节，如ɪ、æ、ʌ、ɒ、ʊ、ɔɪ、eə、ʊə。再者，虽然英语中的双元音（eɪ、aɪ、aʊ、əʊ）在汉语中有复韵的近似音，但英语的这些元音要比汉语中相近的复韵母读得更长。

对比教学是一种行之有效的方法。教师可以通过对比英语单元音与汉语韵母的发音，找出学生的学习难点，并设计针对性的练习，帮助他们准确地掌握英语的元音发音。例如，许多中国学生习惯将英语的短元音 /i/ 发音成汉语拼音 yi，结果造成发音更接近英语的长元音 /i:/，这容易导致将英语单词“it”/it/ 读成“eat”/i:t/，“is”/iz/ 读成“ease”/i:z/。为了避免这种情况，教师需要在教学中清晰地解释每个元音的发音特点，指出容易出错的地方，并设计针对性的练习。

2. 英语和汉语辅音的对比教学

英语的辅音是指在发音时气流通过口腔受到某种阻碍而发出的声音。在汉语中，所有的声母都是辅音。然而，与汉语的声母相比，英语辅音也有其独特的发音特性。

首先，英语辅音 /θ，ð，ʒ，r/ 在汉语中没有相应的声母。其次，英语中的辅音连缀现象在汉语中是不存在的。辅音连缀指的是两个或两个以上的辅音连续发音。最后，汉语中除了 /n/ 和 /g/ 构成鼻韵母之外，并不使用声母或声母群结尾，但英语中的很多单词都是以辅音或辅音连缀结尾的。

通过对比教学，教师可以帮助学生理解和掌握这些差异，避免学生在发音时受到汉语习惯的干扰。

3. 语音教学的重点和难点

语音教学的第一步是培养学生的听音感知。只有正确地感知了所学的音素，学生才能够准确地模仿和练习。第二步是教师需要结合发音部位简明扼要地讲解和模仿发音，让学生了解并掌握每个音素的发音特点。第三步是设计有针对性的练习，尤其是那些容易混淆的成对音素。通过反复的模仿和练习，学生能够熟练掌握英语的语音和语调。

（二）语调的教学技巧

语调是指说话声调高低的变化。外语教学实践证明，我国学生学习英语语音最大的困难不在于单音，而在于语调。

1. 汉语声调与英语语调的区别

汉语和英语这两种语言在音调的使用和功能上存在着根本的差异。汉语是声调语言，而英语是语调语言，这是这两种语言在音调上最重要的差别。

（1）汉语的声调。汉语是声调语言，这意味着音节的声调起着区分词义的重要作用。汉语有四种基本的声调，每种声调都以特定的声音高度和声音变化特征来标记。例如，“妈”（mā）、“麻”（má）、“马”（mǎ）和“骂”（mà），虽然它们的声母和韵母完全相同，但由于它们的声调不同，所以词义也不同。在汉语中，声调是语言表达的基础部分，声调的错误会导致意思的混淆。

（2）英语的语调。与汉语相反，英语是一种语调语言，这意味着单个词的语调不会改变其词义，但在句子级别上，语调在表达情感、态度、疑问和陈述等方面起着重要作用。在英语中，语调的变化可以改变一个句子的意图或情绪。例如，“He is a man.”可以是一个陈述，但如果在“man”上加上升调，就会变成一个疑问句，表达怀疑或不确定的意思。语调在英语中的重要性不是在词汇级别，而是在句子和语篇级别。

汉语和英语在音调上的这种基本区别，导致这两种语言在教学和学习过程中面临不同的挑战。对于汉语学习者来说，他们必须学会在正确的情境中使用正确的声调，否则可能会引起意思混淆。然而，对于英语学习者来说，他们需要理解和掌握如何使用语调来表达特定的情感、态度和意图。

2. 英语语调的调型

英语中的语调高度会直接影响句子的意义。以下是对这个概念的进一步解读。

英语的语调高度可以分为四级：特高调（4 号调）、高调（3 号调）、中调（2 号调）和低调（1 号调）。每一级的调高都有其特定的用途和情境。

（1）特高调（4 号调）。通常在特别激动或惊讶时使用，例如，“It’s simply wonderful!”（简直妙极了！）和“Come on! Come on!”（加油！加油！）。

（2）高调（3 号调）。通常用于强调语句中的关键词，例如，“Are you ready?”（你准备好了吗？）和“Has he been to Beijing?”（他去过北京吗？）。

（3）中调（2 号调）。通常是说话人声音的正常高度，例如，“This is a book.”（这是一本书）。

（4）低调（1 号调）。通常是降调的最低点，例如，“What’s this?”（这是什么？）。

在英语中，调型是通过调高等级来表示的。例如，陈述句、命令句和特殊疑问句通常采用 231 号降调，如“That is a pencil.”（那是一支铅笔。），“Come here.”（过来。）和“What’s that?”（那是什么？）。而一般疑问句和陈述语序的问句通常采用 233 号升调，例如，“Is he a student?”（他是一个学生吗？）和“Is he ready?”（他准备好了吗？）。

在语音教学的初级阶段，231 号和 233 号调型是教师要求学生首先学习和熟练掌握的两种基本语调调型。教师需要在教学过程中反复示范，先让学生感知正确的语调，然后简明扼要地讲解其特点，并用图表示出调型特点，最后让学生反复练习，以达到熟练掌握。

对英语语调的理解和掌握，对于提高英语听力理解能力和口语表达能力非常重要。只有对语调深入理解和熟练掌握，才能更好地理解和使用英语，表达更加准确和生动的含义。

3. 英语语调中的节奏

在英语中，节奏是指音节的轻重、长短和速度的协调。其关键因素包括重音、时长和连读。与汉语主要计算音节数量的方式不同，英语的节奏基于重音。汉语更注重声调的组合，英语则强调重音和非重音音节的匹配。在英语中，多音节词或句子以重音音节为主干，非重音音节为补充，二者通常交替出现。如果英语句子中有多个重音，各重音之间的时间间隔应基本相等，为了保证相等的时间间隔，需要通过调整各重音音节间的非重音音节数量。如果非重音音节少，就需要慢点读；如果非重音音节多，就需要快点读。例如，“It's half past six.”与“It's a quarter past seven.”，虽然前者有4个音节，后者有7个音节，但由于它们都有两个重音，按照英语的习惯，它们的读音时间应该大致相等。然而，中国学生往往难以掌握这一英语节奏的特性。他们习惯于清晰地读出每个单词和音节，就像读汉语一样，而不是将几个音节快速且模糊地连在一起读，因此他们的朗读和讲话听起来并不像是英语。在外语教学中，教授单个音节的方法可能会加剧这个问题。为了避免该问题，教师需要先向学生解释英语节奏的特点，然后通过打节拍示范，让学生跟着模仿和练习，以提高他们的熟练度。

4. 意群中的连读

在英语中，意群连读是指在一个语意群内部，词和词之间连续无间断的发音方式。它是一种提升语言流畅性、加速语速、强化节奏感的关键技巧。例如，在“There're eleven apples on the table.”和“I've an orange in my hand.”这两个句子中，一些单词之间就应用了连读技巧。

中国学生之所以难以掌握连读，主要是因为在学习英语的早期阶段，教学和练习过于强调单音节和单个单词的发音，从而形成了逐词发音的习惯。如果在早期学习阶段就重视语流中的发音学习，频繁提醒学生注意意群内的词与词的连读，那么学生完全有可能掌握这种连读技巧。对此，教师需要改变教学策略，从单音节、单词的教学扩展到更宏观的句子、篇章的教学，帮助学生形成良好的语音习惯，以便更好地掌握英语的音节、重音和连读规则。

第二节　外语词汇知识教学

一、外语词汇教学的意义

在外语教学体系中，词汇教学起着至关重要的作用。它被视为外语学习的起点，也是构建句子和理解语篇的基础。没有一定量的词汇储备，学生在学习外语的过程中肯定会感到困难重重。因此，词汇学习对于外语学习者而言，具有基础而关键的作用。

词汇是语言的基石，是构建语言交流和理解的核心。人们通过语言表达思想，通过词汇实现意思的传递和接收。人际交流的每一句话都是由词汇构成的，因此，充足的词汇储备是有效表达和理解思想的关键。

外语词汇教学主要包含两个方面的内容：一方面，需要教授词汇本身的内涵，包括词汇的定义和词义；另一方面，需要教授词汇的拓展内容，如词汇的文化背景、近义词、反义词等。因此，词汇教学不仅是教授词汇本身，更需要引导学生理解和掌握词汇的拓展内容。

现实中的词汇教学往往只停留在表面，如单词的发音、拼写、形态变化和词义。教师可能过于关注纠正学生的发音错误，强调词缀的含义，或者介绍构词规则，而忽视了词汇的拓展内容的教学。这种情况导致词汇教学变得乏味和单一，甚至使学生对学习英语产生厌烦情绪，从而影响了他们对英语学习的热情。学生在学习词汇的过程中，往往面临记不住单词、理解不了课堂内容等问题。这不仅会削弱学生的学习信心，也会使他们对英语学习产生畏惧心理。因此，提高词汇教学质量，成为英语教师必须面对和解决的重要问题。

学习英语的开始就是学习一定数量的词汇。学生的词汇量和词汇运用水平是衡量其英语水平的重要指标。词汇的掌握程度和应用能力直接影响学生的语言交际能力。相较于语音、阅读和语法，词汇在背诵、理解和使用方面可能是最难掌握的。

在英语教学过程中，学生最常抱怨的就是英语单词难读、难记、难写，记住的单词容易忘记，而记忆单词的过程费时费力且效果不佳。因此，加强对英语词汇教学的研究、探索英语词汇教学的新方法显得尤为重要。传统的词汇教学方法往往忽视了词汇在真实语境中的使用。只有在实际应用中，学生才能真正理解和掌握词汇的意义。因此，教师应该尽可能地将词汇教学融入实际的语境中，让学生在运用语言的过程中，自然而然地学习和记住词汇的文化内涵，这点非常重要，因为每一个词汇都蕴含丰富的文化信息。对于学习英语的学生来说，理解这些文化信息不仅可以帮助他们更好地理解和记忆词汇，还可以帮助他们更好地理解英语国家的文化。因此，词汇教学应该注重文化内涵的引导和传授。

研究显示，关联记忆、词根词缀记忆等策略，可以显著提高学生的词汇记忆效果。因此，教师应该教授学生这些有效的词汇记忆策略，帮助他们更高效地学习词汇。词汇教学是英语教学的基础部分，也是提高学生英语水平的关键。为了提高词汇教学的质量，教师需要关注词汇的实际应用，注重词汇的文化内涵，提供有效的词汇记忆策略。

二、外语词汇教学的内容

英语教学中的词汇教学，主要可以分为词汇意义、词汇发音、词汇用法和操作策略四个方面，如图 5-1 所示。

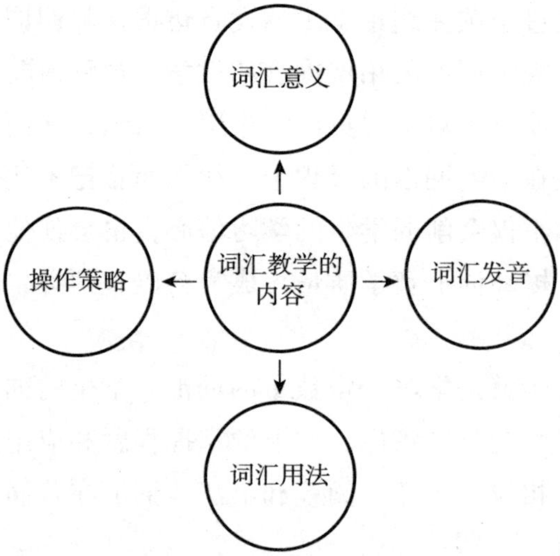

图 5-1　词汇教学的内容

（一）词汇意义

要理解一个单词的意义，一方面要理解其本义与转义；另一方面要理解该词与其他词之间的意义关系，如同义、反义、上下义关系等。

1. 本义与转义

（1）本义。词汇的本义在语言交流中起着重要的作用。它是人们理解和使用词语的基础，能帮助人们传达思想、表达意见以及与他人进行有效的沟通。尽管在不同的语言文化中，某些词汇的本义可能存在差异，但了解和掌握词汇的本义对于学习和使用语言来说，仍然至关重要。

语言之间的差异使得某些词汇的本义无法完全对应或翻译。例如，英语中的“aunt”表示父母双方的姐妹，而汉语区分了父亲方和母亲方的姐妹，甚至还存在着亲疏远近的不同称谓，如舅妈和姑姑等。这种差异反映了文化和社会结构的差异，因此在跨文化交流中，理解和解释词汇的本义时，需要考虑到这些文化背景的差异。

尽管在特定语境中，词汇的本义可能会发生一定的变化或衍生出引申义，但通常情况下，词汇的本义是相对稳定和持久的。它作为词语存在的最初含义，被人们共同理解和接受。了解词汇的本义有助于人们正确地使用词汇，避免产生歧义或误解。在教授语言时，注重词汇的本义是至关重要的。通过掌握词汇的本义，学习者能够建立坚实的语言基础，进而扩展词汇的引申义和应用场景。了解词汇的本义还有助于学习者更好地理解语言中蕴含的文化内涵，提高语言交际的准确性和流畅性。

（2）转义。词汇的转义是词语在特定语境下具有的隐含意义或引申义。在语言交流中，理解词汇的转义对于准确地理解和使用词语非常重要。对词语转义的理解，通常依赖于上下文语境以及特定的文化背景。

举例来说，英语中的动词“cry”本义是指“哭”，但在特定语境中它也可以指“喊叫”。例如，在“The crowd cried for help.”（人群呼救。）这个句子中，“cry”的意思转义为“喊叫”。这种转义可以通过上下文来推断。

词汇的转义还受到文化背景的影响。以词汇“dog”为例，在中国文化中，将人与狗联系在一起常常带有贬低的含义，因此称呼某人为“狗”是一种侮辱。然而，在西方文化中，狗被视为人类最忠实和友好的伴侣。在英语中，“top dog”表示胜利的一方，是一种赞扬的说法。因此，要正确理解词汇的含义，需要结合上下文语境，并了解特定文化背景。在跨文化交流中，了解和尊重不同文化对词汇转义的理解是至关重要的，有利于避免误解和冲突。

2. 同义、反义、上下义

（1）同义。在英语词汇中，同义关系是指两个或两个以上的词语在意义上存在相同或相似的关系。这些词语可能在语音、拼写或形态上有所不同，但它们传达的意义是相同或相近的。同义关系在语言中起着重要的作用，能增加人们的词汇选择，帮助人们更准确地表达思想和意义。

举例来说，answer（回答）与 reply（回答）之间存在同义关系。尽管它们在语音和拼写上有所不同，但它们都表示对问题或请求做出回应。buy（购买）和 purchase（购买）之间也存在同义关系，它们都表示通过支付货币来获取某物。同义关系的存在丰富了语言的表达方式，为使用者提供了多种选择，使用者能够根据需要在不同的语境中使用适当的词汇。尽管两个词具有相同的意义，但它们的使用可能有一些微妙的差异或受到语域的限制。因此，在选择同义词时，人们需要考虑上下文和语言习惯，以确保表达准确而自然。

（2）反义。在英语词汇中，除了存在同义关系，还存在反义关系，即一些词语存在相反或对立的语义关系。最常见的形式是反义词，也称为对偶词。反义词是在词义上互为相反的词语，通过对比强调了事物的对立性或相反性。

举例来说，up（上）和 down（下）是一对反义词，它们代表了垂直方向上的相反概念。当人们说 go up（上去）时，意味着向上移动；而当人们说 go down（下去）时，意味着向下移动。这两个词语的使用强调了方向上的相反性。

反义关系在语言中起着重要的作用，可以帮助表达对立、对比或相反的概念，增加了词汇选择，使人们能够更准确地传达意思和观点。除了形容词和副词的反义关系，还有动词和名词的反义关系。例如，give（给予）和 take（拿取）是一对动词的反义词。give 表示将某物给予他人，而 take 则表示拿取或获取某物。这种对立关系使得人们能够清楚地表达出动作的不同方向和目的。

需要注意的是，尽管反义词在意义上是相对的，但并不是所有词语都有严格的反义词。有时候，一个词语的反义可以通过前缀或后缀的添加来形成。例如，通过在 happy 前添加否定前缀 un-，就改变了词语的意义。

（3）上下义

在英语词汇中，还存在一种上下义关系，即一个词语的意义、特征或类型是另一个更大范畴的词的一部分。这种关系可以描述为上义词和下义词的关系。

举例来说，rose（玫瑰花）、tulip（郁金香）和 carnation（康乃馨）都属于 flower（花）。在这种情况下，rose、tulip 和 carnation 被称为 flower 的下义词，而 flower 则是它们的上义词。

除了植物领域的例子，上下义关系还可以在其他领域中找到。例如，

dog（狗）是 animal（动物）的下义词，animal 则是 dog 的上义词。同样地，car（汽车）是 vehicle（车辆）的下义词，vehicle 则是 car 的上义词。

正确理解上下义关系，能够帮助人们组织和分类词汇，将词语归纳到更一般的范畴中，有助于人们理解词汇之间的关联性，从而更好地组织和理解词汇的含义。

（二）词汇发音

发音是词汇学习的关键要素之一，它不仅属于语音教学的范畴，也是词汇教学中不可或缺的一部分。

正确的发音对于学生准确理解和使用词汇至关重要。如果学生不能准确发音，他们可能会在口语表达或听力理解中遇到困难，甚至不能正确理解语义。因此，在词汇教学中，教师应该帮助学生正确掌握每个单词的发音。除了发音，教师还应该注意将发音与词汇形式相结合，这可以通过教授音标和重音规则来实现。将发音与词汇形式联系起来记忆，有利于学生更好地理解和记忆单词，形成“见形知声，因声记形”的能力，从而在实际交际中更加自如地使用词汇。

发音教学应该与其他方面的词汇教学相结合，如词义、用法和语法教学。这便于学生建立起更全面的词汇知识体系，正确地使用词汇来表达自己的思想。

（三）词汇用法

词语的搭配性是语言学习和教学中一个重要的方面。在不同的上下文语境中，特定的词语会与其他词语形成固定的搭配，这对于准确和自然地表达意思非常关键。

在英语中，许多动词会与特定的名词、形容词或副词搭配使用。例如，suggest（建议）一词通常与名词搭配，而不与不定式搭配。类似地，permit（允许）和 allow（允许）后面也常跟着名词，而不是不定式。这种固定的搭配用法在英语中非常常见，对于正确理解和使用词语至关重要。

除了动词和名词之间的固定搭配，还有一些短语或习惯用语也属于固定搭配。这些短语在特定语境中有固定的意义，不能随意更换。例如，take off

（起飞）就是一个固定搭配，表示飞机离地。这种固定搭配的用法在语言中起到了简化和约定俗成的作用，使人们能够更有效地进行沟通。

在教学过程中，教师应该关注语境对词语的影响，提供真实的语言材料和例句，让学生了解和熟悉常见的固定搭配用法。此外，教师还应该强调固定搭配的重要性，帮助学生掌握正确使用词语的方式，以提高他们的语言准确性和流利度。

词语的搭配性是语言学习和教学中重要的一环。教师在教学中应注意语境对词语的影响，同时教授学生词语之间的固定搭配用法。固定搭配的掌握，有助于学生准确和自然地表达意思，提高他们的语言表达能力。

（四）操作策略

词汇学习涉及多个方面，教师可以采用不同的策略来促进学生的词汇习得。常见的操作策略如图 5-2 所示。

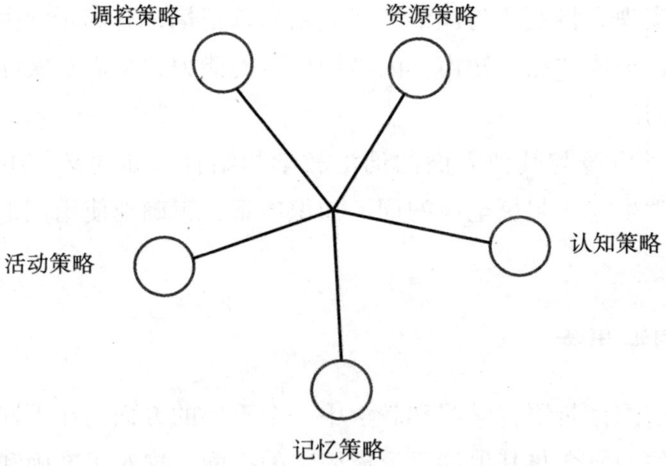

图 5-2　词汇教学常见的操作策略

1. 调控策略

调控策略强调教师对整个词汇学习过程的规划和管理。教师需要设计和实施有针对性的词汇教学活动，并及时反思和评价教学效果；还需要监控学生的学习行为，根据学生的反馈和进展情况调整教学策略。适时调整教学策略能够确保词汇教学的有效性和个性化。

2. 资源策略

资源策略侧重于教师调动各种教学资源来支持学生的词汇学习。教师可以利用网络、词典、广告等资源，为学生提供更多的词汇材料和学习技巧。通过接触更多的新词，学生可以扩大词汇量并提高词汇应用能力。

3. 认知策略

认知策略强调教师引导学生运用认知技巧来加强词汇学习。教师可以通过指导学生划重点、利用上下文猜测词义、记笔记等策略，帮助学生更深入地理解和记忆单词，提高词汇掌握和运用能力。

4. 记忆策略

记忆策略旨在帮助学生提升记忆效果。教师可以通过教授词根、词缀等构词法知识，帮助学生理解和记忆单词。此外，教师还可以通过教授利用上下文、分类等记忆技巧来帮助学生记忆词汇。这些策略有助于学生更快速地记住和运用单词。

5. 活动策略

活动策略强调通过组织课堂活动来促进学生的词汇习得。教师可以组织学生积极参与分组复述、词汇游戏等活动，从而使学习变得更加生动有趣，同时培养学生的词汇应用能力。

在实际教学中，教师可以根据不同的学生需求和学习目标灵活运用这些策略。例如，利用调控策略进行整体规划，利用资源策略提供丰富的学习资源，引导学生运用认知策略和记忆策略加深对词汇的理解和记忆，通过活动策略激发学生的学习兴趣和参与度。综合运用这些策略，可以促进学生的词汇学习效果，并提高他们的词汇应用能力和语言表达能力。

三、词汇的文化差异

词汇是组成语句的基本单位，词汇也反映使用这一特定语言的民族所特有的文化背景。因此，教师在英语教学中，必须始终不忘强调词汇背后的文化内涵。

（一）词汇形态特征对比

一般来说，语言可以根据其词汇特征，分为孤立语、黏着语、屈折语和多式综合语四种主要类型。在孤立语中，一个词只含一个语素；在黏着语和屈折语中，一个词通常由两个或两个以上的语素构成，两者之间的差异在于语素之间的结合方式不同；多式综合语的特点是词级丰富。

汉语作为一种孤立语，一个词通常只有一个语素，这意味着每一个词都是独立存在的，没有明显的语素之间的结合方式。然而，汉语中也存在一些多式综合语的形态成分，比如一些复合词和派生词。

英语的词汇形态与汉语有一些相似之处，也倾向于孤立型。相比之下，汉语中的复合词数量较多，而派生词数量较少。

因此，就单纯词、派生词和复合词在英汉两种语言中所占的比例来看，现代汉语中的复合词要比英语多，而英语中的派生词要比汉语多。

（二）构词特点对比

在英语中，构词法主要包括派生、转化和合成三种形式。派生可以用于名词、动词、形容词等，通过在词根或词干上添加前缀或后缀来生成新的词汇。转化是英语中一种特别常见的构词法，它通过改变词的词性或语法功能来创造新词，如将名词转化为动词或形容词。合成法是将两个或更多的词合并在一起，形成一个新的词汇。

相比之下，汉语的构词法相对简洁，主要包括派生、合成和重叠三种形式。派生在汉语中主要用于名词，通过在词根上加上后缀或前缀来生成新的词汇。合成法是将两个或多个词组合在一起，构成一个新的词汇单位。与英语不同的是，汉语中的合成词往往没有明显的词根分离情况，而是通过整体的方式构成新词。此外，汉语中还存在一种特殊的构词法，即重叠。重叠是指通过重复使用相同的词或词根来构成新词，这在汉语中非常常见。

需要注意的是，英语和汉语的语法结构和词类分类也会影响构词法的差异。汉语是一种孤立语，词的语法功能并不依赖于词尾的变化形式，因此汉语中的很多词是兼类的，词性转换灵活。这意味着在汉语中，词的转化并不像英语那样明显，更多地依赖于上下文和语境。重叠法在汉语中是一种非常常见的构词方式。通过重复使用相同的词或词根，增强词语的语气、表达程度或加强修饰，丰富了词汇的表达能力。

（三）词汇语义的对比

以下将从亲属场、称呼场和颜色场这几个方面简略地解读英汉语词汇在意义方面的不同之处。

1. 亲属场

在英语中，“husband”（丈夫）和“wife”（妻子）是专门的称谓，用于指代已经结婚并且拥有稳固婚姻关系的人。这种专门的称谓反映了婚姻制度在英语文化中的重要性。

在汉语中，对丈夫一方的亲属使用“内”或“堂”的称谓，对妻子一方的亲属使用“外”或“表”的称谓。这种称谓的区分反映了中国传统社会中男性权力占主导地位的家庭和婚姻制度。

英国人和美国人注重个人表达，强调个体的自我表现，反映在他们的家庭称谓方式上，则是对祖辈人的称谓一般没有细分，使用统一的“grandfather”（祖父）和“grandmother”（祖母）。相比之下，汉语中对祖辈人的称谓有更多的细分，区分祖父和外祖父、祖母和外祖母。

此外，在汉语中，对父亲同辈的人可以使用“伯伯”“叔叔”等称谓，而在英语中，一般使用统一的“uncle”来称呼。对母亲同辈的人，汉语中使用“姨母”“姑母”等称谓，而英语中一般使用统一的“aunt”来称呼。

2. 称呼场

中国文化注重礼仪，强调尊重他人，因此在称呼亲属时，尤其是长辈亲属，往往使用尊敬的称谓。例如，会称父亲的兄弟为“伯伯”或“叔叔”，称母亲的兄弟为“舅舅”。而对于祖辈的亲属，则会称“爷爷”“奶奶”或“外公”“外婆”等。相比之下，在英美文化中，长幼尊卑观念较为弱化。人们普遍倾向于直呼其名，不太使用尊称。即便是儿子对待父亲或母亲，也常常直接称呼其名字，而不使用“爸爸”“妈妈”。

这种差异反映了不同文化中对待亲属称谓的态度和习惯。中国文化中的称谓体现了家族的等级关系，而英美文化中的直呼其名反映了个体主义和对平等观念的强调。然而，在英国和美国，一些家庭也会遵循传统的尊称方式，特别是在正式场合或家族内部，而在中国，随着社会的变迁和年青一代的影响，有些家庭也开始倾向于直呼亲属的名字，尤其是在亲密关系中。

无论是使用尊称还是直呼其名，这些称谓文化都代表了不同文化中人际关系和家庭价值观的一部分，反映了不同文化背景下的习俗和礼仪。

3. 颜色场

颜色在文化中承载着丰富的意义和象征。不同文化在对颜色的理解和寓意上存在差异。例如，中西方文化便在颜色寓意上存在显著差异。

绿色在中国文化中象征着生命和新生，同时也与幸运和财富联系在一起，所以常用于表达吉祥。然而，在西方文化中，绿色通常与自然、健康和环保相关联。这样的文化差异还表现在其他颜色上。例如，黄色在中国文化中象征着皇家和贵族的地位，是一种吉祥和富贵的象征。而在西方文化中，黄色有时被视为警告或危险的标志，如在交通标志中表示警告或谨慎。另一个例子是白色，白色在中国文化中通常代表哀悼和丧失，是丧葬仪式上的常用颜色。而在西方文化中，白色往往与纯洁、清洁和简约相关。

这些颜色寓意的差异反映了中西方文化中不同的价值观、信仰和传统，以及其对吉祥、喜庆、权力、健康等概念的不同理解和诠释。这提醒人们在跨文化交流中要保持对颜色寓意的敏感性，以避免误解和冲突。

四、外语词汇教学原则

在语言教学体系中，词汇教学被视为教学的起点，其重要意义不言而喻。学生必须在掌握一定词汇量的基础上，才可以进行句子、语篇的学习，因此，如果一名学生没有一定的词汇量基础，那么这名学生一定会在学习英语的过程感到非常困难。

词汇是语言的基础。人类通过语言，相互传达自己的思想，完成思想的转换与传达。人际交往过程中的每一句话都是由词汇构成的，因此，足够数量的词汇储备，是确保个体可以顺利表达自己的思想观点的前提。

词汇教学不是一种随意开展的教学活动，而是必须遵守一定的教学原则，只有这样，才能确保词汇教学按照正确的方向发展。词汇教学原则如图 5-3 所示。

图 5-3　词汇教学原则

（一）直观性原则

词汇教学的难度较大，学生往往会产生畏难情绪。为了避免这样的情况出现，教师开展词汇教学时，应该遵循直观性原则，以达到更好的教学效果。

1. 使用图像和实物

教师可以借助图片、插图或实际物品来教授词汇，这种方式可以帮助学生直观地理解和记忆词汇的意义。例如，对于食物词汇，教师可以展示相关的图片或真实食物，让学生直接感知词汇与物体之间的关系。

2. 制作词汇卡片

教师可以准备词汇卡片，将与词汇相关的图片或例句印在卡片上，学生可以通过翻阅这些卡片来进行记忆和巩固。这种方式能够直观地将词汇与其代表的形象进行关联，增强学习的效果。

3. 创设情境和角色扮演

教师可以通过模拟真实情境或进行角色扮演，让学生在实际交流中运用所学词汇。例如，教师扮演顾客，学生扮演店员，模拟在购物场景中进行对话和交流。这种方式可以让学生更直观地感受词汇的实际运用和意义。

4.利用多媒体资源

教师可以利用多媒体资源，如视频、音频和互动软件等，来展示词汇，这样学生可以更直观地理解和记忆词汇的用法和意义

在直观性原则的指导下，词汇教学变得更生动、有趣，从而能够激发学生的学习兴趣，帮助他们更直观地理解和运用所学词汇，提高他们的学习积极性、参与度和学习效果。

（二）趣味性原则

对于学生而言，教学内容是否具有趣味性，会在很大程度上影响他们的学习效果。教师应通过互联网、多媒体等方式，为原本枯燥的教学内容增添趣味性，从而充分调动学生的积极性与学习兴趣。学生具备学习兴趣的时候，就是学生的自我驱动力较强的时候，这时学生会更加积极探索词汇的意义，提升词汇运用能力。

（三）音、形、义相结合原则

对于英语词汇来说，音、形、义三部分并不是相互割裂的关系，而是紧密相连、相互影响的。

在传统的词汇教学活动中，教师往往仅强调词汇的朗读准确性或词汇的拼写准确性。但是词汇的语音特性也不能被忽视。在词汇教学过程中，除了词汇的发音，词汇的语音特征（连读、拼读、节奏、重音等）也需要得到重视。

为了更好地开展词汇教学，教师可以将词汇的音、形、义紧密结合，便于学生的记忆，收到较好的教学效果。

（四）循序渐进原则

教学活动本身就应该充分遵循其本身固有的规律，按照循序渐进的原则逐步开展。词汇教学亦是如此，应一步一个脚印，按照一定的顺序，层层递进，逐步加深。词汇教学会涉及较为简单的词汇，也会涉及较为复杂的词汇。教师在开展教学时，应该按照一定的顺序，从简单到复杂，逐步完成教学活动。

教师需要注意的是，针对首次出现的词汇，不应该超越教材内容进行相关内容的扩展。教师应按照教学材料内容不断加大教学难度，学生对于这个词的意义理解也将进入更深的层次，随着词汇教学的逐步深入，教师将词汇教学的难度与范围逐步扩大。

词汇教学并不是一朝一夕可以完成的，教师应该极具耐心，将教学材料与学生当前的认知水平相结合，按照词汇记忆的客观规律，依照循序渐进原则，一步步完成教学活动。

（五）重复性原则

词汇教学是一项具有难度的教学活动。根据人的认知发展规律，完成材料的记忆之后，随着时间的推移，人会逐渐遗忘，这是一种正常的生理反应。比如，学生在完成词汇学习后，如果不加复习，将会按照一种先快后慢的趋势，出现忘记原有知识的情况。依据艾宾浩斯遗忘曲线，人在学习后第一天的遗忘速度是最快的，如果在这个阶段，学生不进行及时的复习，原本的知识可能只剩下 25% 左右。

因此，教师需要及时提醒并监督学生及时复习所学词汇。教师可以采取听写等方式，激励学生背诵及复习单词，促进学生对词汇的理解，最终促使学生记住，并灵活运用所学词汇。

五、外语词汇教学方法

英语词汇的特点之一是词义的丰富性和多变性。一个词可以有多种不同的意义和用法，而且词义的解释和理解往往需要依赖于具体的语境，这就是常说的词本无义，义随境生。在词汇教学中，教师可以充分利用这一特点，培养学生的思辨能力。对于词汇教学，学生不仅要记忆和背诵词汇，而且要理解词汇的意义、用法和语境，从而达到可以在多种情境中准确应用词汇的效果。

（一）联想教学法

联想教学法的核心理念是通过建立词汇与其他事物之间的联系，帮助学生更好地理解和记忆词汇。这种方法基于人脑对事物之间关联性的天然倾向，利用联想的力量来提升学习效果。

联想教学法的步骤如下。

1. 引入词汇

教师向学生介绍一个新的词汇，如 earth（地球）。

2. 创造联想

教师引导学生联想与该词汇相关的其他词汇。对于 earth 一词来说，学生可以联想到其他行星的名字，如 Mercury（水星）、Venus（金星）、Mars（火星）、Jupiter（木星）、Saturn（土星）、Uranus（天王星）、Neptune（海王星）和 Pluto（冥王星）。

3. 触发记忆

通过将词汇与其他词汇进行联想，学生可以更容易地记住和理解它们。当在之后的学习中再次遇到这些词汇时，学生可以回想起与它们相关的其他词汇，从而加深记忆。

4. 扩展联想

学生可以进一步扩展联想，如将地球与其他相关词汇，如 planet（行星）、solar system（太阳系）、galaxy（星系）及 universe（宇宙）进行联想，从而形成更广泛的知识网络。

联想教学法的优势在于它激发了学生的联想能力和想象力，帮助他们建立起词汇与其他知识点之间的联系。通过这种方法，学生能够更深入地理解词汇的含义和用法，而不仅仅是机械的记忆。联想教学法也可以提高学习的趣味性，学生可以通过参与与词汇相关的联想游戏，进一步加深对词汇的理解和记忆。

需要注意的是，联想教学法并不适用于所有类型的词汇教学，因为有些词汇没有明显的关联或难以通过联想来记忆，教师需要根据具体的词汇内容和学生的需求，灵活运用这种教学方法。

（二）构词法教学法

构词法教学法旨在通过学习和应用词根和词缀来帮助学生理解和记忆英语词汇。许多英语单词是由词根和词缀组合而成的，因此通过掌握这些构成要素，学生可以更好地理解和推测单词的含义。构词法教学法的步骤如下。

1. 介绍词根和词缀

教师向学生介绍常见的词根和词缀，解释它们的含义和用法。词根通常是一个单词的核心意义部分，而词缀可以改变词的词性或添加特定含义。

2. 分析单词构成

教师与学生一起分析已知单词的构成，找出其中的词根和词缀。通过分解和理解单词的构成部分，学生可以推测出新单词的含义。

3. 学习常见的词根和词缀

教师提供一系列常见的词根和词缀，并帮助学生记忆它们的含义和用法。可以按照主题或语言来源对这些词根和词缀进行分类，以帮助学生更好地组织和记忆。

4. 练习词根和词缀的应用

学生通过各种练习和活动来应用所学词根和词缀。例如，他们可以尝试构建新的单词，或通过填空等任务来加深对构词法的理解。

5. 扩展词汇知识

学生可以通过学习更多的词根和词缀来扩展他们的词汇知识。例如，可以学习更多的构词规律，以及不同词根和词缀的组合形式，从而更好地理解和运用新的单词。

构词法教学法的优势在于它提供了一种系统的方法来学习和记忆词汇。通过学习词根和词缀，学生可以更好地理解单词的含义，并推测出未知单词的意思。这种方法还可以帮助学生扩展他们的词汇知识，提高他们的阅读和写作能力。词语前缀的主要作用是改变词的含义，但它不改变词性。下面是一些英语中常见的词语前缀，如表 5-1 所示。

表 5-1　英语中常见的词语前缀

前缀	含义	例词
un-	不，非，无	unfriendly, unknown, unusual, unhealthy, unfamiliar, uncomfortable, unforgettable, unfortunately
dis-	不，无，分开，消失	disabled, disadvantage, disappear, discourage, discover, dishonest, dislike, disease, disagree
mis-	错，坏，不，无	misunderstand, mistake, misuse, mislead, misfortune, mistrust

续 表

前缀	含义	例词
im–	不	impolite，impossible，impatient，immoral
in–	否定	inexpensive，independent，invisible，indirect，inability，incorrect，inconvenient，ineffective
non–	否定	nondurable，nonsense
il–	否定	illegal，illogical，irrational，irresistible，irrevocable
anti–	反对的	antiterrorist，antiwar
tele–	远距离的	telephone，telegram，telescope，television
inter–	互相在……之间	international，internet，interview
sub–	在……下面	subway，submarine
over–	外面的，上面的，过度的	overcoat，overlook，overhear，overdue，overweight，overstudy，overwork，overact，overbridge，overcoat，overcome
post–	后	postpone，postwar
semi–/ hemi–	半	semifinal，semicircle，hemisphere
muti–	多的	multilateral，multinational，multiply，multiform，multicultural，multimedia
en–	在此之中，加强意义	encourage，enlarge，enrich，enroll
auto–	自己的，自动地	autobiography，autoalarm
bi–	两个的，双重的	biweekly，bimonthly，biannually，bicycle
up–	向上	upstream，upstairs
mid–	中	midday，Mid–Autumn day
micro–	微	Microsoft，microwave
tri–	三	tricycle，triangle
de–，dec–	十	December，decade
by–	在旁边，副的	byproduct，byroad，byway，bygone，bypass，bywork

后缀的作用主要是改变词性，但不影响词的含义。英语词汇的后缀根据其在构成新词时的词性可以分为四类：名词后缀、形容词后缀、动词后缀和副词后缀，如表 5-2 所示。

表 5-2　英语中常见的词语后缀

类型	后缀	含义	例词
名词后缀	-or，-er，-ess，-crat	做某件事情或职业的人或物	worker，debtor，actress，democrat
	-acy	性质，状态，境遇	democracy，accuracy，diplomacy
	-ance, -ence	性质，状态，行为，过程	importance，diligence，difference，obedience
	-ancy, -ency	性质，状态，行为，过程	frequency，urgency，efficiency
	-bility	动作，性质，状态	possibility，flexibility，feasibility
	-dom	等级，领域，状态	freedom，kingdom，wisdom
	-hood	资格，身份，年纪，状态	childhood，manhood，falsehood
	-ion, -sion, -tion, -ation, -ition	行为的过程，结果，状况	action，solution，conclusion，destruction，expression，correction
	-ism	制度，主义，学说，信仰，行为	socialism，criticism，colloquialism，heroism
	-ity	性质，状态，程度	purity，reality，ability，calamity
形容词后缀	-able, -ible,	属性，倾向，相关	visible，flexible
	-al	有……的，似……的，适于……的	economical，philosophical
	-ful	充满着的	beautiful，wonderful，useful，faithful
	-ive	有……倾向	active，sensitive，productive
	-less	无……	countless，stainless，wireless

续 表

类型	后缀	含义	例词
动词后缀	-ize, ise	做成，变成，……化	modernize，mechanize，democratize，organize
	-en	使成为，引起，使有……	quicken，weaken，soften，harden
	-fy	使……化	beautify，purify，intensify，signify，simplify
	-ish	使，令	finish，abolish，diminish，establish
	-ate	成为……，处理，作用	separate，operate，indicate
副词后缀	-ly	程度、次序、某一时间	recently，firstly
	-fold	倍数	tenfold，hundredfold
	-ward(s)	方向	upward，homeward
	-wise	方式、方向、方面	educationwise，weatherwise

（三）网络多媒体教学法

网络多媒体教学法是一种利用互联网和多媒体技术来辅助词汇教学的方法，通过提供多样化的教学方式和资源，帮助学生更好地理解和应用词汇。词汇教学本身具有一定的难度，为了避免出现学生死记硬背的情况，教师在组织教学时，一定要尽可能地应用较为多样化的教学方式，帮助学生更快、更准确地记忆词汇，最终达成熟练应用的程度。

活学活用对于学生而言不是一句简单的口号，教师开展词汇教学更要将这句话作为教学的最终目标。为帮助学生实现对词汇的活学活用，教师可以通过以下两个途径开展教学。

1. 多渠道加强词汇知识的输入

教学过程涉及多方面因素，如教师、学生、教学设备、教材等。其中学生是最活跃，也是最为关键的影响因素。教师为学生提供扩充词汇的渠道不应该被限制在课堂之上，或者说教科书内。教师的目的就是给学生输入大量语言信息，并逐渐引导学生充分应用这些语言信息进行情景交际。

教师需要为学生营造更加丰富多彩的教学环境。按照语义场理论，学生可以通过扩大语义网，实现词汇量的扩充。在互联网上，有大量的英语资源供教师与学生选择，其中包含的测验及课外阅读部分，都可以有效提升学生的词汇量。有许多英语资源会配备相应的音频资料，学生可以根据自己的需要选择其中一部分，或练习自己的语音，或扩充自己的词汇知识。在线词典可以在学生学习过程中遇到不认识的生词，及时查找含义，答疑解困。网络搜索引擎是帮助学生有效输入词汇知识的途径之一，能够帮助学生解决英语学习过程中遇到的语言障碍与文化障碍。

在学生利用网络进行词汇学习时，教师需要及时关注学生对词汇知识的掌握程度，是否将已学词汇与现实中的事物紧密相连。教师也要通过多种方式，考查学生是不是准确地掌握了单词的含义等。

举例说明，教师在教授学生一些单词的同义词时，可以将相关词语的相同用法或不同用法直接用公式或者图表的形式展现给学生，如图 5-4 所示。这样，学生可以在较短时间内实现词汇量的急剧增加，并且可以有效地区分同义词和近义词的差异。

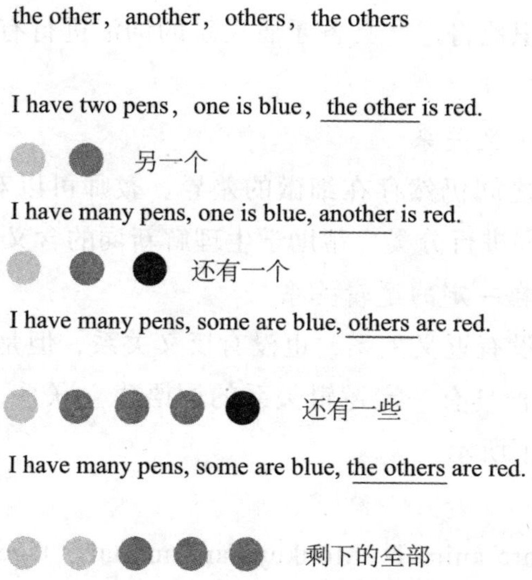

图 5-4　the other、another、others、the others 的区别

2. 关注学生的自主学习能力的培养

教师可以引导学生通过互联网更好地实现自主学习。教师可以将与教学内容相关的网络学习资源上传到共享空间，学生可以及时查看并完成自主学习；教师还可以将词汇相关知识、词汇学习技巧、单词练习测评等相关内容

分门别类地上传到共享空间，学生可以根据自己的学习水平、学习进度，浏览和学习相关知识。

学生的学习过程是按照阶段逐一进行的，只有当学生完成了现有阶段，才能进入新的学习阶段，且学生在每一个阶段都需要进行自我监控。丰富的互联网资源为学生扩大了学习机会，激发了学生的学习兴趣，提升了学生的学习积极性。

（四）语义教学法

词汇之间并不是孤立、割裂的存在，而是有着同义、反义、因果、顺承等关系。因此，教师在进行词汇教学时，可以使用语义教学法向学生讲解如何利用多样化的语义关系，加深学生对词汇的理解和记忆，从而提升学生的思辨能力。

1. 词语之间的反义关系

英语词汇中的一部分词语存在意义相反、相互对应的情况。教师在教学的时候，需要有意识地将这些具备矛盾关系的词汇进行有效归类，以帮助学生加深记忆。

2. 词语之间的近义关系

意义相近词语之间仍然存在细微的差异。教师可以对一些已经学过的、具有相近含义的单词进行分类，帮助学生理解新词的含义。

3. 词语之间存在一定的逻辑关系

有些词语之间没有近义关系，也没有反义关系，但是存在一定的逻辑关系，教师可以将这种具有一定逻辑关系的词语建立联系，以帮助学生记忆。常见的逻辑关系如下所示。

（1）类属关系

例如，Tigers are animals. Monkeys are animals. Tigers and monkeys are both animals.

Trees are plants. Vegetables are plants. Trees and vegetables are both plants.

Animals and plants are both living things. So,tigers,monkeys, trees and vegetables are all living things.

（2）先后顺序或自然顺序

例如，February comes after January.

March comes after February.

April comes after March.

（3）因果关系

例如，John slept soundly in class yesterday, because he stayed up late the night before.

（4）同位关系

例如，Chairman Mao is the founding father of PRC.

Washington is the founding father of America.

Liu Dehua is the superstar of Hong Kong, China.

Madonna is the superstar of America.

4. 多个词语同属一个范畴

教师将一类词语归纳在同一范畴下，学生可以根据教学要求，在学习新的词汇的时候，将已经学过的词汇再次进行补充，分门别类地学习、记忆词汇，往往更加高效。

例如，音乐：solo, tune, viola, violin, piano, composer, chant, cello, symphony, harmony

浴室：bathtub, hand shower, tap faucet, plastic curtain, shower cap

地质：ice sheet, molten lava, quartz sand, rock layer, soft water, sedimentary rock

卧室：blanket, cushion, quilt, feather quilt, bedding, mosquito net, pillow

（五）情境教学法

情境教学法旨在通过创设真实的语言情境，帮助学生在实际交际中理解和应用词汇。因此，教师在教学中，可以结合具体的情境和实际生活场景，通过多种教学设备，为学生创设需要多感官参与的语言环境，充分调动学生的主观能动性，促使学生充分应用英语，防止遗忘的产生，最终提升词汇学习效率。

例如，When foreign guests visited our school yesterday, we gave them a hearty welcome.

When I got into the room , my friend said “Welcome to you.”

通过创设这一情境，学生就很容易理解 welcome 一词的含义和用法。

另外，词的许多语音特征、变化规律以及不同意义的展示也只有在话语情景中才能综合体现出来。教师主要可以创设和利用以下几个情境。

1. 课堂情境

在词汇教学环境中，教师可以利用各种教学工具，如图片和实物等，来设定课堂情境。例如，在教导颜色的词汇时，教师可以借助教学道具或实际物品来进行示教，从而调动学生视觉和听觉感官的参与，让他们真切理解颜色词汇的含义及其应用。

在教授与天气相关的词汇时，教师可以借助多媒体设备等相关工具，通过展示与天气相关的声音、图片、音频和视频等，让学生更直观地体验天气的变化。通过这种方式，学生可以加深对词汇的理解和记忆，进而提高词汇学习效率。

2. 生活情境

英语的词汇教学不应该将教学内容局限于书本教材，教师应该尝试拓宽教学的边际，在课上创设出一定的生活情境来辅助词汇教学的开展。比如，教师可以搭建出购物的场景，引导学生开展在商店中可能会发生的对话。

例如，What can I do for you?

What would you like?

I'd like a piece of pie.

教师为学生创设较为真实的生活情境，有利于引导学生注重词汇的实际应用，而不只是进行单词的记忆。

3. 表演情境

尽管教师无法在课堂上构建所有的生活情境，但当学生积累了一定词汇之后，可以试着为学生建立一些虚拟情境。在这些虚拟情境中，学生能够将他们已经学习的词汇以表演的形式进行实际运用。

一方面，这种方法能够有效锻炼学生的词汇运用能力，通过直观和生动的场景表演，学生不仅可以增强对词汇的记忆，更能理解词汇在实际环境中的应用。另一方面，这样的情境教学既提高了学生的参与度，又有助于他们更好地理解和运用新学的词汇。

通过这样的方式，教师可以观察学生在实际情境中使用词汇的情况，从而了解他们的学习进度和掌握程度，进而有针对性地进行后续教学；学生可以通过比较、反思自己和同伴的表演，找出自己的不足，以提升自我学习效率。

这种基于虚拟表演情境的词汇教学方式，不仅有利于激发学生的学习兴趣，增强他们的词汇记忆力，还能帮助他们更好地理解和掌握词汇，提高词汇学习效率。此外，这种教学方式也能提高教师教学的针对性和有效性。

第三节　外语语法知识教学

一、外语语法教学的含义

语法是语言表达的基础结构和框架，是语言体系的规范性法则。为了正确表达观点与思想，语法是不可或缺的规则和依据，没有任何语言表述可以脱离语法。一旦脱离了语法的框架，语言表述就会失去精确度，信息传递也将受阻。在英语教学中，语法教学是至关重要的一环，学生在学习和使用英语的过程中，时刻受到语法规则的指导。

英语语法包括描述性知识和程序性知识。描述性知识由各种语法规则组成，包括句法、词法和章法，涵盖了词类、从句、时态、语态、情态等内容；程序性知识则涉及如何运用语法进行交流的技巧。描述性知识可以通过学习获取，而程序性知识需要通过训练和实际应用来掌握。

语法的本质就是一种规律性的解释，它规定了词语构成和句子组合的规则。人们在使用语言进行交流时，语法起着极其重要的作用，它帮助人们组织语言，赋予语言明确的意义，使交流双方能够理解对方的表述。语法是情境交际的一套规则，有助于人们更准确、更恰当地理解和使用语言。

语法教学的目标是让学生在生活和工作中能够恰当地使用英语。然而，英语教材往往只包括最基础、最常用的语法规则。这种语法编写体系属于教学语法范畴，是实践语法。学生学习语法的目的不仅是学习语法本身，而且是将语法作为学习语言的工具。

英语课程的目标是培养学生的语言技能，包括听、说、读、写、译等方面。在这五种技能中，虽然语法知识并未直接呈现，但其实它贯穿其中。缺乏语法知识，就无法正确地使用语言。因此，教授语法是必要的，特别是采取符合中国学生认知规律的、循序渐进的语法教学方式，可以帮助学生正确地理解和掌握英语的语法规则。

可以说，教授语法不是教学的最终目的，而是培养学生语言实践能力的一个有效手段。其最终目标是使学生能够将语言的形式与其意义、交际功能有机地结合起来，通过在具体语境中的运用来内化语言规则，从而准确运用语言进行有效交流。所以，在语法教学中，教师应该明确语法在英语教学中的重要性，即学习语法的目的是确保学习者能够正确使用语言进行有效的交流。

在这个过程中，教师扮演着关键的角色。他们需要以恰当的方式引导学生理解和掌握语法规则，使他们能够在实际情境中应用这些规则；教师也需要了解每个学生的学习进度和难点，提供个性化的教学，帮助他们克服困难，提高英语能力。

教授语法的目标不仅是让学生掌握语法规则，更重要的是通过语法教学，帮助学生提高他们的英语应用能力，使他们能够在实际生活中准确、有效地使用英语。

二、外语语法教学的目标

在高等教育中，外语语法教学的目标主要是帮助学生形成稳固、准确的语法知识结构，并能够在实际语言环境中准确、自如地使用这些语法规则。具体来说，这些目标包括以下几项。

1. 掌握语法知识

掌握语法知识是外语语法教学的基础目标。学生应了解并掌握包括音素、词汇、句型、时态、语态、语气、句子结构等在内的语法知识，并能在合适的情况下正确使用。

2. 提高语言准确性

掌握语法规则有助于提高学生的语言准确性。准确地运用语法可以提高信息的清晰度和准确度，避免误解，提高交际的有效性。

3. 提高语言流畅性

对语法知识的掌握和运用，可以提高学生语言的流畅性。在学习语法规则的同时，学生也需要找机会练习在不同的语境中流畅地使用这些规则。

4. 提高语言灵活性

灵活运用语法规则有助于提高学生的交际能力。学生不仅需要了解语法规则，而且需要能够根据交际目的和上下文灵活调整他们的语言使用。

5. 提升语感

通过学习语法，学生可以提高他们对目标语言的敏感度和感知能力，这也被称为“语感”。有了语感，学生将更容易理解和生成符合目标语言规则的表达。

6. 培养语言分析和解决问题的能力

学习语法不仅可以丰富学生的语言知识，还可以提高他们的语言分析和解决问题的能力。当遇到语言问题时，学生可以运用他们的语法知识来分析问题，并寻找解决方案。

外语语法教学的目标是提高学生的语言能力，包括准确性、流畅性、灵活性、语感和解决问题的能力，从而提高他们的交际能力。语法教学可以概括为“知”“练”“能”三个阶段。这三个阶段虽然是递进关系，但也不是绝对的。也就是说，要想达到“能”，不一定要先达到“知”，有的人虽然不能完全掌握语法的意义和结构，但依然能够在语言活动中正确运用语法规则。然而，对于大多数的英语学习者来说，由“知”到“能”，是达到终极目标最可靠、最有效的途径。

因此，在英语语法教学中，教师应该明确语法教学的目标，即确保学习者正确使用英语进行有效交流。

三、英语语法教学的意义

英语语法教学的意义是多层的，主要包含以下几种，如图 5-5 所示。

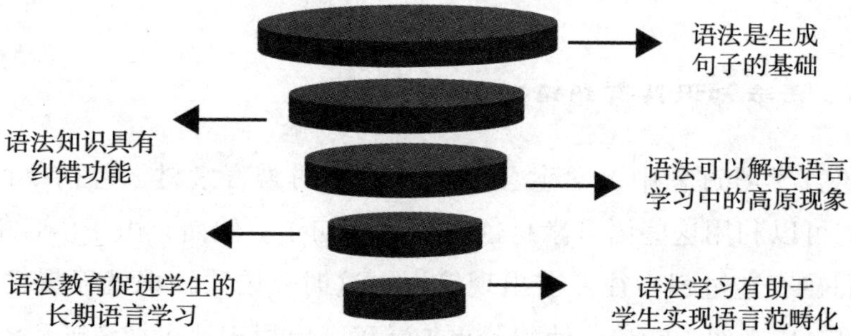

图 5-5　英语语法教学的意义

（一）语法是生成句子的基础

构建句子并不是把已掌握的单词简单叠加在一起，它需要遵循语法的规则框架。只有当遵守一定的语法规则时，词汇才能组成易于理解的句子。学习任何语言，学习者都必须记住语言要素，如词汇、短语、句子等，这些都属于“项目学习”。然而，一个人能记住的单个语言元素数量是有限的，因此，语言模式或语言规则就成为学习者必须攻克的难题。

语法是语言应用中的语言模式和语言规则，学生一旦掌握了这些语言模式和规则，就能够利用语言元素形成新的句子。外语语法如同一个机制，它提供了使用已知词汇和发挥个人创造力来构建无数句子的可能性。这就是为什么语法教学能为学生创造更多使用语言的机会。语法可以被视为一种工具，它能够帮助人们理解和使用语言。例如，当学生理解了时态的规则后，就能正确地描述过去、现在和未来的事件；当学生理解了名词、动词、形容词和副词的作用后，就能构建描述人、事、物的完整句子；当学生理解了主谓宾结构和复合句结构后，就能更好地表达复杂的思想和情感。

语法教学的目标并不是要求学生记住所有的规则，而是让他们理解并能运用这些规则。这需要教师通过创设真实或模拟的情境，让学生在实践中学习和应用语法，并通过及时的反馈和修正，帮助他们纠正错误，提高语言应用的准确性。学习语法需要学生运用逻辑思维理解语言规则和模式，并将它们应用到实际语言使用中。这不仅能提高学生的语言技能，也有助于提高他们的逻辑思维能力，从而更好地解决生活中的问题。

语法教学在语言学习中起着关键的作用。通过学习语法，学生可以理解并应用语言规则，有效地表达自己的思想和情感，从而在实际生活中更好地使用语言。

（二）语法知识具有纠错功能

在语言学习过程中，学生会接触到大量的语言素材，包括单词、短语等，他们可以利用这些语言素材创造出许多句子。然而，由于语言能力的限制，他们在表达过程中往往会出现错误。这时，语法知识就显得尤为重要。因为它可以用来纠正错误，使句子更加精确，意思表达更加清晰。

语法不仅是语言的规则和框架，更是提升语言表达能力的重要工具。学习语法可以帮助学生更好地理解语言的构造，提高语言运用能力。在学生的语言表达过程中，如果出现了错误，他们可以通过对语法规则的理解和应用，找出错误的原因，并进行适当的修正。

举例来说，一个学生可能会写出这样的句子：“我喜欢去公园玩。”这个句子的意思在一定程度上是可以理解的，但是它没有明确表达出“何时”去公园玩。如果学生了解并能应用时态的语法规则，就能将这个句子修正为：“我喜欢在周末去公园玩。”这样的句子不仅遵循了语法规则，而且意思更加明确，信息也更加完整。

在实际教学过程中，教师应引导学生理解并应用语法规则，以提升他们的语言表达能力。当学生在表达过程中出现错误时，教师不仅要指出错误，还要引导他们找出错误的原因，并根据语法规则进行修正。这种教学方式可以帮助学生在不断的实践中，提升他们的语法应用能力。学生在语言应用过程中，也需要不断地反思和总结，思考自己在语言表达中出现错误的原因是什么，是否违反了某种语法规则，如何根据语法规则进行修正，以及如何在以后的语言表达中避免同样的错误，这也是提升语言能力的重要环节。

（三）语法可以解决语言学习中的高原现象

在语言学习过程中，无论学生是否具有明确的学习动机，或者是否具有较强的学习能力，在没有接受正式教学的情况下，他们都具有一定的语言水平。然而，他们在语言表达过程中总是存在一些问题，特别是以下两个方面。

一方面，学生可能习惯于口头表达，没有经过系统的学习。这可能导致他们形成了一些难以纠正的不良语言习惯。例如，他们可能习惯于使用一些非正式或者不规范的语言表达方式，或者常常在句子结构、词汇选择、语法运用等方面出现错误。这些不良语言习惯，如果不进行指导和修正，就会对学生的语言学习产生负面影响。

另一方面，学习者的语言水平可能会在达到一定阶段后停滞不前，出现所谓的高原现象。这是因为在没有规范的教学指导下，学生无法充分了解和掌握语言的深层结构和规则，他们的学习仅限于表面的词汇和短语，难以触及语言的核心部分。因此，他们的语言水平很难再有大的提高。

面对这些问题，教师可以通过实施语法教学来解决。一方面，语法教学可以有效地规范学生的语言表达，帮助他们纠正错误的语言习惯，提高表达的准确性；另一方面，语法教学能够帮助学生深入理解语言的结构和规则，打破他们的学习“僵局”，帮助他们跨过语言学习的高原期，从而达到更高的语言水平。

语法教学不仅是传授语法规则，更是提供了一种思维方式和方法论。教师通过语法教学，帮助学生理解和运用语法规则，引导他们深入思考语言的本质和结构，从而提升他们的语言水平和语言意识。因此，在语法教学过程中，教师应该注重启发和引导，让学生在理解和掌握语法规则的同时，培养自己的语感和思维能力。

（四）语法教育促进学生的长期语言学习

语法教育可以促进学生的长期语言学习，这一结论是英语语言专家施密特（Schmidt）提出的。

在学习西班牙语的过程中，施密特充分认识到语法对学习西班牙语的重要性。施密特参加了一个正规的西班牙语语法班，教师在课上特别注意语法的教授。之后，在巴西游历期间，施密特的西班牙语语言技能水平迅速提高。他发现，在与当地人交流的过程中，老师在课堂上解释的许多语法元素总是被提及。因此，施密特在与当地人不断交流的过程中，十分注意各种语法元素的应用，使语法知识的记忆非常牢固并且能灵活应用语法。最后，施密特得出结论，学习西班牙语语法对掌握这门语言具有很大的影响。[①]

同样，学习英语语法对于提高英语语言技能也起到非常重要的作用。

（五）语法学习有助于学生实现语言范畴化

所谓范畴化，就是对客观事物进行认知时，人会自主把相似事物联系在一起，赋予其与认知特征相关的语言符号，形成范畴。一个词的意义就是一个范畴的名称，范畴的形成过程就是范畴化。在具有差异的事物中找到事物本质中的相似性，并在此基础上进行相应处理，同质化不同事物，从而进行

① 梁桂霞．英语语法探索与运用[M]．北京：航空工业出版社，2014：30.

分类，以此形成概念的过程和能力。[①] 人们在生活中每说一段话，至少运用或涉及几十种范畴，包括概念范畴、语音范畴、词汇范畴、时态范畴和从句范畴等。

语言自身就是范畴的对象，人们对词性的分类、对语法成分的划分也是范畴化的过程。范畴化就是人类对世间万物进行分类的认知活动。人们在认识新事物时，首先会问："这是什么？"这个问题也就是要将这个新事物归于哪个范畴的问题，这种对事物进行分类的心理过程就是范畴化。也正因为有范畴化这一心理活动，人类才有能力形成概念，语言符号才具有意义。范畴化作为基本的认知能力，有重要作用。

每种语言都有其特有的庞大系统。语法作为一个重要的语言系统，也包含许多子系统，由数量庞大的明确规则组成，因此语法教学将不可避免地涉及范畴化，学生进行语法学习的过程就是实现语法范畴化的过程。

四、语法的文化差异

英语语法的主要内容可分为词法和句法。

词法主要包括构词法和词类。构词法讨论词的转化、派生、合成，以及不同的词组等内容。词类分为静态词和动态词。静态词包括名词、形容词、数词、代词、副词、冠词、连词、介词、感叹词。需要指出的是，静态词并非绝对不变。例如，名词也有数、格、性的变化，形容词有比较级和最高级的变化。动态词包括动词及时态、语态、助动词、情态动词、不定式、动名词、分词、虚拟语气。

句法主要包括句子成分、句子分类和标点符号三大部分。句子成分主要包括主语、谓语、宾语、定语、状语、表语、同位语、独立成分等。根据不同的标准可对句子有多种划分：按结构，可将句子分为简单句、复合句和并列句；按目的，可将句子分为陈述句、疑问句、祈使句、感叹句。另外，标点符号也是句法学习必不可少的内容之一。

对比英语及汉语在语法教学方面的差异，也是从词法和句法两个方面进行探索。

---

① 刘正光．语言非范畴化：语言范畴化理论的重要组成部分 [M]. 上海：上海外语教育出版社，2018：1-2.

（一）词类及其应用方面的差异

就词类而言，英语和汉语有许多相似之处，如名词、代词、动词、形容词、副词、介词等。然而，两者也存在一些差异，如英语中常见的冠词在汉语中是没有的；英语单词的词形会发生改变，但汉语无词形变化。

另外，词语应用方面的差异，主要体现在以下几个方面。

1. 动词

英语和汉语在动词的应用方面存在巨大的差别。汉语动词灵活多变，可以独立、连续或重复使用，而英语往往不重复使用动词。此外，英语动词受时态、语态的限制，词形会发生相应的变化。

2. 名词

所谓名词，就是表示事物名称的词。英汉两种语言中都有名词，这一点是相同的。但是，英语名词词形因单、复数之分而发生变化。汉语名词除以“……们”为标志的复数外，几乎所有单、复数的名词形式都是相同的。

3. 冠词

冠词就是用在名词前的限定词。英语里存在大量的冠词，而汉语没有冠词。

英语的冠词通常分为定冠词和不定冠词两种，定冠词表示特指某事或某人，用 the 表示；不定冠词表示泛指，用 a 或 an 表示。但是定冠词有时也可用来表示泛指。用定冠词还是不定冠词，什么时候用、什么时候不用，要根据上下文而定。

4. 虚词

虚词主要起辅助、关联或移情的作用。英汉这两种语言都有各自的虚词。但相比英语，汉语的虚词要多得多，如汉语有“的”“吗”“了”“呀”“而”等，英语则没有与之对应的虚词；而英语中的 it 和 there 在汉语里也找不到对应的词。

（二）句法方面的差异与翻译差异

1. 句子结构差异与翻译差异

汉语和英语的句型和句式差异较大，但也有相同之处，如都含有主谓结构。但汉语和英语的主谓结构不是完全一致的，相对于英语而言，汉语的主谓结构要更加复杂。在英汉两种语言中，无主句，即没有主语的句子是一种较为常见的情况。相较而言，汉语中的无主句远多于英语中的无主句。

第一，在形式上，汉语主语类型多样，并且在符合语法规范且不影响句子理解的情况下，既可以出现，也可以不出现。

第二，在语义上，汉语主语既能表示施事者，又能表示受事者；既能表示时间，又能表示地点；既可以是名词，也可以是动词或者形容词。

通常情况下，英语的句子结构比较完整，在英汉句子互译时，可以先将汉语的无主句加上主语再译成英语，或者用被动结构来翻译。例如，“学然后知不足”翻译为英语，需要加主语，即

The more a man learns，the more he sees his ignorance.

而“剧场内不准吸烟”翻译为英语，可以用被动形式，即

Smoking is not allowed in the theatre.

2. 被动与主动的差异与翻译差异

被动语态是一种在英语中经常被运用的语态，只要该动作没有明确的执行者，或者不想、无须指出动作的执行者，就可以采用被动语态，突出动作的被执行者。

汉语大多时候采用主动的句式，往往强调的是动作的执行者，用于表述句意。因此，英汉互译时，常将英语的被动结构改为汉语的主动结构，以便符合汉语的思维表达习惯。例如，“A new railway is being built.”翻译为中文，即“一条新铁路正在修建。”。

3. 语序方面的差异与翻译差异

虽然英语和汉语都采用线性排列顺序，但是在实际应用时，英汉两种语言的语序仍然有着较大的差异。主要表现在以下几个方面。

（1）英语中的定语和状语等修饰语，往往位置比较灵活，出现在被修饰成分之前或之后都是被允许的，如果句子的修饰语是短语或分句，则需要将短语或分句放在被修饰成分之后。而汉语涉及修饰语时，无论是词、词组或分句，都必须放在被修饰成分之前。

因此，英汉互译时，常采取换序译法（顺序调整法），这种方法主要是通过变动原句某一组成部分的位置，来达到目的语译文逻辑清晰、表述合

理、语句通顺的目的。在汉语文化中，人们经常强调表达的先后顺序，因此汉语表现为意合的语义型语言，句子的含义要通过句子组成部分排列的先后顺序体现出来。而在英语文化中，人们通常用理性思维思考与描述问题，因此英语表现为形合的分析型语言，其句子的含义要通过逻辑关系体现出来。例如，“The man whom we met in the street yesterday is an English teacher.”翻译为中文，即：“我们昨天在街上碰见的那个男子是英语教师。”

（2）英语句子对信息的重要性与次要性分得很清楚，一般把主要的、重点的信息放在突出位置，把次要信息作为辅助性的表达或叙述手段。因此，倒装在英语中是一种常见的语序，其目的是取得句子形式上的平衡，避免头重脚轻的现象发生，或是为了强调。而汉语里几乎没有倒装的情况。翻译时，须对这些位置进行调整。例如，“No longer were his lectures greeted with sneers and catcalls.”翻译为中文，即：“他的课不再遭到嘲讽和‘嘘’的起哄声。”

（3）受到不同语言文化的影响，中国人习惯先陈述论证内容，然后层层递进，最后引出结论。外国人习惯开门见山，先抛出结论，再逐点论述。因此，在英语中，常把判断性或结论性的部分放在句子最前面，以凸显结论。汉语则恰好与之相反，结论性的内容放在句子的末尾。例如，“It is hard to say if he will come tomorrow.”翻译为中文，即：“究竟他明天来不来现在很难说。”

（4）同样受到文化差异的影响，在多个内容并列、有词义差别的时候，英语习惯将重要的内容放在后面的位置，汉语则习惯于将最重要的内容置于最前。因此，在一个句子中涉及几个并列词语时，几个词的词义有轻重强弱之分，英语的排列顺序一定是先轻后重，先弱后强，汉语则相反。例如，“We should and must go at once.”翻译为中文，即：“我们必须而且应马上就走。”

五、英语语法教学原则

英语语法教学需要教师在一定教学原则的指导下，开展教学活动，最大限度地激发学生的学习兴趣，充分调动学生的学习积极性，最终提高学生的英语语法能力。

（一）交际性原则

英语作为一门语言，学习它的首要目的就是用其开展语言交际活动，因此，对于英语教学而言，必须遵循交际性原则，才能保证英语教学的有效性。

一个人的交际能力首要的就是语言能力，只有具备了一定的语言能力，他才能开展交际活动，语言能力是交际能力的前提与基础。

一个人只有具备一定的语言知识，才有可能将这些语言知识充分应用于实践活动之中。反之，一个人的语言能力必然是在一定的交际活动中逐步形成的，而不是凭空出现的。因此，在英语教学中，教师需要教授给学生一定的语法知识，更应该将语法知识融于交际活动之中，只有这样，学生才能真正地做到学以致用。

（二）动机性原则

学习动机对于学好英语来说，是至关重要的。在传统的教学活动中，语法教学常常是单调、枯燥和困难的，这容易导致学生对语法学习失去信心，甚至对英语学习失去兴趣。学生若缺乏学习英语的动力，则难以取得较好的教学效果。因此，教师只有充分激发学生的学习动机，才能够实现良好的教学效果。

激发学生学习英语的动机需要教师采取积极的教学方法。传统的语法教学可以通过创新教学形式来改进。例如，教师可以利用实例来说明语法规则，并引导学生通过实际运用来巩固所学知识。此外，教师还可以引入有趣的游戏、角色扮演和小组讨论等活动，让学生在轻松、愉快的氛围中参与到语法学习中去。通过这种积极主动的教学方法，学生会感受到学习英语的乐趣，从而增强他们的学习动机。

为了激发学生的学习动机，教师还可以关注学生个体的需求和兴趣。每个学生对英语学习的动机不尽相同，因此教师需要了解每个学生的兴趣和学习目标，并根据这些差异设计个性化的学习计划。例如，对于对活动感兴趣的学生，可以为其提供更多与日常生活相关的对话练习；对于喜欢阅读的学生，可以推荐适合他们水平的英语原版书籍。通过满足学生的个体需求和兴趣，教师能够激发学生的学习动机，使他们更加主动地投入英语学习中。

给予学生及时且积极的反馈也是激发他们学习动机的重要因素。学生在学习过程中需要得到鼓励和认可，这可以通过及时表扬和肯定他们的努力与进步来实现。教师可以制定明确的目标和评估标准，帮助学生明确自己的学习目标，并在学习过程中给予他们针对性的指导和反馈。

（三）系统性原则

语言是一个完整的系统，其中语法是重要的组成部分。在英语语法教学中，始终坚持系统性原则至关重要。

为了遵循系统性原则，教师要真正从语言系统的角度出发，开展一系列有机联系的教学活动。在语法教学中，教师要将语法内容与现代教学方法相结合，以确保所教授的内容与语法发展的规律相一致。

语法涉及的内容非常广泛，项目也很繁杂，教师难以在有限的时间内将所有内容都传授给学生。因此，教师要坚持系统性原则，让学生先从整体上感知语法规则，引导学生逐步学习语法的各个部分，从点到面，再到整个立体结构，最终使学生能够建构起一个完整的语法系统。

教师可以通过一系列教学方法来践行系统性原则。首先，教师可以引导学生通过例子和实际语境来理解语法规则，使学生能够在真实语言环境中感知语法的功能和作用。其次，教师可以设计一系列有机连接的练习，让学生在不同的语言任务中逐步掌握和运用语法知识。最后，教师可以鼓励学生提出问题、进行探究，并提供及时的反馈和指导，帮助学生建立对语法系统的深刻理解。

通过始终坚持系统性原则，教师能够在英语语法教学中提供有针对性的指导，帮助学生建立起完整的语法系统。这有利于学生更好地理解和运用语法知识，提升他们的语言表达能力，并在实际沟通中更加流利和准确地使用英语。

（四）情境性原则

在语法教学中，情境性原则十分关键。

英语语法的讲解不应是简单、枯燥的形式，因为这样容易引发学生的厌恶和疲劳感。即使学生勉强掌握了语法规则，在实际生活中灵活运用这些规则仍然是困难的。然而，采用情境性教学可以比较有效地避免这一问题，改正原有语法教学中固有的缺点。在进行语法教学时，教师在教学设计环节就应考虑语法知识与实际生活的结合。教师可以将语法知识与学生的兴趣或生活情境相结合，使用更生动、有效的语言来教授语法规则。

教师可以通过实际情境或具体例子来说明语法规则。例如，教师可以引导学生在真实的语境中探索语法的应用，通过与学生共同构建情境，帮助他们理解语法规则的实际意义和用途。再如，教师可以设计角色扮演活动，让学生在特定情境下运用所学语法知识进行交流。这样的教学方法使学生能够将语法规则与实际生活相联系，更加深入地理解和应用所学语法知识。

此外，教师还可以通过教材的选择和教学资源的运用来践行情境性原则。例如，教师可以选择与学生生活和兴趣相关的话题与材料，让学生在学习语法的过程中能够产生情感共鸣，增强学习动机。再如，教师还可以利用多媒体、图像、视频等资源，创造生动的教学情境，使学生能够在实际语言环境中感受和理解语法的运用。

通过践行情境性原则，英语语法教学可以更加生动有趣，从而帮助学生更好地理解和应用语法知识。这种教学方法不仅能够增强学生的学习动机，还能够促使他们在实际交际中更流利地运用英语语法。

（五）针对性原则

教学的针对性是指在进行语法教学时，教师要有针对性地根据学生的薄弱环节进行教学。这种针对性教学的需求主要源自地域差异和学生原有的教学背景差异，尤其是对于高校学生来说，他们在语法基础上存在较大的差异。而在大班教学中，教师往往难以照顾到每个学生。针对这种情况，教师要采取差异化对待的教学策略，根据学生的不同水平，有针对性地进行教学。

例如，教师可以采取相应的措施，对不同班级、不同水平的学生进行差异化教学，开展针对性的活动。对于那些具备较强语法能力的学生，教师可以安排难度较高的交互式语法教学活动，以进一步提高他们的语法水平；而对于语法基础较薄弱的学生，教师要为他们巩固基础知识，有针对性地讲解薄弱环节的知识点。此外，教师还应特别关注语法问题，采取特殊的处理方法，以满足学生的个别需求。

教师可以通过以下方法实施针对性教学。首先，进行个体化评估，了解每个学生的语法水平和薄弱环节，为他们量身定制教学计划。其次，采用不同的教学策略，根据学生的需求选择适合的教材和活动。例如，可以通过分组活动，让学生在小组内互相学习和帮助，以满足不同学生的学习需求。最后，教师还可以提供额外的辅导材料和个别指导，帮助学生克服语法学习中的困难。

教师的针对性教学可以更好地满足学生的学习需求，促进他们的语法学习。通过关注学生的个体差异和特殊需求，教师可以更有效地帮助学生克服语法学习中的困难，增强他们的语法掌握能力。这样的教学方法将为学生提供更有针对性的学习体验，促使他们在语法学习中取得更好的成果。

六、英语语法教学策略

学生常常在学习英语语法时遇到一个问题："一学就会，一用就错。"这个问题的根源在于学生的思辨能力存在一定的问题。为了提升英语语法教学效果，并进一步培养学生的思辨能力，教师要采用多种教学方法，如利用多媒体和思维导图等方式，直观地呈现语法知识，激发学生从多个方面、多个角度对语法知识进行深入理解和学习。

具体来讲，教师可以通过多媒体呈现语法知识，利用图像、音频、视频等形式，使学生更加直观地感知和理解语法规则。此外，使用思维导图等工具可以帮助学生对语法知识进行整合和梳理，形成清晰的脉络和思维框架。这样的教学方法可以帮助学生更好地掌握和运用语法知识，并培养他们的思辨能力。

学生可以从语法规则、语法知识、语法适用条件等多个方面出发，针对容易混淆的语法知识点进行思考和辨析。教师可以设计具有启发性的问题，引导学生主动思考和比较不同的语法规则及其用法。通过自主探究、思考和比较，学生可以更好地理解和应用语法知识，培养批判性思维和分析能力。

这样的教学方法不仅可以提升学生的语法学习效果，还能够培养他们的思辨能力。学生通过深入思考和辨析语法知识，逐渐培养批判性思维、逻辑思维和判断能力，从而能够更准确地运用语法知识，并从容应对语言使用中的困难和挑战。

（一）归纳法

教师可以按照从个别到一般的顺序，坚持以学生为中心，引导学生主动从语法知识中归纳语法规则。

在教学开始时，学生已经针对语法的使用规则、使用条件以及应用范围进行了有效的比较与分析，因此，学生在教学过程中自然提升了自己的思辨能力。

教师通常可以通过以下三个步骤引导学生完成语法的归纳：第一步是对语言材料进行提炼。学生需要改变对一些语法知识点的看法，对各种语言材料进行有效的凝练和改进。第二步是对已经提炼的语言材料进行进一步加工。学生对经过提炼的语言材料进行进一步的分析和归纳，来学习普适的语法规则。第三步是学生阐述其中的语法规则。在教师的有效引导和教授下，学生对已经提炼和加工的语言材料，能够明确地阐述出普适的语法规则。

通过这种逐步归纳的过程，学生不仅提升了对语法的理解能力，也培养了思辨能力。这种教学方法使学生能够逐渐掌握语法规则，并能够将其应用到实际的语言交际中。

在整个归纳过程中，教师的角色是引导者和促进者，提供必要的指导和反馈，帮助学生在语法归纳的过程中建立扎实的语法知识体系。通过这种有针对性的语法归纳教学，学生不仅能够更好地掌握语法知识，还能够培养批判性思维、逻辑思维和分析能力，从而更加自信地应用语法知识。

例如，教师先将这些句子展示在黑板上：Mike is so honest a worker that we all believe him. Mike is such an honest worker that we all believe him. He earned so little money that he couldn’t support his family. He got up so early that he caught the first bus. It’s such a good chance that we must not miss it.

然后引导学生总结这些句子的共同之处，学生进行有效的总结，并积极进行反思。

紧接着教师在学生已经进行初步总结的基础上，进行进一步的归纳总结，并将语法结构展示给学生：so+ 形容词 / 副词 +that 从句，so+ 形容词 +a/an+ 可数名词单数形式 +that 从句，so+many/much/few/little+ 名词 +that 从句，such+a/an+ 形容词 + 可数名词单数形式 +that 从句，such+ 形容词 + 复数名词形式 / 不可数名词 +that 从句，such+a lot of / lots of+ 名词 +that 从句。

教师再次带领学生进一步总结，并可以编成口诀进行记忆：名前 such，形、副 so，that 从句跟在后；多多少少必用 so，特别注意是 little；“小”用 such，“少”用 so。

这样，学生通过归纳法积极参与了教学活动，并且在教学活动中充分发挥了自己的主观能力，而不是简单地听从教师的讲授。经过自己的观察、思考、分析、归纳最终获得结论的过程，学生必然可以有更为深刻的印象。

事实上，很多语法教学都可以应用归纳法，教师可以凭借归纳法获得较好的教学效果。

（二）演绎法

演绎法是从一般到特殊的推理过程。在英语语法教学中，教师可以运用演绎法进行语法讲解，通过对一般原理与个别情况的阐述，来帮助学生理解和掌握语法知识。在教学过程中，教师可以先向学生介绍简单的语法概念，然后通过举例说明和详细分析来进行论证。教师将抽象的教学概念直接引入具体的教学材料中，并提供大量的相关练习，来帮助学生掌握和独立运用语法知识点。

通过演绎法，教师可以将抽象的语法规则与实际的语言材料相结合，使学生直观地理解和应用语法知识。教师也可以提供丰富的例子和实际语境，引导学生在实际交流中运用所学语法规则。通过反复练习和实践，学生能够逐渐掌握语法知识，并能够灵活地运用于实际的语言表达中。教师还可以引导学生进行思考和推理，帮助他们深入理解语法规则的逻辑和应用条件。学生可以通过观察和分析不同的语言材料，从中发现共性和规律，进而形成对语法规则的深入理解和掌握。

通过运用演绎法进行语法教学，教师可以帮助学生建立起扎实的语法基础，并培养他们的推理能力和语言分析能力。这样的教学方法可以使学生不仅学会语法知识，而且能够理解语法背后的逻辑，从而提升他们的语言运用能力和思维能力。

例如，教师在教授情态动词的时候，可以将演绎法较好地运用其中。

教师在正式开始讲述情态动词 should 之前，可以先将情态动词的一般特点展示给学生，并且用已经学过的情态动词 can 辅助理解。

情态动词的一般特点：情态动词无人称和数量的变化，情态动词后面跟的动词须用原形，否定式构成是在情态动词后面加 not。以 can 为例，can 没有人称和数量的变化。can 后面跟的动词须用原形。否定式构成是在情态动词后面加 not。

紧接着，教师可以引导学生自己尝试将情态动词的一般特点套用到新教授的 should 一词中。教师将正确答案公示给学生，让学生进行订正。

should 没有人称和数量的变化。

should 后面跟的动词须用原形。

否定式构成是在 should 后面加 not。

教师要求学生进行大量造句练习，学生可以通过这一过程，逐渐对这个新的语法知识点越来越熟悉，最终熟练掌握。

（三）网络多媒体教学法

网络多媒体教学可以将较为沉闷的教学氛围转向一种更加轻松愉快的教学氛围，从而可以有效地缓解学习使学生产生的焦虑之感。

1. 多媒体教学课件呈现

教师可以借助多媒体制作出精美的教学课件，将语法知识点、语法句型等内容通通展现给学生，学生通过感知这种生动形象的内容输入，便于记忆相关的语法知识点。

当教师讲授动词的不同变化，如动词过去式与动词过去分词的差异时，为了更加直观地将差异展现给学生，可以运用差异化的下画线和不同颜色进行标注，从而吸引学生的注意力，学生也可以对这些变化规律进行总结，有针对性地举一反三。

针对一些具有特殊变化的词语可以单独标记，比如 see-saw-seen 就可以单独呈现，便于学生记忆。

2. 学生在情境中应用语法知识点

在互联网的环境下，可以建构出较为逼真的环境，学生可以在这样的环境里，对语法知识进行有效内化，并且可以创造性输出。教师利用互联网，可以播放一些相关的图片、影片、对话情景等，利于学生进行较为有效的语法知识的应用。

比如，教师在进行一般过去时的教学时，可以要求学生将过去的一些照片带过来，在课堂上要求学生对照片进行描述。由此可以更加生动形象地理解“一般过去时”这一知识点，学生自己亲身经历过，也会有更加深刻的印象。

3. 课后拓展的教学模式

互联网辅助教学，也可以大量应用于课后，毕竟语法知识仅凭借课上时间是难以掌握的，这时，课后拓展则可以起到更好的作用。

教师可以采用 E-mail 的方式，与学生、其他教师进行相互交流。这是一种能有效打破时间和空间界限的教学辅助手段，学生可以在更加轻松的氛围中，将课上的内容延展到课堂之外。

教师可以主动创建讨论群组，实现资源共享和思维的碰撞。例如，教师将提前准备的教学问题发送到群中，学生提前开展预习工作，并且可以提出问题，大家积极参与讨论。

4. 结合听、说、读、写、译等多种方式练习语法知识

语法不是一个枷锁，而是服务于英语这门语言的，因此，语法的学习就不应是一种孤立的存在，而应该与听、说、读、写、译等多种途径紧密结合。教师根据语法知识、语法相关教程，有针对性地开展其他的技能训练，学生可以对语法知识进行巩固，将之转换为自己的可理解性输入。

比如，教师在课堂教学活动中，可以将听力与语法知识的学习相结合，对听力的内容进行听写。在这一过程中，既完成了听力的练习，又完成了语法的练习，实现了多种技能的叠加练习。

（四）思维导图

思维导图是一种图形化的工具，用于组织和表示思维过程中的思想、观念、关系和信息。它以中心主题为起点，通过分支和关联线条将相关的概念、观点和信息进行连接。思维导图呈现了一个非线性的结构，能够清晰地展示各个概念之间的关系和层次。

在思维导图中，中心主题通常位于图像的中央，而分支则从中心主题延伸出来，代表相关的子主题或关联的概念。每个子主题可以再分出更多的子主题，形成一个分层结构。思维导图中的关联线条用于表示不同概念之间的

联系，可以是直线、曲线或箭头等形式。思维导图的主要目的是将复杂的信息和概念可视化，帮助人们思考、记忆和理解。它可以用于思考问题、整理知识、制订计划、记录会议讨论等各种场景。通过使用思维导图，人们可以更清晰地看到整体和细节之间的关系，发现思维中的逻辑或漏洞，从而更有效地进行创造性的思考和决策。思维导图的制作可以通过手工绘制或借助电脑软件来完成。现代技术提供了许多思维导图软件工具，使制作和编辑思维导图变得更加方便和灵活。

思维导图具有组织思维、促进理解和创造性思考的作用，广泛应用于学习、工作和日常生活中。

1.思维导图的类别

语法教学中常见的思维导图主要是以下几种。

（1）语法分析图。语法分析图是一种根据奥苏伯尔的有意义学习理论建构的一种思维导图。概念学习可以分为上位学习、下位学习以及组合学习三种类型。上位学习和下位学习是两种不同的学习方法，而组合学习则是将两者结合起来的学习方法。

①上位学习。上位学习是一种以整体为导向的学习方法。在上位学习中，学习者首先获取整体的知识框架或概念，并在此基础上逐渐深入细节，然后通过理解和掌握整体结构和关系，将注意力逐渐转向细节和具体的知识点。上位学习注重对整体的理解和把握，遵循从整体到部分、从一般到特殊的顺序，帮助学习者建立起全局性的认知。

②下位学习。下位学习是一种以细节为导向的学习方法。在下位学习中，学习者首先学习和掌握细节和具体的知识点，然后逐渐将这些细节和知识点组合成整体的认知。学习者从具体的事例、实例或细节开始学习，然后通过归纳、总结和概括，逐渐形成对整体的理解。下位学习注重对细节的掌握和深入，遵循从部分到整体、从特殊到一般的顺序，帮助学习者建立起具体性的认知。

③组合学习。组合学习则是将上位学习和下位学习相结合的学习方法。在组合学习中，学习者既关注整体结构和概念，也注重细节和具体知识点的掌握。学习者通过上位学习和下位学习的交替使用，不断构建和完善知识结构。组合学习兼顾整体性和细节性，通过从整体到细节、从细节到整体的反

复迭代，帮助学习者建立起全面、深入的认知。

不同的学习任务和学习目标可能需要不同的学习方法。上位学习更适合建立知识的框架和理解整体结构；而下位学习更适合通过具体实例和细节的学习来获得深入理解。在实际学习中，灵活运用上位学习、下位学习和组合学习方法，可以更有效地促进学习者的认知和知识发展。

通常在英语单词学到一定程度之后应用语法分析图。随着英语学习水平的提高以及学习内容的不断累积，学生在进行复习与汇总的时候，就要对所学单词和语法知识进行一个阶段性的总结。

（2）头脑风暴图。头脑风暴图是一种常用的思维导图，是以图形化方式呈现思维、创意和信息的工具。它是由英国心理学家托尼·博赞（Tony Buzan）于 20 世纪 60 年代提出的，旨在帮助人们整理和表达思维过程中的想法和概念。

头脑风暴图的核心是一个中心主题或中心概念，从中心主题出发，延伸出与之相关的子主题或关联的概念，这些分支可以继续分支，形成一个多层次的思维结构。分支之间通过线条或弧线连接，用以表示概念之间的关系和联系。

下面以图 5-6 作为示例，讲述头脑风暴图的一般形式。

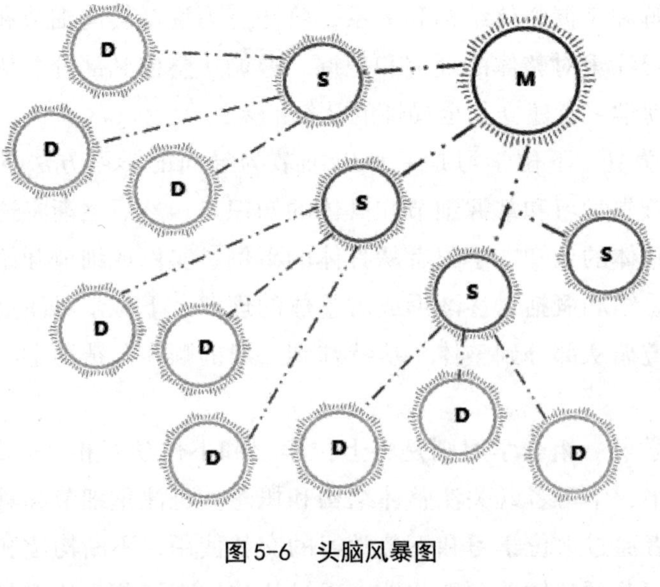

图 5-6　头脑风暴图

头脑风暴图，需要具备一个中心词，如图 5-6 所示，M 为本头脑风暴图的中心词。M 会有不同的发散方向，其中以 S 为节点，S 节点又发散出不同的话题与内容，即 D。

在英语语法知识教学的过程中，教师可以划定一个关键词或者中心内容，引导学生充分发散思维，触发其他知识，最后进行统一的归纳与总结。

在头脑风暴的过程中，学生可以充分发展自己的思辨能力和主观能动性。头脑风暴图使用图形和颜色等元素，使思维过程更具可视化和图像化，便于学生增强记忆和理解。头脑风暴图通过线条和弧线等形式，将相关的概念和想法进行关联和连接，展示它们之间的逻辑和关系。头脑风暴图采用分支的方式，形成一个层级结构，使思维和信息的组织更加清晰、有序。头脑风暴图通常使用关键词和简洁的短语，配合图像或图标，以更具概括性和表达力的方式呈现想法和概念。

（3）分层结构图。分层结构图是一种图形化的工具，用于展示事物、概念或组织结构之间的层级关系。它通过层次化的方式，将复杂的信息和元素组织成一种清晰、易于理解的结构。

在分层结构图中，通常有一个顶层的主要节点或主题，表示整体或最高级别的概念。从顶层节点开始，通过分支或连接线将其下属的子节点或子主题连接起来。这些子节点又可以进一步分成更低层次的节点，形成多层次的结构。每一层次的节点都与上一层次的节点有一定的从属或归属关系。

无论是教师还是学生，都可以充分利用分层结构图，对教学和学习内容进行层层解析，从整体到部分，一点点延伸至细节处。分层结构图可以引导学生与教师形成一种有效的互动关系，并在互动的过程中，完成知识的学习与进步。教师可以在复习环节借助分层结构图，即将中心内容写出后，带领学生一步步完成内容的填充；学生可以对内容进行逐层回忆、逐步分析，最终形成良好的阅读、语法学习和写作习惯。

在英语语法知识中，有大量的知识点存在着相互包含与被包含的关系，上层与下层之间的隶属关系十分明确。教师可以选择分层结构图，将上下层之间的联系直接呈现给学生，学生可以在教师的帮助下，迅速建立知识的架构。分层结构图以层次化的方式呈现信息和元素之间的关系，使整体和各个部分之间的层级关系一目了然。通过分支、连接线或箭头等形式，表达节点之间的从属关系或上下级关系，显示各层次之间的连接和依赖关系。分层结构图通常采用简洁明了的图形、符号或文本标签，以及直观的布局和排列方式，使信息更易于理解和记忆。分层结构图可以根据需要进行扩展和添加新的节点，以适应不同层次的组织或概念的表示。

2. 思维导图的应用

思维导图是一种能有效提升学生思辨能力的辅助性工具。教师可以将具体的语法知识以一种新的形式呈现给学生，学生可以在多个情境中，深化对语言知识的理解。

（1）构建一个完整的框架。思维导图非常适合于构建英语语法框架。它允许从大的概念开始（如英语语法），逐渐添加子主题（如名词、动词、形容词等），在这些子主题下，可以继续分解到更具体的内容（如名词的单数和复数形式、动词的各种时态等）。这种分层的结构使得思维导图非常适合于描绘语法知识的层级和逻辑关系。下面是一个如何使用思维导图构建英语语法框架的例子。

我们可以从"英语语法"这个中心主题开始，然后添加"名词""动词""形容词"等子主题。在"动词"这个子主题下，我们又可以添加"时态""语态""情态动词"等子分支。在"时态"这个子分支下，我们又可以添加"一般现在时""一般过去时""将来进行时"等更细的分支。

在整个过程中，思维导图按照一定的逻辑关系对语法知识进行了归纳和整理，使复杂的语法知识变得结构清晰、逻辑明了。而且，由于思维导图的可视化特性，它能够帮助学生更好地理解和记忆这些语法知识，提高学习效率。

当学生对于语法知识没有一个整体的概念时，他们所掌握的知识是碎片化的，特别是在学从句的时候，学生有可能会因为不理解其中的关系，造成知识点的混淆。无论是教师将已经做好的知识点思维导图直接呈现给学生，还是教师在复习课带领学生对知识点逐个进行回顾，学生都可以在这个过程中获得一个比较完整的知识框架。学生还可以通过这个过程，实现自己思维的开拓与发展。

（2）按照具体内容和分类进行整合、归纳。思维导图的主要优势之一就是能够帮助用户将复杂的信息进行有效的整合、归纳和分类。在英语语法教学中，这一优势尤为明显。

例如，当教师教授动词时，可以使用思维导图将动词按照不同的类别（如助动词、情态动词、不规则动词等）进行分类。在每一个类别下，可以进一步列出各种具体的动词，并标注其特殊的语法规则和使用情境。这样的布局清晰易懂，可以让学生一目了然地看到英语动词的整体结构和各种类别的关系。当教授复杂的语法主题，如时态和语态时，思维导图也能发挥其优势。教师可以在中心节点写上主题，如英语时态，然后将各种不同的时态（如一般过去时、现在进行时等）作为分支，每个分支下再列出这种时态的构成方式、用法和例句。

此外，利用思维导图进行归纳和整合也是一种极好的复习方法。教师可以让学生在课后自己绘制思维导图，以帮助他们复习和巩固所学的语法知识。这样做的好处是，学生在自己绘制思维导图的过程中，可以更深入地理解和记忆这些知识，同时也能锻炼他们的信息整合和处理能力。

（3）按照一定逻辑关系进行知识归纳。对知识进行罗列的时候，特别是当知识间具有一定逻辑关系时，可以采用鱼骨图、逻辑图、头脑风暴图、蝴蝶图、网状体等。

例如，鱼骨图是一种可以发现问题的根本原因的思维图，也可以叫作因果图。它是一种简洁实用、深入直观的思维导图。鱼骨图将问题标在鱼头，再画出主骨，之后画出大骨，在大骨上标注上层原因，画出中骨，在中骨上标注中层原因，画出小骨，在小骨上标注具体原因。最终找到影响结果的原因。可以将众多原因中的重点原因，用符号进行标志。

再如，长篇大论的文字对于学生而言较难理解，学生也不愿意花费大量时间重新进行分段，如果将整段内容直接转换成网状图，则更为直观、易懂。

第四节　外语语言功能教育

一、外语语言功能教育简述

外语语言功能教育是一种强调实际应用的语言教学方法。它的目标超越了传统的对语言规则的理解和记忆，更侧重于帮助学生在真实情境中有效地运用语言。这种方法倡导在实际语境中学习和运用语言，以便提升学生的交际技巧。

该教学方法的主旨在于，语言并非孤立的存在，而是与特定情境相结合的。因此，教学过程应尽可能模拟真实的语言应用环境。比如，当学生学习如何在餐厅点菜时，教师可以通过角色扮演的方式，分别让学生体验客人和服务员的角色，以便更好地理解和运用语言。

外语语言功能教育不只关注语法规则，更看重语言的功能性，如表达请求、建议和道歉等。这种教学方法鼓励学生通过实际的人际交往，如小组活动或与教师和同学的对话，来学习和练习语言。

在这个过程中，学生可能会犯错误，但这正是学习的一部分。教师的职责是给予反馈，帮助学生认识到错误，并引导他们进行修正。总的来说，外语语言功能教育是一种实践性强、情境性明显且注重交际功能的语言教学方法。

二、外语语言功能教育的价值

在当今全球化的世界中，外语语言功能教育的价值正在被越来越多的人认可。它不仅强调语言学习的实际应用，还注重培养学生的交际能力。以下就是外语语言功能教育的几个重要价值。

外语语言功能教育强调在实际情境中使用语言。这种情境化教学能让学生更好地理解和运用所学的语言。学生不仅需要掌握语法和词汇，还需要理解在不同情境中如何恰当地运用语言工具。例如，在学习表达请求或道歉时，学生需要理解这些表达在不同的文化和社会背景中的含义与影响。这种语境化的学习方法能帮助学生更深入地理解语言，并为他们在现实生活中运用语言提供宝贵的经验。

外语语言功能教育提供了一个安全的环境，让学生可以实践他们的语言技能。课堂上的小组活动、角色扮演和互动讨论等形式，让学生有机会在课堂上实践和应用他们所学的语言。这种实践机会能够帮助学生增强语言技能、提升自信心，并为他们在现实生活中运用语言做好准备。这种参与式的学习方法也能提高学生的学习积极性，使学习变得更加有趣和生动。

通过在语境中学习语言，学生可以更深入地理解语言所代表的文化，而这种对文化的理解又能帮助他们更有效地理解和运用语言，并提升他们对其他文化的尊重。在全球化的世界中，这种文化敏感性是非常重要的。

外语语言功能教育适应了多元化的学习需求。不同的学生可能有不同的学习方式和需求。外语语言功能教育通过多种学习方式，如小组活动、角色扮演、互动讨论等，能够满足学生各种类型的学习需求。

外语语言功能教育是一种以学生为中心，注重实际应用和交际能力的教学。它提供了一种生动有趣的学习方式，帮助学生掌握语言、提高交际能力、增强文化理解，以及满足多元化的学习需求。因此，外语语言功能教育在当前的教育环境中具有极其重要的价值。

三、外语语言功能教育的策略

为了有效地实施外语语言功能教育，教师需要采用一系列策略，以帮助学生提高他们的语言技能。以下是一些具体的策略。

设计实际和互动的学习环境至关重要。这个环境需要模拟学生在真实生活中可能遇到的各种情景，以便让他们有机会实际应用所学语言。在这个环境中，学生能够通过对话、讨论和小组活动等方式，用他们学到的语言进行沟通。这种实际和互动的学习环境能够帮助学生更深入地理解语言，并为他们提供使用语言的机会。

教学要强调语言的实际功能，而不仅仅是语法规则。例如，教师可以教学生如何用语言表达请求、建议、道歉等，而不仅仅是如何构造这些表达的语法结构。通过这种方式，学生可以学习到语言的实际功能，从而更好地理解和运用这些功能。

提供反馈和指导修正是教学过程的重要部分。学生在学习过程中难免会犯错误，教师的任务就是提供反馈，帮助他们认识自己的错误，并指导他们如何进行修正。这种反馈和修正过程能够帮助学生提高语言技能，同时也能增强他们的自我纠正能力。

教师应使用多种教学方法来满足不同学生的学习需求。不同的学生可能有不同的学习方式和需求，所以需要使用多种教学方法，如小组活动、讨论、独立学习等。这样可以确保所有学生都能找到适合他们的学习方式，从而更好地学习和理解语言。

教学过程应引入相关的文化元素。语言和文化是密切相关的，了解语言所代表的文化能帮助学生更好地理解语言，也能够增强学生对其他文化的尊重和理解，有利于他们在全球化的世界中更好地交际。

实施外语语言功能教育，需要教师采用多种策略，通过这些策略，教师能够更好地帮助学生提高他们的语言技能，以满足现实生活中的交际需求。

第六章 中国高等外语教育的语言技能培养

第一节 外语教育培养听的能力

一、外语听力教学的意义

听力教学在整个外语教学中都有着相当重要的意义。外语听力教学可以有效地巩固学生的语言知识，提升学生的语言运用能力，满足学生的国际交往需求等。

（一）巩固学生的语言知识

教师可以利用外语听力教学来帮助学生内化和巩固语言知识。学生的语言体系的建立是一个渐进的过程，建立完整的语言体系需要学生不断提高听、说、读、写的能力才能真正实现。听力是一项相当复杂的语言信息处理过程，学生需要理解语言信息，将其内化并加以应用。通过语言理解的过程，学生提高了听力水平，同时建构了新的知识体系，掌握了语言的知识和内容。听力教学的过程实质上就是学生理解后建构新知识的过程。教师要抓住听力教学的时机，提高学生的听力技巧，并为学生积累语言技能提供相应的素材。

（二）提升学生的语言运用能力

听力教学是一种有效提升学生语言运用能力的方法。通过参与听力活动，学生可以辨别语言的声音和符号。此外，学生还能积极思考语言学习内容。教师在重新组织语言信息后，帮助学生更好地理解已学的语言知识，从而提高学习效率，促进语言运用能力的进一步发展。

（三）满足学生的国际交往需求

随着社会的快速发展和各国之间联系的日益紧密，听力已成为口语交际不可或缺的一部分。然而，在传统的外语教学中，听力教学的重要性远不及阅读和写作。对于教师和学生而言，阅读和写作一直是外语学习的核心，而听力的重要性相对较低。在外语能力的考核中，听力所占的比重也相对较小。

然而，听力是口语会话交流中至关重要的语言技能，听力水平直接影响着交流效果。只有掌握良好的听力技能，学生才能更好地参与社交活动，有效促进交流和合作的最终实现。因此，提高听力水平对于学生在当今社会的口语交际至关重要。

二、外语听力教学的内容

外语听力教学的内容较为丰富，下面主要阐述听力教学的四大内容：听力知识、听力技能、听力理解、语感。

（一）听力知识

听力知识主要包括以下四个方面内容：语音知识、语用知识、文化知识、听力策略。

1．语音知识

语音知识主要是有针对性地输入听觉信息，听力理解的根基性知识就是学生掌握一定的语音知识。学生只有掌握一定的语音知识，才能提升后续的听力水平提高。

2．语用知识

语用知识主要指的是与言谈相关的话题与材料。呈现一些与言谈相关的话题与材料，也是必备的听力教学内容。在交际会话过程中，人们需要对语用知识进行有效的把握。

3. 文化知识

中西文化具有较大差异，在听力材料中，包含较为广泛而丰富的文化知识信息。学生想要对听力材料中的内容进行准确理解与分析，就要掌握一定的文化常识，再进行听力实践。

4. 听力策略

即便学生已经进行了较多的语音知识、语用知识、文化知识的学习，在面对差别化的听力材料时，也难以保证百分之百完成听力任务。学生需要具备一定的听力策略，根据实际情况，进行多种听力方式的选择，增强听力活动的灵活度。

（二）听力技能

听力技能相比于听力知识而言，是实践层面的能力。想要提升听力教学效果，就要针对学生的听力技能进行有针对性的培养。常见的听力技能主要包括以下几个部分。

1. 辨音能力

学生需要掌握一定的辨音能力，需要对于听力材料中的重读音节、音位、语调等方面都进行一一辨别。

2. 交际信息辨别能力

听力材料有一定的交际场景限定，也有一定的交际性，交际性语言也大多可以组成听力材料，学生掌握一定的交际信息辨别能力是十分必要的。

3. 理解大意的能力

听力理解除了要求学生掌握细节信息、关键信息以外，更需要学生明确交际双方的主旨大意。学生只有掌握了文章的主旨大意，才能更好地理解细节。

4. 细节把控能力

学生对听力材料的主旨大意掌握清楚之后，可以针对材料中的细节内容进一步了解，这些细节是听力理解的前提与基础。学生练习听力需要对细节进行严格把控，以一种积极的心态参与听力理解活动，才能真正地把握听力材料内容。

5. 词义猜测能力

学生在进行听力实践过程中难免会遇到一些陌生词汇，对于陌生词汇进行猜测可以帮助学生理解文章大意。学生如果被某个生词影响，难以理解整个句子的大意，就会影响对后面听力信息的接收与理解。因此，生词词义的猜测能力是学生必备的一项技能。学生可以根据上下文意义对生词词义进行推断，借助已有的语境进行整体把握，或者搜寻已经具备的信息，猜测出生词的大致含义。

6. 预测能力

学生根据已有的信息与已经具备的知识，对下文的语言话题进行预测，这对于听力实践而言至关重要。在听力教学过程中，学生具备一定的预测能力，会影响其听力效率。

7. 评价能力

学生在听力实践过程中，也应该有评价听力材料的能力。学生需要对其所听到的内容进行评价，并且进行较为准确的表达。

8. 集中注意力

学生在较为短暂的听力过程中，需要对信息进行甄别，针对不同的听力目标，将自己的注意力集中在不同的听力材料上。

9. 推理判断能力

听力是交际者在一定的交际目标下进行的活动，听力材料不会将所有信息一股脑儿都交给学生。学生可以对交际者表达出的语言信息进行深入理解，感受其中包含的交际信息，采用一定的推理判断手段，揣摩交际者的谈话意图。学生要确保对交际者传递的意图有比较深入的了解。

10. 记笔记的能力

听力活动不是简单的活动，往往针对大段的听力材料，学生必须在较短的时间内，对于不能重复的听力材料，分析其中包含的话语信息，获取其中的交际信息。在必要时，如在一些正式场合，需要进行速记，通过笔记对整体信息进行有效把握。

（三）听力理解

听力不是简单的重复，需要学生对语言背后的深层含义进行理解。在实际的教学活动中，教师需要将具体的听力知识、技能与策略教授给学生，最终实现学生听力理解能力的有效提升。听力理解主要包含以下五个部分：辨认、转换、重组与再现、社会含义、评价与应用。

1. 辨认

在听力活动中，辨认是听力活动进行的前提与基础。辨认主要分为两个部分，即语音辨认和意图辨认。

语音辨认的难度较小，只要学生掌握一定语音知识，并且进行一定的听力理解练习之后，就可以实现。意图辨认难度较大，意图辨认的前提就是进行准确的语音辨认。学生还需要一定的交际能力与文化能力，才能进行准确的意图辨认。

教师培养学生的辨认能力时，要采用乱序训练法。教师将一个完整的听力材料打乱顺序，要求学生重新排序，学生还要将每一部分对应的辨认部分进行准确指认。

2. 转换

听力材料往往是以交际者对话的形式呈现的，或者是对整篇文章材料进行展现，学生需要对这些听力材料进行理解与转换，将听到的听力材料转换成图表。听力实践需要辨别听力材料的短句与句型，对已知信息进行转化，这是对学生能力更高层次的要求。

3. 重组与再现

学生在听到听力材料之后，不能将听力材料直接一一输出，而是需要对原生材料进行重组、更新后，进行再现。

4. 社会含义

学生在进行听力理解的时候，需要明确一个概念：汉语和外语存在一定的语言差异。听力活动属于交际活动的一部分，因此，在交际活动的过程中，学生需要始终遵循礼貌与得体的基本原则。学生需要对听力材料中蕴含的基本社会含义进行较为准确的理解，才能促进听力活动的有效输出。

教师在开展社会含义教学的过程中，需要关注学生是否能根据不同的语境进行准确描述。教师要训练学生在多样化的语境中理解语言背后的深层含义，并且进行较为准确的描述，最终促进听力活动的进行。

5. 评价与应用

针对听力材料进行客观评价，甚至应用听力材料中的有效材料，是听力活动中难度最大的内容，也是听力理解的最后环节。

听力理解往往具备一定目的性和交际性，学生必须在聆听过程中，把握交际者的交际意图，并且有针对性地进行语言回应和语言沟通。

教师需要在教学过程中增加一定的听力讨论与情境交际的练习，提高学生的评价与应用能力。

（四）语感

语感，就是学生对于语言的感悟能力，这种感悟能力往往具有一定的直接性，需要不断练习实现语感的提高。

良好的语感可以帮助学生在缺乏一定语言条件的前提下，进行语言的预测与判断，促进听力活动的进行。

三、外语听力教学的原则与方法

（一）外语听力教学的原则

1. 情境性原则

学生需要与周围环境进行有效互动，才能对语言的学习有所促进。学生在相对自然而舒适的环境中，与环境中的某些元素进行一定的互动，可获得较为真实的语言体验。

部分教师认为自己竭尽全力鼓励学生参与课堂教学过程却未取得较好的成效。分析问题的原因，不难发现，这部分教师忽视了课堂教学并非教师单方面起作用。事实上，学生才是教学活动的主体元素。良好的课堂氛围是需要教师与学生双方共同塑造的，师生双方的需求都得到充分满足，才能获得良好的精神与情感的体验。

学生在这样自然且舒适的环境中，可以获得一种与其母语学习接近的语言习得环境。

2. 渐进性原则

学生学习语言的过程并不是一个可以一蹴而就的过程，而是一个循序渐进的过程。冒进式教学、忽视学生当前发展阶段的教学，都很难达到很好的教学效果。

听力教学需要教师按照从慢到快、从易到难、从简到繁的过程，教师采用全外语授课。教师全外语组织课堂教学，讲解外语课文，鼓励学生大胆讲述课文内容，上课过程既完成了听力的练习，又完成了口语的锻炼。教师从一开始较为口语化的表达，到后面较为专业的表达，也是考虑到学生能力的不断提升。

3. 综合性原则

教师需要在开展外语听力教学之前为学生明确教学目标。教学目标的设定不应该是单一的，教师需要为学生树立多维度的教学目标，学生可以针对不同的听力目标选择相应的听力技巧。

听力教学应该注重听、说、读、写四项技能的全面发展，建立四种技能之间的相互联系，避免由于单一的听力练习，造成课堂的沉闷氛围。教师将输入技能训练与输出技能训练有机结合，才能提高学生的综合水平。

教师开展听力教学可以采取听说结合的手段，开展综合性的听力训练。丰富学生听力活动，活跃课堂氛围，培养学生自主参与、自主学习的意识，在一定程度上减少了学生的心理负担，学生可以在一种较为轻松的环境中提升外语水平。

4. 适应性原则

听力教学应该始终关注外语教学的终极目标，也就是提升学习者的外语使用能力。听力教学要根据学生的最终发展目标，以及目前的发展阶段与发展的特点选择难度适当的听力材料。

教师要遵循“最近发展区”原则，在选择外语材料的时候，不能选择难度过小的，也不能选择难度过大的。难度过小，对于学生而言毫无挑战，起不到教学发展的作用，难度过大则会导致学生产生畏难的心理，难以达到较好的教学效果。教师选择外语听力材料的时候主要关注以下几个方面的内容。

（1）听力材料中人物关系的复杂度。听力材料中涉及的人物关系如果过于复杂，会影响学生对于外语听力材料的理解。学生需要掌握人物之间的关系，提升听力过程的针对性，避免分散注意力，才能理解关键信息。

（2）听力材料的内容是否贴近生活。听力材料内容的选择需要格外审慎，材料的选择需要与学生的实际生活与知识水平相匹配。对于学生而言，超出其理解范畴的听力材料会影响其听力活动的正常开展。学生应根据自己已有的生活实践经验、文化背景，对外语听力材料进行有针对性的理解。

（3）语篇信息。听力的语篇信息主要涉及两个方面，一是语篇的结构，二是语篇的内容。

语篇的结构是否被学生所熟悉。比如，听力材料的语篇叙述顺序是学生所熟悉的语篇叙述顺序，如时间顺序、空间顺序、逻辑顺序等结构，学生会因为较为熟悉，表现更为良好。相反，如果语篇叙述顺序是学生不熟悉的顺序，学生则会因为没有形成相应的习惯，产生紧张或者焦虑情绪，最终影响正常发挥。

语篇的内容是否被学生所熟悉。对于学生而言，如果语篇涉及的话题是自己熟悉的，那么就会表现得更好，相反，如果话题较为陌生，学生则会更容易产生畏难情绪。学生可能会因为较为紧张，或者不熟悉，错过语篇中的重要信息，难以提取重要信息要素。

（4）语言方面的因素。无论是时间变量、语音、词汇还是句法都是影响语言表达的重要因素。

以时间变量为例，“时间变量”是格里菲斯(Griffths）提出的，时间变量即语速、停顿和迟疑三个要素。在听力过程中，听力材料语速过快或者过慢，都会对学生理解材料产生影响，同样地，语言的停顿与语气的迟疑也会影响学生的听力效果，学生会因为来不及反应，或者迟疑过多而产生心理负担。句子总是断断续续的，会让人有一种不真实的感觉，干扰人正常理解语段的含义，学生会因此产生厌倦心理。

5. 分析与综合相结合原则

听力教学就是要实现分析的听和综合的听两部分。

（1）分析的听。分析的听就是要在听力的过程中将听力材料进行分解，学生需要分内容地听、分步骤地听。将听力材料进行分段，可以按照词语、词组、句子、句组、段落、文章的顺序，一点点分析、一点点感受，将听力材料中的关键信息，如时间、地点、人物等内容进行记录。

（2）综合的听。综合的听就是将听力材料视为一个整体，不再进行拆分，而是直接按照一整篇文章，进行整体的听，整体理解，找到材料的中心内容。在进行综合的听的练习时，教师可以将听力材料难度适当地降低，按照顺序性原则，从易至难，逐步提升学生综合的听的能力。

听力教学需要分析与综合相结合，二者缺一不可，分析的听主要关注听的细节，综合的听则是关注深层次的含义，分析是综合的基础。在听力练习时，教师将细节处理与文章大意的练习相结合，可以达到较好的教学效果。

（二）外语听力教学中常见的教学法

1. 互动教学法

所谓互动教学法就是教师在开展听力教学的时候，引导学生进行必要的互动，从而开展教学活动。互动教学法往往是以一种模拟教学的方式进行的，一方面可以提升学生的思维能力，培养学生的思辨能力；另一方面也可以有效地提升学生的听力水平。

学生可以采取两人互动或者多人互动的方式，学生之间进行即时沟通，根据听话人的反馈，及时调整说话的内容，让听话人明确所交谈的信息。这种方式，一方面可以有效锻炼学生的口语能力，另一方面可以锻炼学生互动的能力。

教师可以在听录音的时候采用互动教学法。教师需要在互动的过程中，充当交流的桥梁，将听力材料划分成多个小部分。教师可以在一小节录音结束之后，邀请学生进行互动交流，了解并且掌握材料的内容。

2. 预测推断教学法

预测与推断属于思辨能力培养的一部分，主要包含以下两个层次的内容。

（1）预测。在听力过程中，学生需要对尚未出现的词语进行预测。学生在已经掌握了绝大多数的功能性词语，以及一定的短语规则和语法规则之后，根据已经出现的词语，预测下一个词。举例说明，如果已经出现了“a”后面大概率会出现一个可数名词单数，像这样的词语规律还有很多。当出现“some”或者“no”等词语的时候，也可以确定是名词短语中的一个要素。在听力的过程中，即便有一个要素没有听清楚，也有可能预知到漏听的词。

根据上下文的内容，可以大致预测词语的含义。如果学生可以听到介词，比如，“in”“on”，或者“at”，都可以轻易地预测出，这是介词短语中的一部分，根据介词短语断定漏听的词语与意义。

（2）推断。推断的主要是漏听的内容。学生在掌握了一定的句法知识和短语固定搭配知识后，可以根据推断判断出漏听的部分。即便学生没有将一个词语听完整，但是听清楚了后缀，学生就可以凭借已知的词语后缀，判断出漏听的部分，大致推断出词义。

3. 多媒体教学法

多媒体现在已经成为高校教师应用广泛的一种教学设备了。多媒体教学设备可以将语言内容以视听设备进行展现，不仅调动了学生的视觉，还调动了学生的听觉，可以达到更好的教学效果。

多媒体教学法是教师为学生创造出一种更加真实的外语环境，在教师营造的教学环境中，学生可以自主学习，开拓自己的思维。教师应用多媒体教学主要采用以下两种形式。

（1）仿真对话教学。仿真对话教学指的是由专家学者进行外语听力对话训练，教师有针对性地提问，为学生留有思考空间，增强学生在仿真对话训练中的直观感受。由提问者和回答者相互交流，完成对话练习，提升最终的听力效果。

（2）为听力练习提供平台。多媒体教学的优势就是可以将海量教学资源提供给学生，学生登录平台后，进行听力练习。多媒体资源更加多元、及时，学生可以在听力练习的同时，丰富知识、开拓思维。

第二节　外语教育培养说的能力

一、外语口语教学的意义

（一）满足社会对人才的需要

社会对于人才的需要是多样化的，特别是交际型人才，对于每个国家而言，都是颇为重要的。

语言与文化之间的关系是不可被忽视的，中国的学生在中国文化背景下生活成长，中国学生接受中国文化熏陶。在中国学生学习外语的时候，需要接受其他国家孕育出的特有的文化。

例如，英语是在英语国家特有的文化背景下孕育而生的，英语国家的历史背景、文化特点与中国文化存在较大差异。特别是在口语表达过程中，中英文的口语表达方式、表达习惯等都存在差距。

中国学生在学习英语时，两种语言的文化差异就是学生需要掌握的内容。中国学生在与外国人交流的过程中，需要在口语表达方面注意异国文化不同，否则可能造成误会，会影响交流的效果。

在口语教学中，要将中外国家文化风俗习惯教授给学生，有效避免中外交流出现障碍。

（二）口语是语言学习中的重要组成部分

学生在学习外语的时候，听、说、读、写、译都需要一一掌握。学生的“说”的技能，也在一定程度上反映出一个人的语言水平。

口语表达是外语技能的重要组成部分，口语越来越受到人们重视。因此，教师重视对学生的口语交际能力培养，也是为了学生语言水平的提升。

（三）促进阅读教学的开展

口语教学对于阅读教学的开展可以起到促进的作用。口语教学涉及课文朗读、口头复述、话题讨论等内容，口语教学可以促进学生阅读能力的提升。学生可以在口语学习的同时，加深对文章的理解，提升自己的阅读能力。

（四）促进写作教学的开展

口语教学对于写作教学的开展可以起到促进的作用。口语教学可以在提升学生口语能力的同时，也使学生的表达能力有所提升。在口语教学的过程中，教师要求学生做口头的练习，并让学生课下完成写作练习。

一般情况下，学生如果能说得清楚、说得明白，就可以在写作的时候表现出较高的写作水平。因此，口语教学可以在一定程度上促进学生写作能力的提升。

二、外语口语教学的内容

外语口语教学是一种理论与应用并行的教学，因此，口语教学的内容涉及面相对较广，综合性较强，主要包含了语音训练、词汇练习、阐述语言口语化特征、交际互动能力培养、教授文化知识五个方面，这五个方面是层层递进的。

（一）语音训练

语音是开展外语口语学习的基础。语音训练的目标就是掌握正确的语音和语调，包括重读、弱读、连读、音节、意群、停顿等。错误的发音或者不正确的语调都会影响对方理解对话内容。

教师在开展口语教学时，必须引导学生利用语音、语调表达正确的意思。语音、语调不仅影响说话是否好听，还具有一定的表意功能，人们一旦说话就会涉及语音、语调的变化。在教学中，教师不仅要注重对句子层面的句型结构的教授，而且要注重口语语篇中的语音、语调的教授。

（二）词汇练习

词汇是外语教学开展听、说、读、写四项技能的基础，是一项不可缺少的工具。

学生没有足够的词汇储备，就不会有足够的输出语料库，从而无法进行信息交流。学生如果没有足够的词汇，就无法在大脑中建立预置词块，也就不可避免地影响语言输出的有效性。口语交际的实现离不开充足的词汇储备，因此，教师在口语教学活动中，应注重学生词汇的积累。

（三）阐述语言口语化特征

教师阐述语言口语化特征，是要让学生了解外语语言口语化的特点。例如，英语情境交际教学中，当对话涉及听者时，疑问句通常会省去句子的主语甚至是助动词。了解语言口语化特征有利于提高学生的口语能力。

（四）交际互动能力培养

交际互动能力培养就是让学生掌握交际互动的能力。在口语交际中，如何开启对话是一个重要的问题，如何结束对话也是一个值得研究的问题。在口语学习过程中，教师应引导学生掌握在互动中进行意义磋商的技能，如澄清请求等。

（五）教授文化知识

在口语交际中，相关的文化背景知识也很重要。恰当得体的交际取决于学生必须掌握一定的文化知识，包括共同的文化规则和不同文化之间的交际规则。这意味着学生不仅要有扎实的语言基础知识，还要有一定的文化知识。教师在外语教学过程中，将文化知识纳入外语教学的教授范畴，可以帮助学生逐渐构建知识框架。

三、外语口语教学中思辨能力的培养

外语口语教学必须注重思辨能力的培养。口语需要临场迅速反应的技能，学生口语能力的提升，离不开思辨能力的提升。因此，教师需要将口语教学视为一种长期复杂的工程，在进行口语技能教学的时候，不能仅仅聚焦于口语本身。教师需要为学生探索出多途径、多方法，一方面提升学生的思辨能力，另一方面提高学生的口语能力。

（一）合作学习法

合作学习法以小组为单位，小组成员之间相互帮助、相互鼓励，促进他人学习，完成共同的教学目标，完成自我的发展，实现个人学习的能动性和创造性的发展。教师在合作教学中主要起到制订教学计划，选取教学材料，为学生分配教学组别，控制学生学习进度等作用。

合作学习需要学生与其他组员相互沟通，逐渐弥补自身的不足。学生对自己的行为负责，同时也需要对整个小组负责。学生只有具备一定的自我管理能力，才能在小组的合作学习中完成学习任务。学生可以根据学习计划，阶段性地提升自我，要在合作学习过程中不断寻找练习口语的机会。学生需要主动检查自己是否具备一定知识，克服自己固有的不利于外语学习的因素，发展属于个人的学习风格，完成多样化的学习任务。

（二）情境教学法

语言交际环境的创设是确保外语教学效果的重要一环。语言学习的最终目的是在实践中应用该语言，解决现实生活、工作和学习中的相关问题。

教师主动为学生创设出具体、真实、生动的语境，让学生在与真实语境相似的应用情境中开展口语学习。教师需要在学生开展口语实践时，创造多种语言情境，加强语言与情境的紧密结合，使抽象语言具体化、情境化和可视化，更接近日常生活中的自然对话。

实践证明，在课堂上创设真实的语言情境，不仅可以激发学生学习外语口语的兴趣，而且能使学生更快地掌握口语技能。情境教学法的开展方式有很多，下面介绍其中的两种。

1.配音

配音是一种教师可以在班级里开展的有效的情境教学的手段。教师选取一段电影片段或小视频作为教学素材，可以先让学生听一遍，然后教师解释其中包含的语言要点，再播放两次，这样学生就可以试着记住教学素材。教师把电影片段或小视频调到静音，让学生根据记忆，试着复述。教师还可以让学生观看无声电影和电视，让学生利用自己的想象力针对画面配音。这种方法更有利于激发学生的想象力，调动学生参与的积极性，口语练习的效果会更好。

2.角色扮演

角色扮演相较于配音而言，在外语教学活动中的应用更为广泛。角色扮演是一种深受学生喜爱的教学活动，也是情境教学的主要方式。

教师可以为学生创设一个具体的情境，划分可能出现的角色，并分配或允许学生讨论后自定义各自的角色。

教师组织角色分工之后，学生可以开展排练，然后在全班同学面前表演。在排练和表演期间，教师应尽量不干预，如有必要，只给予适当的指导。表演结束后，教师可以先让学生表达他们对表演技巧和语言使用的看法，最后对学生的表演进行点评。教师在进行点评之后，也可以要求学生对扮演的情况进行自我复盘。学生可以将自己的感受与教师的点评相结合，对自己的表现进行深入感知。

角色扮演活动不仅可以提高学生对外语口语学习的兴趣，减少学生对外语口语学习的恐惧感，改变外语教学固有的机械、重复和单调的练习，而且可以实现模拟学生在不同的社会环境中以不同的社会身份进行交流，因此对提高外语口语教学效果和学生思辨能力起着重要作用。

（三）立体化问答

教师在进行课堂教学的过程中，必然会有提问的环节，教师可以利用教学中的提问环节，进行立体化问答。教师要有针对性地结合课堂的教学内容，设计多样化的问题。即便是简单的问题，也需要涉及多个方面，开展立体化的问答方式。

例如，教师在提出“What do you think of your college ?”这一问题的时候，很多学生都只是简单地回答“It is great!”或者“It is beautiful!”抑或是“I like it.”等。学生回答之后，无法再进行延展，就结束了教学问答。教师在进行了“What do you think of your college ?”提问，得到学生的第一部分回答之后，可以继续展开追问，如“Why do you think so?”学生就不会再千篇一律地回答了，需要发散自己的思维，对问题展开深入思考后，得到更加深入的答案。如果课堂容量允许的话，教师也可以进行与内容相关的个性化提问。比如，教师可以针对所在的学校，进行更加深入的提问。学校里面的环境变化，甚至学校里面的某一个人都可以作为话题。教师将身边的人、事、物与口语教学相结合，学生在进行回答之前，需要充分调动自己已有的知识，利用自己的语素材料，并且利用自己的发散思维才能得到最终的答案。

教师需要针对教学内容设计多样化的问题，对学生进行提问的时候，尽量少用一般疑问句，采用特殊疑问句可以引导学生进行更加开阔的思考。开放的问题没有标准答案，因此，学生的思维不受限制，学生可以根据自己已有的知识进行更加深入的思考。教师引导学生从不同的角度进行思考，可以培养学生思维转换的能力和更加灵活的思辨能力。

（四）演讲辩论法

演讲辩论是一种相当高级的语言交际活动，是促进学生的思辨思维发展，提升学生口语表达能力的有效手段。

演讲辩论教学活动开展的前提是学生需要有一定的英语口语基础。高校的学生经过了多年的外语学习，已经具备一定的口语表达能力，因此在高校开展演讲辩论、即兴演讲等活动是符合学生发展需要的。

教师要组织一定的命题演讲活动、辩论活动、自由演讲活动等。教师可以提前确定相关的活动项目，发动学生利用课余时间充分收集相应的资料，学生将自己收集的大量资料进行筛选与分析，提炼出自己的主题观点。学生依据自己的观点，查找相应的论据，进行合理推理，得出最终结论。

在这个过程中，教师要及时观察学生的准备进度，不失时机地引导学生进行完整的布局谋篇，确保学生的思路正确、严密、清晰。教师如果想要在班级开展辩论活动，就需要引导学生针对对方可能提出的论点、论据进行预判，做好辩驳准备。

在演讲、辩论活动中，学生可以实现逻辑推理、分析综合、归类判断等多种思辨能力的练习。不管是演讲还是辩论活动都需要学生具备一定的外语表达能力，学生在进行外语表达的时候要确保自己的观点正确、逻辑严密、论据准确。教师长期坚持开展演讲辩论练习活动，一方面可以使学生提高外语的口语表达能力，另一方面也可以使学生提高思辨能力。

第三节　外语教育培养读的能力

一、外语阅读教学的意义

（一）增加词汇量

词汇是语言的基本构成部分，只有具备一定的词汇量，学生才能进行有效的阅读。

在外语学习过程中，学生需要掌握单词的多重含义和多种用法。在阅读过程中，通过记忆单词可以事半功倍，学生可以有效地利用文本中的语境来记忆单词。具体的语境可以帮助学生记住单词，并且对单词的词义辨析和固定搭配等方面有着重要的帮助。

通过长期的阅读活动，学生可以多次练习逐渐加深对单词的印象。这种反复练习可以增强学生对单词的记忆和理解，使学生更加熟悉并自如地运用单词。

（二）有助于外语能力的提升

外语阅读教学可以提升学生的听、说、写、译技能，阅读对这几项技能都能起到促进作用。

1. 阅读对于听技能的作用

听力是用耳朵获取信息的过程，阅读是用眼睛获取信息的过程。阅读与听力都需要语感的参与，阅读可以培养语感。因此，阅读对于听技能也能起到促进作用。

2. 阅读对于说技能的作用

说本身是一种通过语音、语调的变化来表达信息的活动，是一种有效的输出信息的方式。阅读教学中可以采用适当的朗读，构成阅读活动，形成一种良好的语音、语调习惯，提升说的能力。

3. 阅读对于写技能的作用

阅读是一种文字的输入，写作是一种内容的输出，这两种能力相辅相成、相互促进。阅读的过程本身就是写作的一部分，阅读能力的提升会带来写作能力的提升。

4. 阅读对于译技能的作用

翻译主要是两种语言之间的转换，将两种语言之间的表达方式、文化背景等方面的差异充分掌握是完成翻译的重要前提。阅读是翻译活动的语言和文化基础，可以保障翻译的准确性。

（三）培养语感

语感就是对语言的表达方式进行快速理解与判断的能力。要在短时间内，判断出语言表达是否流利、是否准确，需要语感的参与。

语感的获得需要大量、长期的语言接触并且进行较为长久的思维训练。其中，阅读可以让学生感受到规范的语言表达方式，感受到修辞方法的实际效果，还可以让学生在不知不觉中体会表达方式中的感情色彩。

通过阅读提升学生的语感也是一种比较好的方式，学生不会感受到过多的压力，可以有效调动学生的阅读积极性，为持久的外语学习奠定基础。

二、外语阅读教学的内容

外语阅读无论采用何种教学方式，教学内容都应以教学目标为出发点。外语阅读教学的目标是培养学生的阅读能力，使学生能够通过阅读外语材料获得必要的信息。外语阅读教学应包括以下几个内容。

（1）教师引导学生辨认语言符号，当阅读材料中涉及陌生词语时，教师应当教授学生一些技巧，帮助学生猜测陌生词语的意思和用法。

（2）外语阅读和中文阅读类似，文本之下往往包含隐藏之意，教师要帮助学生理解阅读材料中涉及的相关概念及隐含的意义。

（3）教师要帮助学生理解句子的交际意义，带领学生共同梳理句子之间的关系，通过找到文章衔接词，理解文章各部分之间的意义关系。

（4）明确文章中的指示词语所代表内容，确定文章的主要观点和主要信息。

（5）教授学生试着从细节中理解文章的主题。

（6）教师引导学生尝试总结文章的主要信息。

（7）教师培养学生基本的推理技巧。

（8）教师培养学生跳读、览读技巧。

三、外语阅读教学的策略

（一）因材施教

现代教学以班级授课制为主要的组织教学的形式。教师面对几十名学生，不能开展一对一教学。但是，不同的学生因为其不同的生活经历、不同的性格特点和语言水平，需要差异化的外语教学。教师可以根据学生的层次差异，适当选择出一定的教学方法，满足不同层次的学生需要，帮助不同层次的学生获得阅读技能的提高以及思维能力的提升。

1. 对于阅读能力需要扎实的学生

对于阅读能力需要扎实的学生，教师应选择较容易理解的阅读材料（如简单易懂的故事等）并提出相对简单的问题。当学生正确回答问题时，其会获得成功的喜悦，并找到学习的信心和乐趣，以更大的热情投入阅读中。

2. 对于阅读能力需要进阶的学生

对于阅读能力需要进阶的学生，教师可以选择具有挑战性的阅读材料（如世界名著、有难度的期刊等）同时分配一些具有挑战性的任务。这样学生可以挑战新的高度，扩大学习的新视野，增加外语与文化知识，提升自我。

（二）互联网辅助教学

互联网是一个可以有效提升学生阅读兴趣和思辨能力的途径，教师可以从以下几个方面开展教学活动。

1. 发挥网络的优势，激发学生的阅读兴趣

互联网为学生开展阅读学习提供了一个较为广泛的互动平台。网络为教师提供了更多的空间，教师可以在互联网上寻找到适合的阅读资料库，可以为学生的课外知识的补充提供更多的资源。

学生要有兴趣的驱使，才能更好地完成阅读任务。仅仅是文章的展现，学生未必能够被吸引，因此，教师需要对学生的学习活动进行必要的引导。教师为教学材料增添一定的图画或者视频内容，或者将原有的阅读材料进行重新排版，如字体的更改，学生的注意力便能够被吸引，也就能够达到更好的教学效果。

2. 选择科学的阅读材料

互联网上面的阅读材料众多，教师要先进行甄选，将其中更具有价值的部分挑出来，作为课上阅读材料。

教师将互联网中的阅读材料进行筛选后，选择与课堂贴近的教学内容。学生要提前进行资料的预习，获得相关的信息准备。学生根据需要进行资料收集、信息甄别、相关信息介绍的过程，就是学生思维能力变化的过程。

学生可以针对相关资料进行学习后，采用小组的形式进行交流和汇报。

教师需要针对学生的报告进行反思与评价。

3. 开展课后的拓展阅读

仅仅依靠课上的阅读时间，阅读能力的提升是十分有限的，阅读能力的提升需要大量的阅读材料的输入。

教师要引导学生利用互联网资源，如将需要的资源全部传送到线上资源库，布置课后的拓展阅读任务。教师可以根据教学需要，开展相应的教学活动，引导学生针对自身感兴趣的话题完成阅读任务，提升阅读能力和思维能力。

（三）多样化导入

导入活动对于外语教学活动而言，是一项非常重要的教学流程。外语作为第二语言的学习，学生往往不具备真实的语言环境，想要完成语言的转换，就需要教师进行导入活动。教师需要将教学需要的文化背景、教学相关内容、上节课的教学内容等有选择地在导入环节进行必要的输出。教师进行教学导入环节时，必须进行多样化导入。多样化导入包括三个方面：导入内容的多样化、导入形式的多样化以及运用多种方法导入文化。

1. 导入内容的多样化

导入内容的多样化要求教师做到以下两点。

（1）所选材料应经常变换体裁，不能局限于一种体裁。这样才能满足学生的多样化需求，使学生熟悉各种体裁文章的行文特点，从而提高阅读理解的准确性。

（2）所选材料不能局限于一类主题，应经常变换题材。这样才能增加学生的不同文化知识，以提高阅读理解水平。

2. 导入形式的多样化

导入形式多种多样，主要有以下两个方向。

（1）根据实际情况，运用比较、融入、体验等多种方法导入相关文化知识。

（2）通过图片、视频、音频等材料对某一个文化现象进行解释和说明，让学生从真实的文化环境中了解与掌握语言所承载的文化内涵，体验外语国家的文化。

值得注意的是，教师作为教学活动的领导者和组织者，发挥着文化传承的作用。因此，教师在进行文化呈现的过程中，不仅要注意上述方面，还要不断加强自身的课内外文化素养，能够将相关的文化知识和内容融入阅读教学过程，传授语言的深层文化内涵。

3. 运用多种方法导入文化

（1）教师介绍。教师是学生获得相关外国文化知识的重要来源，因此，在外语教学中，教师应该充分发挥自己的作用，通过介绍和解释来引入外国文化知识。在课堂阅读教学中，教师可以结合教材组织一些专题，使学生熟悉外国的文化知识。例如，教师可以有针对性地安排节日主题、饮食主题、家庭和电影主题等。结合这些主题，教师进行介绍和解释，使学生能够更系统地了解外国的文化知识。

（2）课外阅读。英语教学不应局限于课堂教学，课堂教学时间有限，教师应引导学生充分利用课外阅读时间，更多地接触外国文化知识。教师可以向学生推荐一些关于外国文化知识的书籍，包括知名的小说、杂志、报纸等。教师不断鼓励学生通过增加阅读量，不断积累外国的文化知识。

4. 循序渐进

由于学生的语言水平参差不齐，在阅读教学的基础阶段，教师在选择导入内容时不必选择那些难以理解的文化知识。教师引入的相关文化知识和内容可以由浅至深，由简单至复杂，循序渐进。

此外，在介绍外语国家的文化知识时，教师应尽量选择与学生生活密切相关的内容，或者想办法将介绍的内容与学生的生活联系起来，以更好地激发学生学习外语的兴趣和热情。

第四节 外语教育培养写的能力

一、外语写作教学的意义

（一）有助于学生口语和阅读能力的发展

在外语写作的过程中，教师引导学生进行默写、抄写等练习活动，不断提高学生写作的速度，加上造句、作文练习，有利于学生口语能力的提升。

在外语写作中，教师教授学生如何进行遣词造句是关键。在写作中，行文的逻辑需要更加严谨，学生需要对词句、段落或者是篇章进行不断修改与调整。

学生进行写作练习之后会对文章的架构掌握更为清晰，对主题认知更为准确，最终有助于学生阅读能力的提升。

（二）有助于提高学生的学习能力

学生的学习能力体现在方方面面，学习外语的能力便是其中一种。教师开展写作教学，不仅能提升学生外语的写作能力，还能提升学生的其他方面的能力。

学生想要掌握更多的英语基础知识，就需要储备大量的单词、句型，还要在掌握了一定的课堂知识之后，扩充更多的课外知识。

写作过程往往伴随着读和写两项活动，教师重视对学生写作能力的培养，学生写得好、写得快，有利于提升其学习效率。

（三）有助于激发学生的学习兴趣

写作是获得美的过程，学生在写作的过程中，不仅可以创造优美的文字，而且可以获得美的感受。

外语写作教学必须消除学生对于写作的畏难心理，学生需要培养写作的兴趣，感受写作的乐趣。教师通过写作教学，要激发出学生对文字的兴趣，要引导学生感受到学习外语的乐趣，激发出学生对学习的热爱。

二、外语写作教学的内容

外语写作教学的内容主要包括结构教学和过程教学两个部分。

（一）结构教学

一篇好的文章必须具备清晰完整的结构，文章结构的搭建直接影响到文章的质量和观感。

在文章写作结构的教学中，教师要培养学生布局谋篇的能力。在写作之前要布局谋篇，再根据文章内容选择适当的扩展模式。一般来说，文章的结构：引段—支撑段—结论段。段落的结构：主题句—扩展句—结论句。但根据文章类型的不同，文章的结构也有所不同，在教学中教师需要对学生的布局谋篇能力进行全面的培养。

文章的写作还需要完整统一，文章中的所有内容，包括事实、观点、例子等都需要围绕文章的中心思想展开，还需要确保文章各个部分的完整性。教师在教学时可采用专项训练的方式，有针对性地训练学生的写作能力。

在外语写作中，在文章结构清晰完整和文章内容完整统一的基础上，还需要保证句子的和谐连贯，句子必须具有逻辑性，句子要通过连接词组有机地结合在一起，内容环环相扣、流畅展开。在教学实践中，教师可以针对过渡语对学生开展专项训练。常见的过渡语如下所示。

（1）表起始的过渡语：first of all、to begin with、in my opinion、according to、so far、as far as 等。

（2）表时间的过渡语：first、at first、then、later、in the end、finally、afterwards、after that、since then、for the first time、at last、as soon as、the next moment、meanwhile、later on、soon、finally 等。

（3）表空间的过渡语：on the right / left、to the right / left of、on one side of...on the other side of...、at the foot / top / end of、in the middle / centre of、next to、far from、in front of 等。

（4）表因果的过渡语：for、because of、one reason is that...another reason is that...、thus、so、as a result(of) 等。

（5）表转折的过渡语：but、yet、however、although、nevertheless、in

fact、unlike、otherwise、instead of、on the contrary、while、in spite of、after all 等。

（6）表列举的过渡语：for example、such as、that is、like、as follows、and soon 等。

（7）表推进的过渡语：what's more、on one hand...on the other hand...、in addition to、as well、still、also、not only...but also...、besides、furthermore、moreover 等。

（8）表总结的过渡语：in short、in a word、in general、in brief、in all、on the whole 等。

（二）过程教学

过程教学法兴起于美国，它将教学的重点放在写作的过程上，通过对写作过程中各个环节的把控，达到提升学生写作质量的目的。一般来说，过程教学法主要包括以下几个教学环节。

1. 写前阶段

写前阶段的教学注重培养学生的审题能力、构思能力和布局谋篇能力，包括打腹稿、确定主题、厘清逻辑、列出提纲等。首先，教师的任务是启发学生如何审题，如何根据题目要求展开思考、组织内容。其次，教师要帮助学生确定具体段落的主题与排布，列出提纲。最后，教师要引导学生确定每段的主干内容，准备写作。

2. 初稿写作与修改阶段

这一阶段的教学分为两个部分。

在初稿写作阶段，教师应指导和鼓励学生大胆进行初稿写作，尽量使用新学会的词汇与句型，不能畏首畏尾、不敢下笔。这一阶段的教学主要是让学生想写、敢写、能写，根据主题进行发挥，不断丰富文章内容，形成初稿。

修改阶段则是针对学生的初稿进行评价和修改，采取的主要方式有两种。一是学生互评，即在教师指导下，学生在文章互评的过程中发现潜在的写作问题。二是教师点评或范文教学，受制于课时与课堂规模，教师无法针对每一位同学的写作问题进行详细指导，因此可以采用抽样点评的方式，发现并讲解学生写作中存在共性或个性问题；也可以通过展示和讲解范文，引导学生分析范文的结构、主题表达、写作逻辑、句型运用以及段落衔接等，使学生从中领悟写作技巧。

3. 重写与评阅阶段

重写即撰写第二稿，学生根据初稿的评阅意见以及其中出现的问题，对初稿进行再加工，形成二稿。

这一阶段的评阅主要由教师来完成，教师对于学生的二稿进行检查和批改，包括词汇、语法、句型等，帮助学生发现自己写作的不足之处，使学生充分了解自己在写作过程中存在的问题，并激发学生的写作兴趣。

三、外语写作教学的策略

外语的写作教学对学生的基础能力要求较高，教师需要遵循一定的步骤，按照一定的写作要领，使学生完成优秀的文章。教师想要针对学生的写作进行指导，要先了解写作的基本步骤与要领，有针对性地提升学生的写作水平以及学生的思辨能力。学生的写作不是背诵默写，需要根据写作的主题，发挥自己的主观能动性对文章进行有针对性的论述，确保最终的文章言之有理、条理分明。因此，学生不仅需要积累一定数量的语言基本元素，掌握一定的写作技巧，还需要具备一定的思辨能力，才能确保写作的内容言之有理。

（一）互联网辅助写作教学

外语教学中，适当应用互联网作为教学的辅助工具，有利于激发学生的写作欲望。学生可以根据写作的模块，逐渐规范自己的写作语言。在教师引导下，学生完成自我思辨与自我审视。

1. 应用计算机文字处理程序

学生在写作过程中，难以避免地会出现单词的拼写错误、写作格式错误、标点应用错误等问题。教师难以针对学生的每一个问题进行一对一的讲解，计算机中的文字处理程序就能够很好地解决这一问题。

学生可以在计算机的文字编辑器中完成写作任务。教师可以应用外语作文的批改网站，或者是外语作文的批改程序，对学生写作中出现的错误进行改正。教师的批改工作更加高效，甚至可以根据软件统计的结果，针对学生的共性问题，在课堂上进行统一讲解。

教师应用互联网手段，有针对性地进行教学活动，可以起到一定的辅助作用。学生可以将更多的精力倾注于写作本身，教师也可以将更多时间与精力用于促进学生的写作技巧与思辨能力的提升上。

2. 利用社交软件进行相互交流

写作相较于其他的教学活动，需要更多的思维内容的输出。学生想要准确输出自己的观点，就要一定的内容输入与积累。

教师可以引导学生运用社交软件，进行日常生活的分享与交流。教师可以根据一定的话题，在社交软件上引导学生进行较为热烈的讨论，激发学生的写作热情。同学之间进行交流之后，可以提升写作水平。

3. 引导学生利用互联网辅助完成写作

互联网是一种帮助学生自我成长与自我发展的有效工具。无论是学生还是教师都应该学会将互联网作为一种有效的资源工具。互联网为学生与教师提供了更多的资源，学生可以将教师提出的写作主题作为检索对象，在互联网上进行搜索之后，对于相关的主题进行更为深刻的学习，如此可以更好地完成写作任务。教师针对学生的需要进行必要的指导与监督，师生之间可以形成一种友好互动的交流氛围。

（二）读写结合法

读写结合法是一种提高语言学习能力的方法，它强调阅读和写作相互补充、相互促进。之所以选择这种教学法，主要是因为教师可以引导学生通过阅读提高自己的语言理解能力，通过写作锻炼自己的表达能力，在这个过程中，也提升了学生的思辨能力，从而达到写作教学的最佳效果。

广泛阅读可以让学生接触各种不同的观点和见解，这有助于其拓展思维，增强对问题的多元化理解。这样，在进行写作时，学生可以从不同视角进行对比和分析，形成自己独立的见解和观点。在学生阅读过程中，教师也要起到引导的作用，需要提醒学生注意理解文章的逻辑结构和论据支持。教师通过阅读教学，引导学生将阅读作为突破点，在阅读中进行自我累积，可以提高学生在写作时对论点和论据的运用能力，使学生写作的观点更有说服力。

学生在阅读和写作过程中，即便将阅读的材料作为自己写作的源泉，也不意味着全盘接受阅读的材料。教师要引导学生保持批判性思维，敢于对所接触的观点和信息进行评估和质疑。在写作时，学生就可以避免盲目接受他人观点，从而形成自己独立的思考和判断。

在写作过程中，学生需要时刻对自己的观点和论据进行反思，查找漏洞和不足。反思过程是十分有必要的，通过这个过程，学生可以不断完善自己的观点，促使自己的论述更加严密和有说服力。

在完成写作之后，学生可以将自己的作品与他人分享，邀请他人提供反馈意见。通过与他人的交流和讨论，学生可以发现自己的盲点，从而提高自己的思辨能力和论证水平。

总之，读写结合法可以帮助学生提高思辨能力。在阅读和写作过程中，学生保持批判性思维、积极反思和交流，有助于提升其对问题的分析和判断能力。

第七章 中国高等外语教育现代化发展的实践探索

第一节 探究式教学模式在高等外语教育中的应用

一、探究式教学模式的内涵与特征

（一）探究式教学模式的内涵

探究式教学，又称研究法、发现法，是一种学生以提问、调查、研究、推理等形式主动探寻知识的教学模式。它不仅着重于知识的传授，更强调对学生自主学习和思考能力的培养。在此模式下，教师并不直接给出结论，而是提供一些案例和问题，引导学生通过阅读、观察、实验、思考、讨论等方式自我探索并发掘出相关的原理和结论。此模式的核心理念是在教师的引导下，将学生视为学习的主体，鼓励学生自发地寻求知识，了解并掌握解决问题的途径和步骤，探讨客观事物的特性，洞察事物发展的原因和内部联系，并从中提炼出规律，建立自我认知。通过探究式教学，学生在学习过程中的主导性和独立能力都能够得到一定程度的提升。

从探究式教学的内涵中可以看出，探究式教学将学生置于学习的中心位置，学生是探究的主体，教师主要的角色是引导和促进学生的探究活动。教师需要以开放性的问题激发学生的好奇心，鼓励学生自主提问、自我探究。探究式教学模式的设计和运行，强调从学生的实际生活出发，引发学生的疑问和兴趣，让学生在寻找答案的过程中积极参与学习。教学的目标不仅是让学生得出科学的结论，更是让学生体验发现和创新的过程。学生在独立解决问题的过程中，能够感受到学习和创新的乐趣，从而使学习动机从外在驱使（“被要求学习”）转变为内在驱动（“主动学习”）。这种内在驱动可以成为学生不断探索知识和问题的动力。学生通过各种方式进行探究，将学习过程视为一种寻求新知的探险过程，有助于其形成积极的探索态度，激发求知和探索问题的欲望。

教师设计的教学过程应以锻炼学生的思维能力为目标，更看重学生思考的过程而非仅仅看重结果。在分析问题的阶段，学生需要构建假设，这个过程通常是瞬间的，包括直觉思维和逻辑思维，且直觉思维通常先于逻辑思维。构建假设后，学生要收集并分析数据以验证假设的正确性，这要求他们具备收集和处理信息的技能。接受或否决假设需要逻辑推理和批判性思考，这有助于培养学生的批判性思维。教师要鼓励学生以创新方式解决问题，培养学生综合考虑问题的习惯，进一步激发学生的创新思维能力。

（二）探究式教学模式的特征

1. 以学生为主体

以学生为主体是探究式教学模式的重要特征之一。在探究式教学模式中，学生的主体性和教师的主导性能够得到充分发挥。这不仅意味着学生在物理空间中处于中心位置，更重要的是，在学习的过程中，学生需要独立思考、主动参与、自我反馈和自我评价。

在探究式教学模式中，学生需要提出问题，设计和执行解决问题的方案，甚至评价自己的解决方案。所有这些都需要学生具备独立思考的能力。学生需要运用已有的知识和技能，对新的问题进行深入思考和理解。探究式教学强调学生的主动性，要求学生积极参与学习过程，主动发现和解决问题。教师提供的是引导和支持，而学生则需要亲自动手，参与实践活动。另外，学生不仅要对自己的学习过程和结果进行评价，还要根据自我评价的结果进行反思和调整。学生需要学会自我监控，发现自己的问题，并根据需要调整学习策略。

2. 更重视过程

在传统的教学模式中，教育的重点常常放在结果上，即学生是否达到了预设的学习目标，是否掌握了特定的知识和技能。而探究式教学模式更重视过程，这是其核心特征之一。这是因为，教学的重心从“教”转移到了“学”，从促使学生掌握知识转移到了对学生的思维过程和学习能力的培养。

在探究式教学模式中，学生不再被动地接受教师灌输的知识，而是通过提出问题、寻找答案、测试假设、收集数据、分析结果等方式，主动寻找和发现知识。在这个过程中，学生不仅可以学到知识，而且可以培养自己的探究能力、思维能力和解决问题的能力。在探究式教学模式中，学习过程被看作培养学生学习能力和学习策略的过程。在探究过程中，学生需要掌握如何学习，如何有效地使用各种资源，如何合作，如何评价自己的学习结果。这些都是他们在未来学习和工作中需要的重要能力。另外，在探究式教学模式中，学习过程还被视为个体发展的过程。在这个过程中，学生的个体差异得到了尊重和照顾，他们可以根据自己的兴趣、能力和速度进行学习，发展自己的潜力。

3. 强调知识的运用

探究式教学模式的核心特征之一是强调知识的实际应用，而非掌握的知识量。这种教学模式关注的是学生如何获取和运用知识，其目标是培养学生使用科学知识解决实际问题的能力。虽然探究式教学模式有发现性的特点，但它更强调解决实际问题。由于问题解决的路径和答案是多样的，甚至没有最优答案，学生在这个过程中可以更好地理解科学的适用性和不断发展的特点。另外，探究式教学模式还强调知识的综合运用。学生面临的问题通常是复杂的，需要综合解决，这就需要他们能够整合和运用多种知识来解决问题。

二、探究式教学模式在高等外语教育中的应用优势

（一）有助于培养学生的自主学习能力

探究式教学模式注重学生的自主学习，它可以帮助学生培养自主学习的习惯。在探究式教学模式中，学生不再是被动的知识接受者，而是变成了

主动的知识寻求者。学生需要自己发掘问题，提出假设，收集资料，验证结果。这一过程要求学生能够自主地进行学习。在高等外语教育中应用探究式教学模式，学生需要独立查找资料，自我调整学习策略，监控和评价自己的学习进度。在这一过程中，学生的自主学习能力也会随之提高。

（二）有助于提升学生的语言应用能力

探究式教学模式本身是以实际问题解决为导向的，而语言的学习和掌握本质上就是一种实践活动。语言不仅是一种系统化的知识，更是一种实际的交际工具。在探究式教学模式中，学生被鼓励将学到的语言知识应用在实际的语境中，通过模拟日常生活中的各种情景，如购物、问路、面试等，让学生有机会在实际的语言环境中使用和熟练掌握这种语言。因此，在高等外语教育中运用探究式教学模式是十分必要的。

探究式教学模式强调学生的主体地位，学生在探究活动中需要主动思考、主动使用语言。这种主动性可以促使学生更加积极地参与到语言实践中，从而增强他们的语言运用能力。学生不再是被动接受知识，而是主动使用语言解决问题，这也高等外语教育所追求的目标之一。

（三）有助于增强师生互动与交流

在高等外语教育中应用探究式教学模式，有助于增强师生互动与交流。探究式教学模式提倡以问题为中心的教学方式，这让学生有机会主动提出自己的疑问，教师和学生一起探索和解答。这样的过程不仅丰富了课堂教学，也促进了师生间、生生间的深入交流。

探究式教学模式不是传统的教师讲解和学生听讲，它包括小组讨论、角色扮演、模拟实境等各种互动形式。这些活动不仅可以使外语课堂更加生动有趣，也能够让学生有更多的机会使用外语进行实际交流。通过与他人的交流和互动，学生可以从不同的视角理解和掌握知识。交流和互动的过程也是学生对外语知识重复和巩固的过程，有助于加深学生对外语知识的理解和记忆。

三、探究式教学模式在高等外语教育中的应用策略

探究式教学模式在高等外语教育中的应用主要包括以下策略（见图 7-1）。

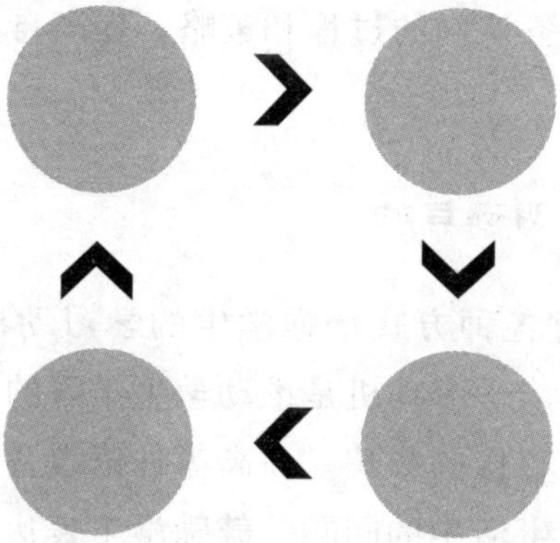

图 7-1　探究式教学模式在高等外语教育中的应用策略

（一）提出问题，创设情境

在探究式教学模式中，问题的设定是学习过程的起点。这些问题需要有一定的挑战性和吸引力，能够激发学生的兴趣和好奇心。问题不仅可以根据课程内容来设计，也可以结合学生的生活经验和兴趣来设计，使学生感到这些问题的实际意义和重要性。教师在讲授新课前对学生进行适当的引导，提出紧密结合所学内容的关键问题，让学生带着问题感知所学新内容。教师可以让学生在感知新内容过程中自己抓关键。例如，在外语教学中，教师可以设定这样的问题："在不同的文化背景中，人们如何理解和表达友谊？"或者："在商务谈判中，语言和非语言信号如何影响结果？"这些问题可以引发学生的思考，引导学生探索和学习。通过这些问题，教师可以引导全体学生进入积极的学习状态，进一步点燃他们的学习热情，从而引发他们对知识探索的欲望。在明确学习的方法和要求后，学生独立学习，自己寻找问题、研究问题和探索知识，并为之后的小组研究讨论打好基础。在探究的过程中，学生会遇到各种挑战，因此他们需要利用各种资源，如图书馆、互联网等，自行解决问题。

创设情境是指在教学中创建一个具有实际意义的环境或背景，使学生

能够在这个环境中进行学习和实践。这个环境可以是真实的，也可以是模拟的，但都需要与学生的实际生活和学习内容紧密相连。例如，如果教学内容是商务英语，教师可以创设一个商务谈判的模拟环境，让学生扮演商务人士的角色，进行模拟谈判。在这个过程中，学生可以运用他们学到的语言知识和技能，体验和理解商务谈判的过程和策略，提高自身语言应用能力和问题解决能力。

（二）强化动机，明确目的

强化动机是指通过各种方式增强学生的学习动机，使他们主动地、积极地参与到学习过程中。学习动机是推动学生学习的内部力量，对于学生的学习效果和学习成果有直接的影响。在高等外语教育中，教师可以通过设定有趣的任务、引入实际生活中的问题、鼓励学生表达自己的观点和想法等方式，增强学生的学习动机。教师也可以通过对学生学习进步的肯定和赞扬，增强学生的自信心，鼓励学生持续学习。

明确目的是指在教学过程中，教师要让学生清晰地知道他们学习的目标是什么，学习的内容是什么以及如何去学习。明确的学习目标可以帮助学生明确自己的学习方向，理解学习的意义，更好地规划和调整自己的学习方法和学习策略。明确的学习目标也可以帮助学生评价自己的学习效果，反思自己的学习过程，从而持续提高自己的学习能力。

在高等外语教育中，在学生展开合作探究之前，强化学生的学习动机、明确学习的目的，有利于激发学生的学习兴趣和学习热情，提高学生的学习积极性。

（三）运用知识，合作探究

运用知识强调的是学生应用所学知识解决实际问题的能力。在外语教育中，知识的运用尤其重要，因为语言是一种用于交流和表达的工具，只有通过实际应用，学生才能真正掌握和理解所学的语言知识。教师可以设计各种语境，如角色扮演、情景对话、小组讨论等，让学生在实际的语言环境中使用所学的外语，从而提高学生的语言运用能力。通过对实际问题的解决，学生可以深化对所学知识的理解，提高自己思维能力和问题解决能力。教师要在学生迫切要求解决问题的情况下，引导学生就探究的问题发表个人的看法。在对这些看法进行梳理和总结后，教师要向学生阐明探索问题的核心策略和方法。

合作探究是探究式教学模式的关键环节，也是充分体现学生主体地位的重要环节。在高等外语教育中，合作探究是一种非常有效的学习方式。通过小组讨论、合作完成任务等活动，学生可以共享知识、互相学习，共同解决问题。这不仅可以提高学生的语言表达能力，也可以培养学生的团队协作能力和社交能力。通过合作探究，学生可以从不同的角度看待问题，开阔视野，激发创新思维。

（四）反馈评估，引深探究

反馈评估主要是指教师对学生的学习过程和学习结果进行评价和学生对自己学习效果的自我评价。在高等外语教育中，及时准确的反馈可以帮助学生及时了解自己的学习进度和存在的问题，从而进行有针对性的学习和改进。对于教师来说，通过评估学生的学习情况，可以调整教学策略，更好地满足学生的学习需求。反馈评估还可以通过形式多样的评估方式（如同伴评估、自我评估等）激发学生的学习兴趣和积极性，鼓励学生主动参与到学习中。

引深探究则是通过提供更深层次、更具挑战性的问题或话题，让学生进一步探索和学习，从而达到使学生深化理解和提高语言运用能力的目的。在高等外语教育中，引深探究不仅有助于学生对已学知识的巩固和扩展，也可以激发学生的创新思维和提高学生的解决问题的能力。这个环节还可以使学生意识到语言学习的连续性和深度，使他们产生更深入学习的兴趣和欲望。

在高等外语教育中应用探究式教学模式，能够有效地吸引学生的注意力，激发学生的学习热情，使学生积极参与到学习的全过程中。教师需要采用恰当的策略和手段，协助学生深入理解教学内容，开拓思维空间，深入探索课题，让学生将学到的知识与现实生活产生的紧密联系形成内化的理解。这种方式不仅有助于使学生加深对语言和文化的理解，还可以培养学生的批判性思维，问题解决能力和自主学习能力，更能激发学生的创新精神和求知欲，塑造终身学习者的角色。

第二节 交际型教学模式在高等外语教育中的应用

一、交际型教学模式概述

（一）交际型教学模式的含义

交际型教学模式，又被称为交际法，是一种以语言实际应用为主导，强调语言交际能力提升的外语教学方法。这一教学模式主张学习者在学习语言的过程中，能够自然、真实地使用目标语言进行交际，并通过语言交际的过程，提高语言技能和语言运用的灵活性。

交际型教学模式的核心理念是，语言学习的主要目标是交际。语言不只是一套语法规则或者词汇的组合，而且是一种社会交际工具，它的功能是在特定的社会和文化环境中进行有效的沟通。因此，这种教学模式更注重学生的听、说、读、写四项基本语言技能的实际运用，而不仅仅是语法和词汇的记忆。交际型教学模式强调的是情境化教学，鼓励教师创设各种语言实际应用场景，让学生在真实或仿真的语境中学习和使用语言。此外，这种模式还强调学生的参与和互动，鼓励学生在教学过程中积极发言，与他人进行交流，通过实践来提高语言运用能力。

交际型教学模式的出现与社会语言学的发展有着紧密联系。社会语言学强调语言不仅是语法和词汇，而且是一种社会交际的工具，它着重研究的是语言在社会交际中的应用。交际能力理论为交际型教学模式提供了理论支持，它强调学习者需要在不同的社会文化环境中有效地使用语言。

建构主义理论和人本主义教育理论也都为交际型教学模式提供了主要的理论支撑。建构主义认为，知识的意义在于学习者的主动建构性，知识无法通过直接的传递而实现。[①] 而在交际型教学模式中，学生通过主动参与和互动，实践语言交际，以此获取语言知识和技能。人本主义理论认为，学习是个人潜能

① 徐刚．高校英美文学教学理念与模式研究［M］．天津：天津人民出版社，2021:135.

的充分发展，是人的自我实现，是人格和人性的形成与发展。[①] 因而，交际型教学模式注重的是学生的实际语言运用能力的提高和个性化学习需求的满足，符合人本主义教育理论的观点。

（二）交际型教学模式的特征

1. 以学生为中心

交际型教学模式强调学生是学习的主体，教师是引导者和协助者。学生需要积极参与语言实践，通过实际的语言交际过程，提高语言能力。在交际型教学模式中，教师更多地扮演着指导者和协助者的角色，他们会鼓励和引导学生在课堂上更积极地参与，如让学生参与到各种模拟对话、角色扮演和项目研究等多元化的学习活动中。此外，交际型教学模式还强调个别差异和自主学习。学生被鼓励根据自己的学习进度和兴趣自主选择学习路径和内容，也被鼓励探索和发现自己独特的学习方式和策略。比如，一些学生可能更善于通过听力理解，而另一些学生可能更偏向于阅读或写作。教师应根据学生的个性差异选择不同的教学内容。

2. 语境化教学

交际型教学模式重视在特定社会文化语境中进行语言教学。它强调真实或仿真的交际场景，让学生在实际的语境中学习和使用语言。在教学中，教师不仅将语法规则和词汇教给学生，而且让学生在真实的或模拟的场景中使用语言，如角色扮演、模拟对话、讨论等活动中。通过这种方式，学生有机会在实际的语境中理解并应用新的词汇和语法结构。另外，交际型教学模式鼓励学生通过语境来理解与记忆新的词汇和语法结构。人们对在特定语境中学习的信息更容易记忆，而且更容易在需要的时候调用这些信息。通过在真实或模拟的情境中学习语言，学生可以更容易地关联和记住新学习的内容。

语言不仅是一种工具，还是人们理解和交流文化的方式。在交际型教学模式中，教师通常会引入与目标语言文化相关的主题和材料，让学生在学习语言的同时，也能理解和欣赏不同文化的价值和习俗。

3. 强调交际能力

与传统的注重语法和词汇学习的教学模式不同，交际型教学模式更加强

① 孙田．外语学习理论与方法教程[M]．芜湖：安徽师范大学出版社，2017:19.

调对于交际能力的培养，包括听、说、读、写四项基本技能以及交际策略，如转述、解释、询问和答复等。

交际能力包括了四项基本技能，也涵盖了更多的元素，如语用能力（理解和使用适当的语言形式）、策略能力（如解决沟通中的问题）、社会文化能力（理解特定文化背景下语言的使用）等。交际型教学模式鼓励教师从多个方面提高学生的语言运用能力，也鼓励学生在实际的语言环境中学习语言。在课堂上，学生可以通过角色扮演、模拟对话、小组讨论等方式，进行实际的语言实践，从而增强自身口语交际能力和听力理解能力。

交际型教学模式关注学生在特定文化和社会背景下的语言使用能力。教师不仅教授语言本身，也会引入有关文化和社会的内容，帮助学生理解和适应目标语言的文化环境，使学生在实际生活中准确、恰当地使用语言进行交流。

二、交际型教学模式在高等外语教育中的应用优势

（一）鼓励学生积极参与课堂活动和主动学习

交际型教学模式鼓励学生积极参与课堂活动和主动学习，这对于高等外语教育来说，具有十分重要的意义。让学生积极参与课堂活动，是交际型教学模式的核心理念之一。在此模式下，学生不再是被动接受知识的对象，而是变成了主动参与、互动交流的主体。学生被鼓励参与到各种语言实践活动中，如小组讨论、角色扮演、情景模拟等。这样的参与，不仅能让学生在实际操作中提升语言技能，而且能让学生体验到学习的乐趣，提高学习的积极性。通过课堂互动，交际型教学模式帮助学生建立起主动学习的观念。在语言交流中，学生必须自我思考、自我调整，以适应不断变化的交流环境和话题。学生需要主动理解和学习新的词汇、表达方式，解决交流中出现的问题。这样的学习过程，能够帮助学生养成主动求知、主动解决问题的习惯，培养学生的自主学习能力。

（二）提升学生实际语言应用能力

在交际型教学模式中，教学的重心是语言的实际使用，而不是对语法规

则和词汇的死记硬背。通过这种方式，学生有机会在真实或模拟的语境中使用语言，从而在实践中提高他们的交际能力。这种教学模式还强调语言的社会文化背景。教师会帮助学生理解和掌握在特定文化环境下的适当语言使用方式，包括礼貌用语、习惯表达方式等。这种理解对于有效的跨文化交际至关重要，也能让学生在实际环境中更自信、更灵活地使用语言。交际型教学模式通过反馈和互动，使学生在使用语言的过程中及时发现和修正错误，从而提高学生使用语言的准确性。这不仅包括语法和词汇应用的准确性，也包括语调、语速、音标等方面的准确性。

（三）提升教学质量

交际型教学模式在提升教学质量方面具有显著的优势，因为交际型教学模式倡导实践和互动，这样的教学方式能够吸引学生的兴趣，提高学生的学习动力。当学生积极投入学习过程时，他们的学习效果往往会有很大程度的提高。这一点在传统的、以教师为中心的教学模式中往往难以达成。

在传统的教学模式中，教学信息由教师单向地传达给学生。交际型教学模式转变了这一状况，教师与学生、学生与学生之间在语境中的互动变得多元和双向。在这种模式下，学生可以主动参与课堂教学内容的分享以及教学进程的控制。学生能在真实且富有趣味性的场景中更生动、标准地运用语言。这样既满足了学生的学习需求，也使学生能在学习过程中体验到自我价值的实现。因此，这种教学方式对提升高等外语教学的整体质量和学生的学习效果具有显著的优势。

三、交际型教学模式在高等外语教育中的应用策略

交际型教学模式在高等外语教育中的应用策略一般涉及以下内容（见图 7-2）。

图 7-2　交际型教学模式在高等外语教育中的应用策略

（一）交际活动的设计

交际型教学模式的核心目标在于提升学生的交际技巧，因此，高等外语教育中交际活动的设计应该直接致力于实现这个目标。教师在课堂上可以设计两种主要的交际活动：一种是功能性交际活动，另一种是社会交往活动。这两种活动都具有很强的可操作性，能够有效地引导学生参与到实质性的交际活动中，通过使用目标语言实现他们的交际目的。

功能性交际活动的设计注重的是语言功能的实现，如请求、建议、表达意愿等。这种活动以实际的语言运用为目标，帮助学生通过实际操作掌握并应用语言的各种功能。在设计这类活动时，教师首先需要明确活动的目标功能，然后选择或创造适合的情境，让学生在这个情境中实际运用目标语言功能。比如，如果目标功能是请求，那么教师可以设计一种情境，在餐厅点餐或者向朋友借书，让学生在这种情境中运用英语提出请求。接下来，教师可以提供一些必要的语言输入，如相关的句型、词汇等，帮助学生更好地完成任务。教师也需要提供适当的反馈，评价学生的表现并给予指导。教师还可以鼓励学生自行创设情境，提高学生的创新能力和主动性。通过这种方式，学生可以更直接地理解和掌握语言功能，更有效地提高自己的交际能力。

社会交往活动的设计强调的是语言在社会交际中的运用。这类活动通过模拟真实的社会交往情境，让学生在实践中理解并掌握语言的社会意义和社会功能，提升学生的语言社会交际能力。在设计社会交往活动时，教师需要先设定具有现实意义的社会交往情境，这些情境既可以来源于日常生活、学校活动，也可以来源于专业领域，甚至是新闻事件。例如，教师可以设计一次模拟联合国大会的活动，让学生扮演不同国家的代表进行交流和辩论。教师需要提供相关的语言素材，包括词汇、句型、表达习惯等，并且引导学生根据情境选择合适的语言和表达方式。教师需要设置适当的角色和任务，让学生在完成任务的过程中实际使用语言进行社会交际。教师还需要对学生的表现进行反馈和评价，对学生在语言使用中出现的问题进行修正，同时引导学生反思自己的交际行为，以提高学生的社会交际能力。在这类活动中，学生不仅可以运用语言知识，而且可以增强对于文化差异、社会规则的理解和尊重，从而更好地适应各种社会交际情境。

（二）交际活动的实施

交际活动的实施是交际型教学模式的核心环节，需要教师引导学生通过实际的语言交流来学习和使用外语。在这一阶段，教师的角色从传统的讲授者转变为指导者和协助者，学生则从被动的接受者转变为积极的参与者。

在交际活动开始之前，教师需要确保所有学生都了解交际活动的目标和规则。教师要在活动开始前做一个简短的介绍或示范，确保学生了解他们将要进行的活动以及期望的结果。例如，如果是一个角色扮演活动，教师可以解释角色、场景、情境、任务等相关内容，并通过示范对话来具体说明预期的交流方式和语言结构。之后，教师应鼓励学生积极参与，使学生充分运用他们已有的语言知识进行交流。教师可以通过问题引导、提示或提醒来帮助学生启动或维持交流。教师要灵活地处理学生遇到的问题和困难，如提供必要的词汇、短语、句型等，或者给予一些语言策略和交际策略的建议，帮助学生成功完成交际任务。在活动进行过程中，教师应注意观察学生的参与情况和交流表现，以便于实时调整活动的流程和难度，确保活动的顺利进行。例如，如果发现某些学生不积极参与，教师可以适时鼓励他们或邀请他们发言；如果发现活动过于复杂，学生难以进行，教师可以适时简化任务或提供更多的支持。

（三）交际活动的评价

交际活动的评价是一个复杂而重要的过程，旨在对学生的语言技能、交际技能、参与态度等进行全面评估。在高等外语教育中，进行交际活动的评价，不仅需要量化的考查，也需要定性的分析。

教师需要设定清晰的评价标准和准则，这些标准应涵盖语言准确性、流利性、适宜性等多个方面。对于语言准确性，可以考查学生在活动中使用的语法、词汇、发音等是否正确；对于语言流利性，可以考查学生是否能够连贯、自然地进行交流；对于语言适宜性，可以考查学生是否能根据不同的交际场景和对象，选择适合的语言形式和风格。教师可以采用多种评价方式来进行评价。除了传统的教师评价外，还可以鼓励同学评价和自我评价。教师评价可以提供专业、准确的反馈；同学评价可以增加学生的参与度，帮助学生从不同角度看待自己和他人的表现；自我评价则可以提升学生的自主学习能力和自我调节能力。

在评价过程中，教师应注重过程和结果的评价。除了对学生最终的交际成果进行评价以外，还应关注他们参与活动的过程，例如他们是如何解决问题、如何与他人协作、如何适应和处理交际中困难的。值得注意的是，评价的结果应用于指导教学和改进学习。教师应将评价反馈给学生，帮助学生了解自己的优点和不足，激发学生改进的动力。教师也应根据评价结果，调整教学策略和活动设计，以更好地满足学生的学习需要。

第三节　内容型教学模式在高等外语教育中的应用

一、内容型教学模式概述

（一）内容型教学模式的含义

内容型教学模式是一种将语言学习与具体学科内容结合的教学模式。语言学习最好在特定的学科内容环境中进行，在学习过程中可使用语言来获取信息和理解新的概念。内容型教学模式的主要目标是让学生在学习某一学科内容的同时，提高其语言能力。例如，在一个以英语为第二语言的环境中，学生在学习历史、地理、科学等课程的同时，也在提升他们的英语听、说、读、写能力。

内容型教学模式与其他教学模式最大的区别在于教学内容。传统的教学模式围绕语言和技能展开教学，重点是词汇和语法以及听、说、读、写技能，而内容型教学模式的内容与其他学科有关，语言被当作介质传递相关知识。教师所教的和学生所学的是专业知识，而不是语言本身，语言只是作为一种副产品而习得的，从一种学习的对象转化为一种工具和载体。因而，内容型教学模式对教师提出了更高的要求。如果教学内容过于专业化，一般的语言类教师可能难以胜任。

教师在设计语言课程时，需要面对的关键问题之一就是如何选择和安排课程内容。在传统的教学模式中，如语法翻译法和听说法，课程内容通常是按照语法复杂性进行排序的。例如，一般现在时态通常被视为相对简单的，因此在教学过程中会被优先教授。这样的原则使相对容易掌握的内容往往在课程初期就会被教授。然而，内容型教学模式改变了这种传统的内容选择和排序方式，它摒弃了以语言规则为教学起点的做法，转而将课程内容作为语言学习的核心和指导原则。

内容型教学模式旨在整合听、说、读、写四项基本技能，同时将语法和词汇教学融入一个统一的教学过程中。这种教学模式的形成是由于语言交际依托于真实场景和语言交互活动中需要多种技能的协同作用。内容型语言教学改变了传统课堂上通常采用的“先听说，后写作”的教学顺序。在内容型教学模式中，没有固定不变的技能教学顺序，教学过程可以以任何一种技能为起点。

内容型教学模式鼓励学生主动参与学习过程，通过探究、解决问题等方式，学生在实践中提高语言能力和学科知识。从这一层面上看，内容型教学模式是交际型教学模式的衍生物，重视学生在参与学习的过程中积极主动地学习。在内容型教学模式中，学生可以通过与同学的互动获取丰富的语言信息。学生在课堂互动学习、意义协商、信息收集和意义构建的过程中，积极地扮演了各种社会角色，如信息接收者、倾听者、计划者、协调者、评价者等。与学生的多重身份相对应，教师也在课堂上担任多重角色，教师可以是信息提供者，任务组织者，学习活动的引导者、管理者、推动者和评估者等。在内容型教学模式中，教师需要同时掌握语言和专业内容两个方面的知识，这无疑是一项巨大的挑战。虽然有人可能是语言专家或者某一学科的专家，但是能够在这两个领域都精通的人确实寥寥无几。一位杰出的教师必须拥有以下的知识和技能：学科专业知识、学科教学方法、外语能力、外语教学方法以及教材的筛选与编写能力、教学评估能力等。

（二）内容型教学模式的特征

内容型教学模式旨在让学生尽可能地接触与他们直接相关或感兴趣的内容。这些内容不仅包括学生在日常生活中会遇到的问题，还包括他们学习的其他学科的内容。实际上，将学科内容与语言内容合理地整合起来，可以促进学生思维和语言能力的整体发展。

1.强调和利用内容

内容型教学模式的主要特征之一便是对内容的强调与利用。内容不仅可以为课堂教学提供多种多样的教学情境，还可以使教师在呈现内容的过程中解释语言的具体特征。具有一定挑战性的内容是促进学生语言习得成功的基础。内容的选择直接决定着学生最终的学习效果。过于简单的内容，不仅不能促进学生能力的提升，还会影响教学质量，而过于专业化的内容，学习理解起来具有一定难度，同样影响教学效果与教学效率。因此，教师应选择真实语料（学生会在生活中遇到的，书面的或口头的材料）作为教学内容。另外，综合的、略高于学生当前语言水平的内容也是教师在选择时需要重点考虑的。

2.教学课时不固定

内容型教学模式的内容选择不是以教学课时为基本单位的。相比传统教学模式，内容型语言教学更注重深入学习和全面理解。因此，一个单元的教学内容通常会超出单个课时的范围。实际上，内容型语言教学的教学单元往往需要几周甚至更长的时间来完成。在内容型教学模式中，每个教学单元涵盖的内容更为广泛和细致。教师可以选择一个具有相关性和连贯性的主题或概念作为教学单元，并通过多个课时来逐步展开教学活动。这样的教学安排允许学生更深入地研究和探索主题，并有足够的时间进行学习和练习。通过在较长时间范围内处理教学内容，内容型教学模式为学生提供了更多的机会来巩固和运用语言知识。学生有足够的时间进行反复练习和应用，以确保真正掌握并能够有效地运用其所学的语言技能。

（三）内容型教学模式的类型

内容型教学模式的类型主要包括主题模式、遮蔽模式和附加模式三种，如图 7-3 所示。

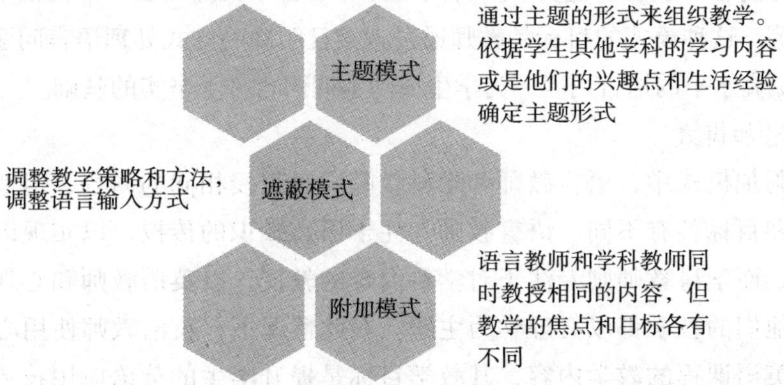

图 7-3　内容型教学模式的类型

1. 主题模式

主题模式，即通过主题的形式来组织教学。主题的选择主要依据学生其他学科的学习内容或是学生的兴趣点和生活经验。主题模式教学旨在突破传统的教学内容和方法，解决语言教学问题。主题模式有助于实现语言学习的意义和形式的整合。这种教学模式强调语言的含义学习，也注重对语言形式的掌握。通过构建主题，学生能学到与社会生活相关的知识。通过深入学习细节，学生还能学到词汇、短语、句型和语法知识，进而将二者紧密相连。

主题模式教学还能够实现教师引导和学生自主学习的整合。在主题模式中，教师的任务是创造一个学习环境并给出示范，然后将构建、扩展和深化主题认知结构的任务交给学生，真正地培养学生的自主性。另外，该模式有助于学生全方位地发展自身跨文化交际能力。在以主题为中心的外语学习中，学生能够获取丰富的社会、文化以及交际知识。在完成与主题、话题相关的交际任务中，学生以听、说、读、写为基础，逐渐提高跨文化交际能力，这将培养学生的综合素质，发展他们的个性。在自主学习过程中，学生可发现自我价值，实现自我超越。主题模式外语教学按照主题—话题—细节的步骤进行，使学生逐步构建反映自我与外部世界的关系，以及满足自身社会交际需求的知识体系。

2. 遮蔽模式

遮蔽模式需要教师调整教学策略和方法，也要调整语言输入方式，以适应学生的外语学习需求。在教学过程中，教师会改变展示方式，帮助学生更好地理解学习内容，或者会花费一些时间处理与语言相关的问题，如词汇学习、阅读技巧等。这种模式的目标是教师通过直接且明确的方式处理语言问题，让学生接触更高水平的语言内容，为学生成功掌握语言打下坚实的基础。

3. 附加模式

在附加模式中，语言教师和学科教师同时教授相同的内容，但他们的教学重点和目标各有不同。语言教师专注于语言知识的传授，以实现语言教学的目标，而学科教师则专注于对学科内容的教授。以英语教师和心理学教师为例，他们的教学都以心理学为主题。在此情况下，英语教师使用心理学材料作为英语课程的教学内容，其教学目标是提升学生的英语应用技巧。心理学教师的目标则是完成心理学的学科教学任务。因此，在英语课上，学生的主要任务是通过理解和吸收具有挑战性的心理学内容，以更快地理解这些复杂的知识，并在语言教师的引导下，快速掌握英语语言技巧。

二、内容型教学模式在高等外语教育中的应用优势

（一）提高学生兴趣和积极性

内容型教学通过结合其他学科的内容进行外语教学，使学生在学习语言的同时，也能学习到其他学科的知识，从而提高学生的学习兴趣和积极性。在高等教育中，学生通常对自己主修或感兴趣的学科领域有着较高的热情。内容型教学模式就是将这些领域与外语学习相结合，这使语言学习变得更有意义和吸引力。具体而言，这种方法将外语学习与实际应用的学科知识相结合，使外语不再只是抽象的语法和词汇学习，而是成为一个与学生生活、学习和兴趣息息相关的实际工具。当外语课程内容与学生的主修学科或兴趣相符时，学生通常会更加投入地学习。例如，学习心理学的学生在学习外语时，如果教学内容与心理学有关，那么他们在学习新的语言知识的同时，也能够了解更多的心理学知识，进一步提升对心理学的理解和兴趣。这种对内容的兴趣会反过来激发他们对语言学习的积极性，从而提高他们的学习效率。

（二）促进跨学科学习能力

这种教学模式能促进学生跨学科学习，提升学生的跨学科学习能力，这对于学生解决现代社会复杂问题的能力和创新思维的培养是非常重要的。

跨学科学习是一种综合不同领域知识和技能的学习方法，可以提升学生的理解力、分析力和创新力。而内容型教学模式正是以这种方式进行的。内容型教学模式将语言学习与其他学科知识相结合，使学生在学习语言的过程中，同步理解并吸收其他领域的内容，从而实现跨学科学习的目标。

一方面，这种模式能够帮助学生扩大知识面，使学生更好地理解和应用所学的语言。例如，学生在学习外语时，可能需要历史、文学、社会科学等不同领域的知识，这些知识不仅可以帮助他们更好地理解和使用语言，也可以加深他们对这些领域知识的理解。另一方面，内容型教学模式能够帮助学生形成全面的解决问题能力。在现代社会，很多问题都是跨学科的，需要学生从多个角度和领域理解和解决。因此，内容型教学模式对于学生在未来社会生活和职业发展中解决复杂问题、展现创新思维具有重要意义。

（三）加深学习深度

内容型教学模式鼓励学生在理解学科内容的同时学习语言，这种模式比单纯的语言学习模式更能引导学生进行深入学习，进一步加深学生的思维深度和学习深度。

在高等外语教育中，教师可以通过教授学科内容，让学生在掌握语言的同时，也能深入了解和理解该学科的核心观念和主要概念。这种对学科内容的深入理解和应用，可以提高学生的思考能力和理解能力，使学生的学习不是停留在表面的语言技能上，而是能够深入对学科内容的理解和应用上。

三、内容型教学模式在高等外语教育中的应用策略

（一）确定合适的教学内容

在高等外语教育中应用内容型教学模式，教师先要确定合适的教学内容。教学内容的确定需要以学生的学习背景和兴趣为前提。不同的学生群体有不同的专业背景和兴趣，教师需要根据学生的特点选择相关的学科内

容。例如，如果学生的主要专业是科学技术类，那么教师可以选择与科技相关的话题作为学科内容，如最新的科技发展、人工智能等。如果学生的主要专业是商业类，那么教师可以选择与商业相关的话题作为学科内容，如国际贸易、市场营销等。之后，教师还应该确定学科内容与语言学习目标的匹配性。学科内容要帮助学生实现语言学习目标。比如，如果语言学习目标是提高学生的口语能力，那么教师可以选择需要大量讨论和演讲的学科内容。如果语言学习目标是提高学生的写作能力，那么教师可以选择需要大量写作的学科内容。此外，教师也需要关注学科内容的实际应用性，选择一些在真实生活中有实际应用的学科内容，不仅可以提高学生的学习兴趣，也能帮助学生将所学应用到实际生活中，使学生能够更好地记忆和理解学科内容。

（二）设置实际的语境

设置实际的语境在内容型教学模式中是至关重要的。通过创建真实且具有吸引力的语境，教师可以帮助学生更好地理解和掌握新的语言概念，同时激发学生的学习兴趣。实际的语境能够为学生提供一种生动且真实的学习体验，使学生有机会在接近真实生活的情境中学习和使用新的语言，使语言学习变得更加有趣和有意义。例如，如果学生正在学习商务英语，教师可以创建一个商务会议的模拟环境，让学生在模拟的商务环境中使用英语进行交流。此外，实际的语境也有助于提高学生的语言运用能力。通过在真实的情境中运用新学的语言知识，学生可以更好地记忆新的词汇和语法结构，提高自己的语言实践能力和交际能力。教师可以让学生在角色扮演游戏中使用新学的语言知识，如在模拟的医疗环境中扮演医生和病人，使用英语进行交流。

在高等外语教育中设置实际的语境，是学生将所学的语言知识和技能用于真实生活的重要方式。为了使学生能够充分掌握和理解所学的语言知识，教师需要创造一个能够反映真实生活情境的学习环境。首先，教师可以参照真实的生活场景设计课堂活动。在教授商务英语时，教师可以安排模拟商业会议或谈判，让学生扮演不同的角色，如企业经理、销售代表或消费者。在这些活动中，学生可以亲自体验到使用外语进行真实交流的过程，从而加深对语言知识的理解和掌握。其次，教师也可以引入真实的语料来创建实际的语境。教师可以使用新闻报道、电影片段、音乐、书籍或社交媒体内容作为教学材料，让学生在理解和分析这些真实语料的过程中，提高语言技能。最后，教师还可以采用项目式学习，让学生在真实的问题情境中使用外语。教师可以让学生设计一场公益活动或一次商业计划，要求学生使用外语进行计划的制订、讨论和执行。这样既能够让学生在实际的情境中使用外语，又能培养他们的创新精神和团队协作能力。

（三）制定具有挑战性的项目或任务

制定具有挑战性的项目或任务是内容型教学模式的重要策略之一，这有助于激发学生的学习兴趣，提高学生的主动学习能力和问题解决能力。具有挑战性的项目或任务，通常具有一定的难度，需要学生动用他们的语言学知识、批判性思维、研究技巧等多方面的能力。一个项目可能要求学生使用外语进行一次深度的社会研究，或者设计和执行一个社区服务计划。具有挑战性的项目或任务可以让学生更好地了解和理解真实的世界。通过参与这些项目或任务，学生可以接触生活中的实际问题，了解和学习如何使用他们的知识和技能解决这些问题。例如，一个关于环境保护的项目，可以让学生更深入地了解环保问题，学习如何发挥他们的外语能力提出解决方案。

（四）提供支持和反馈

在高等外语教育中，提供支持主要指教师为学生的学习提供各种形式的帮助，包括但不限于提供学习资源、答疑解惑、调整教学策略等。对于学生来说，教师的支持是他们能够顺利进行学习的重要保障。例如，教师可以提供一些学习材料和参考资料，帮助学生更好地理解和掌握学科内容和语言知识；如果学生在学习过程中遇到困难，教师还可以及时提供解答，帮助学生克服困难，提高学习效率。

提供反馈是教师和学生之间重要的交流方式，可以帮助学生了解自身的学习情况，使学生及时调整学习方法和策略。反馈可以包括对学生学习成果的评价、对学生学习方法的建议、对学生学习态度和行为的肯定与指正等。教师的反馈应该具有针对性和建设性，既要指出学生的优点和进步，也要指出学生的缺点和不足。此外，反馈应该是及时的，只有及时的反馈才能让学生在学习过程中持续得到引导，保持学习的动力和效率。

第四节　生态型教学模式在高等外语教育中的应用

一、生态型教学模式

（一）生态型教学模式的含义

生态型教学模式将教学过程看作一个与生态系统类似的系统，教师、学生、教学内容和教学环境等都是这个系统的组成部分，它们之间相互关联、相互影响，共同构成了一个复杂的教学生态系统。

在这种教学模式中，教师不仅是知识的传授者，也是学习环境的创设者和引导者。教师的任务是激发和引导学生的学习兴趣，帮助学生掌握学习方法，形成自主学习的能力。学生则是学习的主体，他们在教师的引导下进行探索和发现，通过主动参与和实践来获取知识、发展技能。课程内容是生态型教学模式中的另一个重要元素，它需要与学生的实际生活和兴趣紧密联系，以增加学生的学习动力和参与感。教学环境也非常重要，一个良好的教学环境可以激发学生的学习热情，提高学生的学习效率。

（二）生态型教学模式的特征

1.开放性与交互性

生态型教学模式主张教学活动不能局限于传统的教室环境中，而要融入更广阔的社会、自然和网络环境中。在开放的环境中，教师和学生能够获取更丰富的学习资源，得到多样化的学习体验。在生态型教学模式下，教学内容不再局限于教材，教师可以引入社会热点、实际问题等多元化的教学内容，提高学生的学习兴趣和动机。教学方法也不再固化，教师可以根据教学目标、学生特点、学习环境等因素，灵活调整和创新教学方法，如将计算机网络等现代教育技术融入具体的教学实践中。

生态型教学模式包含教师、学生、教学环境、教学内容（语言）等多个组成要素。这些要素之间的相互关系构成了这一模式运行的核心机制。在这一模式中，教学活动被看作教师和学生的一个互动的过程，它不仅涉及教师对学生学习的指导和影响，也反映了教师在教学过程中如何实现自身的专业成长。学生的学习过程既是教师教学工作的延伸，也是教师价值实现的重要方式。教师和学生之间的这种相互作用和依赖，构建了一种平衡且富有成效的教学关系。在师生的互动过程中，语言起着至关重要的作用。语言是教师与学生联系的桥梁，是师生交互的媒介，也是教学活动的最终目标。在教学过程中，不断提升学生的语言能力，是实现高效教学的关键。

2. 整体相关性与动态平衡性

在生态型教学模式中，教师、学生、教学内容、教学环境等教学的各个组成部分不是孤立的，而是一个有机的整体，它们相互影响、相互依赖。例如，教师的教学方式会影响学生的学习态度和学习成果，学生的学习态度和学习成果反过来也会影响教师的教学方式和教学满意度。教学内容和教学环境同样也会影响教师和学生的互动方式。

在这种模式下，教学的各个组成部分需要在动态变化的环境中保持平衡，以实现教学目标。这种平衡不是固定不变的，而是需要随着教学环境和学生需求的变化进行调整。例如，对于一个初学者，教师可能需要花费更多的时间在基础知识的教学上；当学生的基础知识掌握牢固后，教师就可以转向更高阶的学习目标，如批判性思考、创新思维等。

3. 多元性与共生性

在生态型教学模式中，学生是学习的主体，他们的背景、经验、学习风格、兴趣、能力和需要等并不完全相同，而是多元的、复杂的。这就要求教师认识并尊重每位学生的独特性，提供个性化的教学以满足不同的学习需求。教师也要鼓励学生欣赏和学习他人的经验，以促进相互理解和合作。

共生性强调教学中的各个组成部分需要相互支持、相互影响，形成一个和谐而有序的教学系统。例如，教师需要理解和适应学生的学习需求和学习方式，也要引导和激励学生主动参与学习；学生需要积极参与教学活动，也要尊重和配合教师的教学安排。在这个过程中，教师和学生都在不断地互动和交流，形成了一种和谐共生的关系。

二、生态型教学模式在高等外语教育中的应用优势

（一）以学生为中心

以学生为中心是生态型教学模式核心理念。这种模式强调学生在教育过程中的主体性，赋予学生更多的自主权和决策权，强调学生的主动性和创新性。因此，在高等外语教育中，应用生态型教学模式具有显著的优势。在生态型教学模式中，学生是学习的主体，他们可以按照自己的兴趣和需要选择学习内容和学习方式。这样更容易激发学生的内在兴趣，使他们更愿意投入学习中去。在高等外语教育中应用生态型教学模式，学生需要自主探索和解决问题，这将有助于培养他们的独立思考能力、解决问题能力和自主学习能力，这些能力对于他们的个人发展而言是非常重要的。

在构建高等外语教育生态型教学模式的过程中，教师应更新观念，创设有利环境，致力于强化学生的自主意识，唤醒学生的积极参与性。应赋予学生权利以便他们主动选择学习方式、学习环境、学习时间、学习地点、学习主题以及学习节奏。教师要对学生的积极性和创新精神充满信心，引导学生从被动学习转向主动学习，从依赖性学习转向自我引领学习，从单纯的知识积累转向能力的拓宽，最终让学生学会如何学习。

（二）强调学生的可持续发展

高等外语教育是培养学生多方面能力的教育，是促进学生全面发展和可持续发展的教育。在高等外语教育中应用生态型教学模式，有助于激发学生主动学习的兴趣。教师可以通过提供丰富的学习资源，为学生的持续发展增添动力。可持续发展是指在对学生的教育和培养中，采取更加前瞻性的视角，强调自我驱动的学习能力的塑造和终身学习观念的获得。教师追求的不仅是使学生掌握知识，更是培养学生的持续学习和发展的能力，使学生为未来的生活和职业发展做好充分的准备。通过推动个人的可持续发展，有望进一步推动整个社会的可持续发展，让教育的影响力延伸到更广阔的领域。

生态型教学模式不仅关注学生的知识技能学习，还关注学生的情感、态度、价值观等方面的发展，为学生的全面发展提供有力的支持。在生态型高

等外语教育中，促进学生的全面发展的基本方法是保持课堂中教师、学生、教学环境、教学内容等各个要素之间的平衡。从教师与学生之间的平衡上看，教师需要鼓励学生积极参与和独立思考，也要保证自己在教学过程中充当有效的引导者。这意味着教师不仅要掌握教学内容，还要理解和回应学生的需求，根据学生的学习风格实施教学。从环境与学生之间的平衡上看，教师需要营造一个积极、包容和有助于学习的环境，不仅要提供适当的物理环境，如舒适的学习空间和必要的学习资源，还要建立积极的社交环境，如鼓励尊重、合作和公平的课堂气氛。

在整个高等外语教育生态教学系统中，教学过程其实是教师和学生运用教学工具和内容进行平等交流的环节。在课堂上，一方面，教师要重视系统观和生态观，将课堂与自然社会紧密联系起来，强调实践和体验，避免孤立和割裂。另一方面，教师要促进课堂生态的优化，通过调整教师和学生的行为，平衡课堂群体的生态环境，构建一个良好的学习氛围。在这样的环境中，教师和学生成为平等的交流者和共同的探索者，而学生与学生则成为协作伙伴，共同进步。

（三）倡导个性化教学

生态型高等外语教育强调个体差异的重要性，倡导个性化教学。每位学生都是独特的个体，具有各自的学习风格、能力、兴趣和背景。因此，高等外语教育的教学方法和内容应当尽可能地适应这些个体差异。在个性化教学中，教师的角色更像是引导者和协调者，而不仅仅是知识的传播者。教师需要了解学生的个体特点，以确定最有效的教学策略。例如，对于某些学生来说，讨论和小组活动是非常有效的学习方式，而对于其他学生来说，自主学习和反思可能更有帮助。另外，个性化教学也意味着课程内容应当多样化，并关联到学生的生活经验和兴趣。这可以通过使用学生熟悉的材料，或者让学生参与决定学习主题等方式来实现。个性化教学还强调对学生的持续支持和反馈。这包括为学生提供适时的反馈，帮助学生了解自己的进步，以及提供支持和资源，帮助学生应对学习中的困难。

三、生态型教学模式在高等外语教育中的应用策略

生态型教学模式在高等外语教育中的应用策略主要涉及以下内容，如图 7-4 所示。

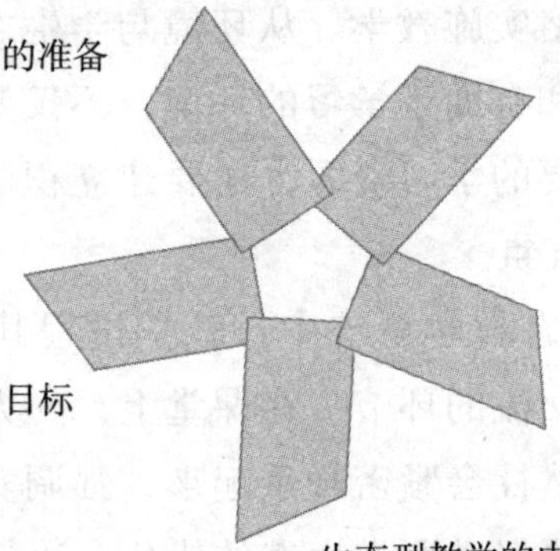

图 7-4　生态型教学模式在高等外语教育中的应用策略

（一）生态型教学的准备

1. 树立生态课堂意识

在高等外语教育中开展生态型教学，教师先要树立生态课堂意识。教师要把民主、合作、开放、互动的教学观念引入教学实际中，让学生在实践中获得知识与技能。虽然每个物体在生态系统中的位置和作用是不一样的，但对于整个生态系统而言，它们都是同样重要的，也是平等的。民主教育是充满爱心、尊重个性、追求自由、体现平等、重视法治、倡导宽容、讲究妥协、激发创造的教育。在生态型课堂中，教师和学生不仅在人格上是平等的，在学习过程中作为促进者与被促进者的地位也应该是平等的。教师不只是教育的主导者，他们与学生共同构建知识，共享教育过程，促进学习的进行。同样，学生也不只是被动接受者，他们在学习过程中起着主动和积极的作用，与教师一起推动教育的进步。这种平等的教学关系有利于激发学生的学习动力和创造力，也有助于教师更好地发挥其教育引导作用，从而提高教育的质量和效率。

2. 教材的选择和优化

在高等外语教育中，教材的内容应当有足够的广度和深度，既包括基

础的语法知识，也包括对目标语言文化的深入理解。教师在选择教材时，应关注现代生活和社会的实际问题，选择与学生的实际生活紧密相连的教学内容，提高学生的学习兴趣和动力。

教师要对教材进行深入研究，全面理解其内容和结构。然后，根据学生的语言水平和学习风格，教师要对教材的难度、内容或顺序进行调整。例如，对于初学者，教师要简化一些复杂的语法结构或词汇；对于那些对特定主题感兴趣的学生，教师可以添加更多相关的内容。此外，教师还要适当制作和使用补充材料。这些补充材料可以是书籍、文章、电影、音乐，要能提供更多的语言输入和文化信息，帮助学生更好地理解和使用目标语言。

3. 设计和规划生态型教学活动

在高等外语教育中，设计和规划生态型教学活动是教学过程的重要组成部分，它直接影响到学生的学习体验和学习效果。好的教学活动能激发学生的学习兴趣，提高学生的参与度，帮助学生更好地掌握和运用语言知识。

设计生态型教学活动需要明确教学目标，这是活动设计的基础和出发点。教学目标包括学生需要掌握的知识和能力，以及需要发展的思维方式、情感态度和学习策略。教师要根据教学目标、学生的语言水平和学习风格、教材的内容和结构以及教学环境的特点，选择和设计适当的教学活动。在这个过程中，教师可以运用各种教学方法和技术，如讲解、示范、小组讨论、角色扮演、案例分析、项目研究等，来提高教学的有效性和趣味性。

在规划生态型教学活动时，教师要考虑活动的顺序和时间的分配，确保活动的流程顺畅，避免出现时间不足或者中断的情况。教师还要考虑如何把各个活动有机地结合起来，形成完整的教学过程。比如，教师可以先进行听力活动，然后进行口语讨论，最后进行写作任务，从而让学生在实际的语境中综合运用各种语言技能。此外，教师还需要考虑如何在教学活动中创建一个安全、包容和鼓励的学习环境，让学生可以自由表达自己的观点，积极参与交流，不断尝试，从而增强学习的信心和主动性。

（二）生态型教学的目标

在生态型高等外语教育中，教学的核心目标是培养学生的可持续发展能力。这种可持续发展不仅体现在结果上，更反映在过程中，其特点是健康、协调并充满活力。从教育生态学的视角来看，教师应该守护学生的独特性，尊重学生的创造力和想象力，充分肯定学生的进步，耐心地解答学生的疑惑，理解每位学生都有独特的学习风格和优缺点。无论学生的成绩如何，教师都应提供同等的机会，促进每个人的可持续发展。

生态型高等外语教育的教学目标还应包括促进学生的动态发展。就如同生态系统中的生物需要与外部环境进行物质和能量交换以保持活力一样，学生的学习过程也应当是持续的、多变的和进步的。教师应避免设立固定的预期目标，从而限制学生的自然成长。教学活动的焦点应当是满足学生生活与成长的实际需求，而不是仅仅关注学生当前的表现。教师要理解，每位学生都有独特的生活经验和知识体系，他们有自己对知识的独特渴求和对创造力的追求。因此，教师的任务是引导学生感受知识的力量，让学生理解生命的价值，鼓励学生主动探索和理解外部环境，逐渐完善自我认知。生态型高等外语教育的目标不仅是让学生掌握知识和技能，更重要的是尊重学生的自主权，增强学生探索世界的能力。

在高等外语教育中，教师应创造一种良好的学习环境，引领学生主动参与学习过程，以激发学生的学习热情，增强学生对所学知识的吸收和应用能力。生态型高等外语教育强调从以教师为中心的教学方式转向以学生为中心的教学方式，鼓励学生充分发挥主观能动性，同时培养学生的自主学习能力。

（三）生态型教学的内容

生态型教学的内容具有包容性和适应性，能反映出学习内容与实际生活环境之间的复杂关系。生态型教学的内容不仅涵盖传统的知识和技能，也包含实际生活中的问题、现象和情境，帮助学生在更广泛的社会和生态环境中应用知识和技能。在高等外语教育中设计生态型教学的内容，能更好地体现学术知识和生活实践之间的关系，帮助学生将理论知识与实际生活经验相结合，从而使学生更好地理解和应用所学的外语知识。设计生态型教学的内容，还可以培养学生的创新思维和解决问题的能力，提高学生对复杂问题的理解和处理能力，帮助学生建立全面、动态和开放的知识视野，培养学生的生态意识和可持续发展能力。

在高等外语教育中，生态型教学的内容包括语言知识和文化知识。

语言知识是指学习语言的基本规则，包括语法、词汇、语音等。在生态型教学模式下，教师需要帮助学生理解和掌握这些语言知识，还要引导学生在真实的语境中运用这些知识，以增强学生的语言运用能力。生态型教学模式下的语言知识学习并不局限于传统的教科书学习，它更强调语言的实际运用。因此，在设计教学内容时，教师应结合实际生活场景，如商务洽谈、旅行问询等，来设计真实且贴近生活的学习任务，从而使学生在实际的语言环境中提高语言能力。

文化知识是指学习外语所涉及的文化背景，包括社会习俗、历史背景、艺术作品等。学习语言不仅是学习语言本身，还需要了解和理解与之相关的文化背景。这是因为语言是文化的一部分，语言与文化紧密相连，文化深深地影响着语言的使用。在生态型教学模式下，教师要引入真实的文化素材，如电影、音乐、文学作品等，使学生能够在学习语言的同时，了解和体验到源自语言所在国家的文化。比如，当学习英语时，学生会接触英国的茶文化、美国的快餐文化，或者是澳大利亚的土著文化等。

（四）生态型教学的课堂环境

作为外语教学的主要场所，课堂直接影响着教学质量。为此，构建生态型教学的课堂环境成为提高外语教学效果的重要途径。

首先，学校要对教室的物理环境进行精心安排。鉴于外语学习需要学生集中注意力且积极投入，噪声可能会分散他们的注意力，甚至引起不必要的心理压力。因此，学校应努力降低教室内的噪声干扰，创建一个安静的学习气氛。生态型课堂应该塑造一种积极的学习气氛。在外语学习过程中，学生不仅需要从教师的指导中学习，也需要从环境中获取知识。因此，美化课堂环境能够促进学生的外语学习。一个轻松的学习氛围和美观的环境有助于提高学生的学习效率。

其次，教师要合理布局课堂，以便于教师与学生在课堂上进行多元化的互动和沟通。只有当师生积极互动时，教学效果才会有所提高。传统的教室布局常常以教师为中心，这并不利于师生间以及学生间的多向交流。因此，教室应采用可移动的桌椅，并根据教学活动的需要调整座位。在开展讨论或互动活动时，座位可以按照圆形或椭圆形进行排列，这样可以拉近师生之间的距离，方便交流。同时，控制班级规模也是十分必要的。人数过多的班级会影响教学效果，降低学生的学习热情。而小班制教学能够提供更加丰富的情感体验，激发学生更强烈的学习动力和兴趣。因此，适度的班级规模能够为外语教学营造出有序而充满活力的生态型课堂环境。

（五）生态型教学的评价体系

科学和合理的评价体系对于教学目标的实现和教学活动的顺利进行具有重要的推动作用。在外语生态型教学评价体系中，形成性评价和总结性评价起着关键的作用。形成性评价关注学生学习的过程，以学生的反馈为依据，以此来诊断和解决教学中的问题，它重视学生的潜能挖掘和综合能力的提升。这样的评价体系不仅对学生的认知能力进行评价，还兼顾对学生情感和实践能力的考查。因此，形成性评价能够为学生的全面发展提供更多的机会，也有利于提高学生的综合能力，如听力、口语、阅读和写作等能力。

外语生态型教学评价体系主要以学生实际运用外语的能力为评价中心，具体涵盖以下几个方面。首先，设立成绩测试和水平考试，这两种方式均旨在评估学生的外语水平，并在一定程度上提高学生在课堂上的主动性。成绩测试主要侧重于检验学生对教材内容的掌握情况，而水平考试则更侧重于评估学生运用外语的能力水平。其次，建立弹性的教学模式，允许不同专业的学生根据自己的需求和特点制订个性化的学习计划。弹性教学体系倡导非标准化评价，更多地关注过程评估。最后，进行全面的学生评估，包括保留学生入学时的外语成绩、每日作业、单元测验等成绩，定期进行总结和评估，全面了解学生的外语学习情况。

第八章　中国高等外语教育现代化发展新趋势

第一节　数字技术赋能的高等外语教育

一、数字技术赋能高等外语教育的内涵与特征

（一）数字技术赋能高等外语教育的内涵

随着科技的飞速发展，教育领域也正在经历一场深刻的数字化转型，尤其是在高等教育中的外语教学上。外语教学数字化转型涉及“人—机—物”的全面紧密融合，利用先进的数字技术提升教学效果和学习体验。①

数字技术的赋能，对于高等外语教育来说，主要体现在教学手段的变革上。传统的教学方式主要依赖教师的授课和学生的听课，而在数字化转型的过程中，多模态数据感知借助各种设备平台进行数据分析与整理，提供了全新的教学手段和方法。例如，数字化语言实验室为学生提供了实时的互动环境，使学生可以在真实情境中进行语言学习实践。此外，教师还可以使用数据分析工具，根据学生的学习状况和需求，进行有针对性的教学调整。

数字化转型可以强化学生的主体地位，发挥学生的主观能动性。在“双减”背景下，减轻学生的学习负担，强调学生的主体地位是重要的教育策略。利用数字技术，可以更加精准地分析和满足学生的学习需求。例如，利用智能化推荐系统，提供个性化的学习资源和学习路径，调动学生的积极性

① 余胜泉，刘恩睿．智慧教育转型与变革[J].电化教育研究，2022，43（1）：16-23，62.

和主动性。利用信息技术，将线上和线下的学习进行有机结合，也可以增加学习的趣味性和实效性。数字化转型有助于整合各学科资源进行跨学科教学。在外语教学中，利用数字化技术可以轻松地将不同的学科知识融入教学中，如文化、历史、社会等，使学生在学习语言的同时，也能够拓宽知识视野，提高跨文化交际能力。

数字技术赋能高等外语教育还体现在改变传统教学方式、强化学生主体地位、整合跨学科教学、实现教育公平等多个方面。然而，数字化转型并非一蹴而就的，它需要教育者持续的探索和努力，同时也需要配套的硬件设施、教学设计和政策支持等。

（二）数字技术赋能高等外语教育的特征

1. 学科融通，数据联动

数字技术赋能高等外语教育实现学科融通和数据联动体现了当今信息时代教育的新理念和新方法。数字技术的变革为人们提供了超越传统教学模式的可能性，其中就包括学科融通与数据联动。

传统的高等教育模式常常会把各学科划分得很清晰，甚至形成壁垒。然而，现实世界中的问题往往需要跨学科的知识和技能才能解决。因此，打破学科壁垒，实现学科融通是未来教育的重要趋势。借助数字技术，通过在线课程和数字化资源，学生可以在学习外语的同时，接触更广泛的知识领域，实现学科的无缝对接和深度融合。

数字化技术使得教学过程中产生的各种数据可以得到有效收集、整理和分析，从而更好地指导教学。具体来说，教师可以通过学生在数字平台上的行为数据，了解他们的学习习惯、掌握程度、困难和疑惑等，进而有针对性地调整教学策略。学生也可以通过反馈的数据，了解自己的学习进度，及时调整学习方法。此外，大数据分析可以发现学习问题的共性和个性，提出更精准的教学方案。数据联动可以使教学过程更加透明、个性化和智能化。

数字技术赋能高等外语教育，不仅可以突破传统教学的时空限制，还可以实现学科融通，增强教学的跨界性。通过数据联动，可以使教学过程更加智能化，提升教学质量和效率。

2. 个性化设计，数据化调试

数字技术赋能高等外语教育具有个性化设计和数据化调试的特性，为教师提供了更加精确和有效的教学工具，也为学生提供了更加丰富和多样化的学习资源。

在个性化设计方面，借助数字技术，教师可以根据每位学生的学习能力、兴趣和进度来设计教学方案。例如，通过智能化推荐系统，教师可以根据学生的学习记录、反馈和成绩等数据，推送适合其个人水平和需求的学习资源。此外，教师还可以通过线上平台提供个性化的指导和反馈，从而提高教学的精准性和有效性。在此背景下，学生不再被动接受知识，可以通过自主选择和探索，发挥主观能动性，真正实现个性化学习。

在数据化调试方面，数字技术提供了强大的数据分析和处理能力，使教师可以通过实时收集和分析教学数据，快速了解学生的学习状况，及时进行教学调整。例如，教师可以通过分析学生的在线学习记录，发现学生在学习过程中遇到的问题和困难，然后进行有针对性的教学干预。教师还可以通过数据分析，发现学生的学习模式和趋势，从而优化教学设计，提高教学效率。

二、数字技术赋能高等外语教育的必然性

（一）数字化外语应用型人才培养模式变革的应然选择

《中华人民共和国国民经济和社会发展第十四个五年规划和2035年远景目标纲要》强调了人工智能与教育的深度融合，这对于传统的外语教学提出了新的挑战。数字经济时代对于外语人才的要求更加严格，外语人才不仅需要掌握外语知识，还需要具备多学科知识，具备理论与实践相结合的能力，以及数字化技能。[①]

多学科知识化是当前外语教育的重要趋势。学生不仅需要掌握外语知识，还需要了解与外语学习相关的其他学科知识，如文化、历史、经济、政治等，以促进跨文化理解和交流。这就需要教师在教学过程中，融入跨学科的内容，让学生在学习外语的同时，也能学习到其他领域的知识。

理论实践化的能力也是外语教育的关键，这需要教师在教学过程中，不

① 新华社．“十四五”规划和2035年远景目标纲要草案新提法[J].中国建设信息化，2021(5)：5.

仅要讲授理论知识，还要设计实践活动，让学生能够将所学的知识应用到实际情境中。教师要利用数字化技术，如在线模拟环境、虚拟现实等，为学生提供实践的机会。数字化能力在当前社会中已经变得非常重要，不仅包括使用电子设备和网络技术的基本能力，也包括理解和应用数字信息的能力。因此，外语教育也需要融入数字化教学，如使用在线资源、数字化教材、电子词典等，让学生在学习外语的同时，也能提升自己的数字化能力。

借助校企合作，以强化实践能力培养为突破口，改变传统外语教学的授课模式，致力于培养具有较强实践能力并掌握多门学科知识的数字化外语人才，就显得尤为重要。只有这样，才能培养出适应数字经济时代的应用型外语人才，才能切实提升高校外语人才培养的质量。

（二）外语教师专业能力发展的现实需要

随着数字化教育的持续推进，外语教师承担着培养具有跨文化对外交流能力的人才的重任。较高的数字化教学水平可以有效地帮助教师实现“专业＋数字化”的人才培养目标。教师不仅需要教师精通外语专业知识，还需要熟练掌握和运用数字化教学技术与策略。

数字化教学有助于教师突破传统的教学内容。在数字化环境中，教师可以利用丰富多样的网络资源，拓宽教学内容的范围，包括国际新闻、跨文化研究、国际交流等。此外，通过数字化技术，教师还可以快速更新教学内容，使教学内容与时俱进，满足现代社会的需求。

数字化教学也可以改变传统的教学方法。例如，教师可以通过网络平台开展异步教学，让学生在任何时间、任何地点都可以学习。教师也可以利用互动技术提高学生的参与度，增强教学效果。数字化教学可以重新定义教学主体，将学生从被动的知识接受者转变为主动的知识探索者。教师的角色也由传统的知识传授者转变为学生学习的引导者和协助者。数字化教学还可以突破教学时空的限制，为教师和学生提供更灵活的教学和学习机会。无论是在何时何地，只要有网络，就可以进行教学活动。数字化教学还可以推动教研组织的创新，利用数字化平台进行教研活动，可以提高教研效率和质量。

满足外语教师数字化教学需求，对提升外语教师的专业发展能力产生重要影响。这不仅可以帮助教师提高教学效率，也可以推动外语教育整体质量和水平的提升，为社会培养更多高素质的外语人才。

（三）外语人才终身学习的必然要求

在数字化教育的推动下，终身学习不再局限于课堂学习，而是在网络平台上扩展开来。大量的在线教育资源、虚拟仿真实训工具、大数据分析应用等，为学生提供了丰富多元的学习方式。无论是提升专业技能、掌握新知识，还是丰富人文素养，都可以通过数字化学习平台得以实现。

对于外语学习者来说，数字化转型更是创建了一个开放、互动、个性化的学习环境。在线语言学习平台和应用，为学习者提供了各种级别和类型的语言学习材料，包括语音、文本、视频等多媒体材料。而虚拟仿真技术的运用，使学习者可以通过模拟真实的跨文化交流场景，提高语言应用和理解能力。这种学习方式不仅更贴近实际，也使学习者可以根据自身需求，灵活调整学习进度和内容。

此外，教育数字化转型也让学习者在学习过程中更好地了解自己。运用大数据技术能够收集并分析学习者的学习数据，包括学习时间、频率、效果等，从而为学习者提供个性化的学习反馈和建议，帮助他们更有效地规划和调整学习策略。

在职业发展方面，外语教育数字化转型也提供了诸多便利。现代社会对外语能力的需求日益广泛，外语不仅在国际贸易、旅游、外交等领域应用，在科技、艺术、教育等领域也有广泛的应用。通过数字化学习平台，学习者可以随时随地提升自身的外语能力，从而更好地适应职业发展的需要。

三、数字技术赋能高等外语教育的途径

（一）ChatGPT 赋能高等外语教育

作为 OpenAI 研发的人工智能语言模型，ChatGPT 的能力已经展现出在高等外语教育中的巨大潜力。其实质上是一个深度学习模型，训练过程涵盖了海量的语言数据，这使它能理解和生成类人的文本。这种技术为外语教学带来了以下的积极影响。

ChatGPT 提供了一个无时无刻不在的语言学习环境，学生可以在任何时

间和任何地点与它进行互动，获取即时反馈。这对于外语学习来说，尤其重要，因为语言学习需要的是大量的实践和应用。ChatGPT 能够提供个性化的学习体验，通过分析学生的输入，它可以为学生提供定制化的反馈和指导，以满足不同能力水平学生的学习需求。这也使得学生可以在舒适的学习环境中，按照自己的步调进行学习。ChatGPT 可以作为一种教学辅助工具。教师可以利用它来设计和实施教学活动，如角色扮演、模拟对话等，以促进课堂互动和增强学生的语言实践能力。由于它具有庞大的知识库，教师还可以利用它回答学生的各种问题，释放教师的时间和精力，使教师可以专注于更高层次的教学任务。ChatGPT 在大数据和人工智能技术的支持下，具有很强的扩展性和自适应性。随着时间的推移，它可以不断学习和进步，适应不断变化的教学环境和学生需求，为外语教育的持续发展提供强有力的支持。

（二）网络交流和协作平台赋能高等外语教育

通过网络交流和协作平台，学生能够与母语人士或其他学习者进行实时交流，拥有一个真实语言实践的环境。学生可以通过语音或视频聊天，讨论话题，分享观点，纠正发音和语法错误，从而提高听说能力和语言流畅度。网络交流和协作平台为学生提供了合作学习的机会。学生可以在线上项目中合作，共同完成任务，分享想法和资源，相互促进学习。这种协同学习模式能够培养学生的团队合作能力，提高学生的问题解决和批判性思维能力。通过网络交流和协作平台，学生可以与来自不同国家和文化背景的人进行交流。这种跨文化交际能够帮助学生了解和尊重不同文化的差异，培养跨文化沟通能力和全球意识。

（三）在线词典赋能高等外语教育

在线词典提供了广泛的词汇资源，学生可以随时查询单词的意义、发音、用法和例句。这使学生能够拓展词汇量，提高词汇运用的准确性和丰富性，增强学生的词汇应用能力。在线词典允许学生在实时交流中快速查询词汇，帮助他们理解和使用目标语言。学生可以随时查找生词，从而避免语言障碍，更流利地进行口语和书面表达。在线词典不仅提供单词的解释，还包含常见的短语、习惯用语和固定搭配。这有助于学生更好地理解和应用这些常用表达方式，提高语言的地道性和流利度。在线词典通常提供丰富的用法示例和语法参考，帮助学生了解单词和短语的正确用法、句法结构以及上下文语境。这有助于学生提高语言运用的准确性和语法的运用能力。

第二节　高等外语教育管理现代化新转向

一、促进教育发展转型

在新时代背景下，随着科技的进步和教育观念的转变，我国的教育管理正在向现代化转型，这是我国教育发展的重要趋势。在信息技术高度发展的今天，网络已经成为获取信息和进行工作的重要平台，这加速了教育管理现代化的步伐，也推动了我国教育管理信息系统的建设。

在实现教育管理现代化的过程中，学校逐渐认识到教育管理转型的必要性，并在教育管理中主动探索和应用信息技术，充分利用信息技术的优势，提升教育管理的效能。学校通过实施现代化的教育管理模式，促进了学校教育观念、教育制度以及文化建设等方面的现代化发展，构建了整体化的教育管理机制和体系。

这样的转型不仅有利于提高学校教育管理的效率，也有助于推动学校教育的转型发展，进一步提升人才培养的质量。在信息技术高速发展的背景下，教育管理的现代化已经成为一种必然趋势，它将在未来的教育改革中发挥更为重要的作用。

二、提升教育管理的精准性

实施教育管理的现代化，建设完善的教育管理信息系统，可以借助信息技术的力量，极大地提高教育管理的精确性和有效性。过去一些单一、刚性的教育管理方式和理念，以及同质化的教育管理模式往往缺乏针对性和创新性，已经难以满足学生个性化和全面发展的需求。

现代化的教育管理方式，借助教育管理信息系统，可以快速并精准地获取学生的课程进度、学生在线学习的活动、学生的思想动态，甚至是学生的情绪波动等关键信息。然后，运用云计算技术或并行计算平台分析这些数据，计算出学生的教育需求、课业进度、心理状态等关键指标。基于每位学生的具体指标，实施有针对性的、精确的教育管理。

这样的教育管理方式不仅提升了教育管理工作的精确性和有效性，还能满足学生全方位的发展需求，从而显著提高教育管理的效率。在现代社会，这样的教育管理方式已经成为趋势，它将在推动教育质量提升，满足学生全面发展需求中发挥更大的作用。

三、革新教育管理理念

在推进教育管理现代化的过程中，教育管理的相关参与者需要转变传统的管理理念，紧跟时代的发展步伐，灵活运用更为科学和先进的管理策略。

首先，建立现代化的教育管理理念，包括识别当前教育管理的问题，明了教育改革和发展的需求，理解教育管理现代化的重要性，并注重教育管理信息系统的构建，以弥补过去教育管理的不足。

其次，建立和落实协同育人的理念，注重教育管理在多个层面的实施，构建和谐的教育管理模式。例如，形成“五位一体”的教育管理机制，“五位一体”包括班级管理、宿舍管理、食堂管理、辅导员管理以及校园文化建设。在这种管理机制中，每个环节都以现代化的方式进行运作，从而推动教育管理的现代化进程。

四、创新教育管理模式

创新的理念不应只限于技术方面，也应包含对管理模式、制度、机构及体制等各方面的创新。在当前时代背景下，结合创新观念已经成为教育管理模式发展的必然趋势。

首先，学校需要创新教育管理理念，构建教育管理信息系统，采用“五位一体”的教育管理模式。学校要在合理应用互联网思维的同时，搭建科学的教育管理机制，建立教育管理信息系统，深度挖掘学生数据，整合学生的相关信息资源，对每位学生的具体情况进行分析。使教师能够根据数据和每位学生的实际需求以及发展需求，进行有针对性的教育管理工作，从而提升教育管理的效率和有效性。

其次，教育管理信息系统的建设，需要学校将自身的信息系统与社会各领域的信息系统进行连接，实现信息资源的整合和信息应用的集成。构建一个基于统一标准的数字平台，实现各类信息的充分共享和流通，提升教育管理的实效性。这样不仅能使学校的人才培养模式与社会发展需求相适应，还能提升学校的人才培养质量。

总之，只有全方位地创新，才能真正提升教育管理的现代化水平，促进教育的可持续发展。

五、提升教育管理者的综合素养

在我国教育管理现代化及信息系统建设的进程中，教育管理者的角色至关重要。提升他们的综合素养是推动我国教育管理现代化转型的基础。首先，教育管理者应具备卓越的信息素养，这样才能引导技术推动教育管理工作，从而提高教育管理的效率。其次，教育管理者应拥有优良的师德师风，用自身的高尚品质对学生进行潜移默化的教育，规范学生的行为举止，通过自身的人格魅力影响学生，建立与学生的友师式关系，从而增强教育管理工作的实际效果。教育管理者应具备高水平的工作能力和前瞻性的教育管理观念，采用刚柔相济的教育管理方式，强化对学生个性化的引导，加速推动教育管理的现代化进程。

第三节　高等外语教师培养现代化新动态

一、职前外语教师信息素养培育的策略

职前外语教师信息素养培育主要指的是在校外语类师范生的信息素养培育，培养具有信息素养的外语类师范生已成为适应时代发展和推动各级各类信息化进程的必然要求。

（一）提高信息技术相关的思想认识

尽管信息技术在教育领域的应用越来越广泛，但很多外语类师范生并未对信息技术发展带来的深远影响有足够的认识。外语类师范生的信息素养

不仅关系到教学效果的提升，也关乎他们如何应对外语教育现代化改革。因此，提升外语类师范生的信息素养，有助于他们更好地理解和适应信息技术给外语教育带来的变革。

信息素养不仅是使用信息技术的技能，更包括对信息的获取、评估、应用和创新等方面的能力。只有当外语类师范生具备了这样的能力，才能在未来的教学工作中真正将信息技术融入外语教学中，帮助学生在信息环境中自主学习，培养学生的创新思维和批判性思考能力。

对于外语类师范生来说，信息素养的提升不仅可以帮助他们在未来更好地使用信息技术进行教学，也能促使他们对教育模式和教学方法进行反思和创新。在信息技术的影响下，教育的本质正在发生变化，从以教师为中心的教学模式向以学生为主体的学习模式转变。外语类师范生应当学习利用信息技术收集多样化的学习资源，以便未来在教学中引导学生主动探索和构建知识体系，而不仅仅是传授知识。

在新时代背景下，外语教师的角色也在发生变化，从知识的传授者转变为学习的引导者、学习资源的设计者和提供者。这就要求外语类师范生不仅要有较高的信息素养，还要具备创新思维和开放心态，愿意接受新的教育理念和教学方法。

（二）加大信息环境的建设力度

在信息化的时代，外语教育环境的建设不再局限于传统的课堂和教材，更包含了数字化的教学资源、网络学习平台以及多媒体设备等。加大信息环境的建设力度，对于提高外语教学效率，培养外语类师范生的信息素养，以及适应现代外语教育需求具有重要的意义。

1.为外语类师范生提供与信息技术相关的必修课程

提供与信息技术相关的必修课程能够让外语类师范生在学习的过程中，逐渐掌握如何运用信息技术进行教学设计、实施和评价。这不仅能够提高他们的信息技术应用能力，而且可以帮助他们理解信息技术如何改变教育和学习的方式，从而更好地为未来的教师角色做准备。

2.将师范院校的外语教学与中小学外语教育相结合

将师范院校的外语教学与中小学外语教育相结合，可以让外语类师范生更早地接触到实际的教学环境，理解信息技术在外语教育中的实际应用。这种结合可以通过实习、观摩等方式实现。外语类师范生可以在实际的教学环境中应用所学的信息技术知识，体验信息化教学所带来的效果。

3. 完善学校的教学设施

完善学校的教学设施，如完善覆盖全校的校园网、多媒体教室、教研室的计算机设备等，能够为外语类师范生提供更丰富的学习资源，提高他们的学习效率。这些设施不仅可以帮助外语类师范生获取和处理信息，还可以提供更多元的教学方法和手段，激发外语类师范生的学习兴趣，增强学习效果。

加大信息环境的建设力度，是提高外语类师范生信息素养，培养现代化教师的重要途径，也是适应信息化社会，推动外语教育现代化的必要措施。

（三）加强信息技术的培训

在信息化社会，针对外语类师范生进行的信息技术培训显得尤为重要。这不仅涉及外语类师范生自身的专业素养和技能提升，也直接影响到学生的信息素养培养和外语教育质量的提升。

1. 针对外语类师范生开展计算机课程和现代教育技术培训

这种培训既应当包括基本的计算机操作技能，如使用各种办公软件、使用网络收集资料、使用教育技术平台等，还应当包括更深入的技术知识的学习，如多媒体课件制作、在线教学设计等。这种培训可以通过定期的内部培训、邀请外部专家举办讲座、组织专业研讨会等方式进行。为了提升外语类师范生的研究能力，学校应当提供必要的硬件和软件设施，如计算机、专业软件等，支持外语类师范生进行深入研究。

2. 强调信息技术与其他课程的融合

多媒体计算机辅助教学具有极强的灵活性和交互性，能够让外语类师范生从被动接受知识转变为主动选择和处理信息。这种教学方式能够充分发挥外语类师范生的主体作用，增强教学的交互性。这需要加强师范院校教师的信息技术培训，提高他们的教学设计能力，使他们能够灵活、创新地运用信息技术进行教学。

（四）强化信息伦理道德教育

信息伦理道德教育在外语类师范生的信息素养培育中占有重要的位置。这不仅涉及外语类师范生如何正确、合法地获取、使用、制造和传播信息，也关乎他们未来如何以良好的道德品质影响和教育学生。

强化信息伦理道德教育，应从外语类师范生自身的认识开始。外语类师范生应充分认识到信息伦理道德的重要性，理解自己在信息获取、使用、制造和传播过程中应遵守的道德规范。他们应明白，自己不仅是信息的使用者，也是即将走上教师岗位的教育者，自己的行为将影响到学生的成长。因此，他们应当自觉地约束自己，遵循信息伦理道德规范。

教育机构在培养外语类师范生的信息素养时，应注重信息伦理道德教育的融入。学校可以开设网络德育课程，让外语类师范生了解和讨论网络行为可能引发的各种道德问题。此外，学校还可以设立网上咨询站，为外语类师范生提供网络行为的道德指导；在网络教学中注意渗透德育内容，引导外语类师范生正确对待网络信息和行为。更重要的是，学校应该对一些不道德的网络行为明令禁止，以形成严明的网络道德规范。强化信息伦理道德教育，应通过教育和引导，让外语类师范生学会分析、判断、选择和自我控制。在网络信息的海洋中，外语类师范生应学会对信息进行分辨，增强对不良信息的抵抗力。他们应明白，作为一名师范生，更应注意自身形象，既不能只顾自己方便，阻碍信息交流，也不能不分良莠，随便下载和传播不良信息，更不能影响正常的信息活动甚至危害社会安全。

（五）创建合理的评价标准

对于外语类师范生的信息素养评价，应建立一个更全面、更准确的评价体系，评价标准应结合理论知识和实际应用能力，强调对信息的理解、分析和创新应用。考虑到信息伦理道德的重要性，应在评价体系中加入对外语类师范生信息伦理道德的评估。这样的评价体系能更好地激发外语类师范生的学习兴趣和动力，促进他们真正实现信息素养水平的提高。

二、在职教师信息素养培育的方法

教师的信息素养培养不仅要在职前，更要在职后进行持续强化。职前培养为师范生奠定基础，而在职培养则针对现任教师，强调信息技术在实际教学中的应用。集中培训是一个有效的手段，其目标是提高教师运用信息技术的灵活性，使他们能够根据不同的教学需求选择和应用合适的信息技术。

（一）更新教师教育观念

在信息技术日益发展的当下，教师的教育观念需要得到相应的更新，以适应教育信息化的新模式。

首先，从教育的角度看，教师要从传统的知识传播者转变为知识学习的引导者。这意味着教师不再是单纯地传授知识，而是要激发学生的学习兴趣，引导学生自主探索和发现新的知识。

其次，教师要接受并实践多元化的教育模式。这不仅包括运用多媒体等技术手段丰富教学内容，也包括引入不同的教学方法和策略，如以学生为中心的教学模式，让学生参与到课堂活动中来，使教学更为生动和有效。

再次，教师和学生的关系也要有所转变。在新的教育模式下，教师和学生更像是合作伙伴，一起参与教学过程。教师不再是“一言堂”的讲者，而是引导者和陪伴者；学生不再是被动接受者，而是主动学习者。

最后，教师需要积极学习和掌握信息技术，将信息观念融入自己的教育观念中，以更好地适应信息时代的挑战。这意味着教师不仅要了解和掌握新的信息技术，更要学会如何将这些技术应用到教学中，以提高教学效率。

教师在信息时代要更新自己的教育观念，接受和实践新的教育模式，以更好地应对信息时代的挑战，为培养新时代的优秀人才做出贡献。

（二）加强学校信息氛围建设

学校的信息氛围建设不仅影响教育质量，也对培养教师的信息素养和创新能力起到关键的推动作用。加强学校的信息氛围建设，可以从以下几个方面进行实践。

1. 基础设施的建设是构建信息氛围的基础

学校需要加大对信息化基础设施的投入力度，购买高利用率的设备，同时提高已有设备的利用率。这不仅包括硬件设备，如计算机、投影仪等，也包括软件设备，如教学软件、管理软件等。这样的设施能为教师提供一个良好的氛围，促使他们更积极地运用信息技术开展教学活动。

2. 制定鼓励教师学习和运用信息技术的政策和措施

学校可以通过提供技术培训、奖励使用信息技术的教师，或者在评价体系中增加信息技术运用的权重等方式，鼓励教师学习和掌握新的信息技术。教师也应该主动学习，不断更新知识和技能，提高对新信息和新技术的敏感度与利用率。

3. 适度的竞争机制可以提高教师的信息化教学水平

学校可以要求教师在备课和教学中多利用信息技术，同时开展教学公开课、课件观摩等活动，使教师在相互观摩和学习中提高教学能力。此外，学校之间的交流和合作也可以促进教师培训资源的研究和开发，实现资源共享，提高教育教学的现代化程度。

4. 学校为教师提供进修机会

对于仍然持有传统教学观念的教师，学校可以提供进修机会，使他们能够接受和掌握现代化的信息技术。

通过以上几种方式，学校可以有效提高教师的信息素养，加强学校的信息氛围建设，从而提高教育质量，更好地培养学生的信息素养和创新能力。

（三）加强教师在职培训

教师的在职培训已经成为提升教育质量、促进教育创新的重要手段。其中，信息技术的运用尤为重要，运用信息技术不仅可以提高教师的教学效率，还可以帮助教师更好地适应当前教育环境的变化。在职教师信息素养和能力的培育有多种形式，包括集中脱产进修、短期培训、校本培训、专家讲座、观摩教学示范课、远程教育培训和自发研修等。

1. 集中脱产进修

集中脱产进修是指教师为了提高专业水平和学历层次，参加的各种专业脱产进修活动。这种形式的培训专业性强，所学知识系统全面，可以使教师在一段时间内集中精力学习新的知识和技能。

2. 短期培训

短期培训是由各高校、地方教育管理部门或师资培训中心等组织的有计划、大范围、短期集中进行的信息技术应用培训活动。这种形式的培训针对性强、周期短，可以在短时间内提高教师的信息素养。

3. 校本培训

校本培训是指各个学校利用节假日等空闲时间自行组织的教师信息素养培训活动。这种培训方式灵活多样，内容有针对性，强调实用性，能有效地将信息技术与学科课程结合起来。

4. 专家讲座

专家讲座是通过邀请行业中的权威人士到校开展主题讲座，让校内教师能够及时掌握不断发展的教育理念和信息化技术。这种形式的培训可以帮助教师更新观念，提升专业素养。

5. 观摩教学示范课

观摩教学示范课是让教师通过直观的方式学习如何将信息技术运用到课程中去。通过学习借鉴，教师可以获得启发，找到适合自己的教学方式。

6. 远程教育培训

远程教育培训是利用网络技术进行的培训，这种方式的优势在于可以突破时间和空间的限制，教师可以根据自己的情况自由选择学习时间和内容，非常灵活。

7. 自发研修

自发研修则是教师主动地进行相关知识的学习，开展相关技能的培训和研究。这种形式的培训对教师的自主性和主动性要求较高，也是提升教师个人能力的有效方式。

在职教师培训的核心目标是提升教师的信息素养和教学能力，这需要对教师培训的方式和手段进行科学合理的设计。先要明确教师培训的目标，即教师需要掌握哪些知识和技能，再根据这些目标选择合适的培训方式。

（四）编制完善的培训教材

在教师信息素养的培训中，完善的培训教材发挥着至关重要的作用。一套高质量的教材不仅可以引导教师有效学习，还能够提供一致性的理论框架和实践策略，保证了教师培训的科学性和严谨性。

在编制完善的培训教材时，首先要全面而深入地了解信息技术的发展动态和教师的实际需求。教材应以最新的信息技术为基础，结合教师在教学实践中的具体需求，反映出信息技术在教育教学中的实际应用价值。其次，教材内容要具有系统性和结构性。从信息技术基础知识到高级应用技术，再到信息技术与教学实践的结合，教材应囊括各个层面的内容，形成一套完整的学习体系。教材的结构要清晰，各章节之间有逻辑关系，便于教师理解和掌握。最后，教材要具有实用性和可操作性。除了理论知识，教材还应包含大量的实践活动和案例分析，让教师能够在实践中学习和掌握信息技术。教材应提供详细的操作指南和技巧，帮助教师快速上手。

教材还要充分利用多媒体和网络技术，形成多元化的教学资源。如整合行业内的优秀教学视频、录像资料、专家讲座等，丰富教材内容，提高教师的学习兴趣教学和效率。教材的编制是一个持续的过程，需要不断反馈、修订和更新。教师、学者等多方应共同参与，充分反映教师的需求，紧跟信息技术的发展，确保教材的前沿性和实效性。

（五）创建合适的教学评价与评估体系

创建合适的教学评价与评估体系对于教师信息素养的提升具有重要作用。

首先，这样的体系能够为教师提供一个明确的目标导向，帮助他们理解应如何运用信息技术改进教学，以及如何不断提升自身的信息应对能力和处理能力。

其次，一个有效的评价与评估体系会关注教师在多媒体制作能力、获取网络教学资源能力以及与学生进行互动合作能力等方面的表现，这样能更全面地评价和指导教师的教学工作，也能激发教师的积极性和主动性，鼓励他们主动探索和尝试新的教学方式。

再次，教学评价与评估体系应强调信息技术在各个学科中的应用，让教师有意识地将信息意识融入各个学科的教学中，以实现教学的信息化。

最后，创建合适的教学评价与评估体系，能有效推动教师信息素养的提升，促进教育信息化的深入实施。这个体系也应该具有动态性和适应性，不断地进行修订和完善，以应对信息技术快速变化的特点。

第四节　教育设施现代化新发展

随着科技的快速发展，教育设施也在经历一场前所未有的现代化改革。教育设施现代化不仅是指物理设施的更新，如教室、实验室等，更重要的是教育技术和教育方式的更新。

一、智能化教室

智能化教室采用先进的信息技术，包括互动白板、触摸屏显示器、实时视频会议系统等，使教师和学生之间的互动更加直接和高效。智能化教室还可以根据学生的学习行为和反馈，个性化调整教学内容和方式。

（一）学习环境的个性化和定制化

智能化教室可以根据学生的学习需要和教师的教学目标进行个性化和定制化设置。比如，智能黑板可以根据教学内容动态调整显示内容，智能灯光系统可以根据课堂活动需要调整亮度和色温。

（二）教学互动的增强

智能化教室利用互动白板、触摸屏、电子投票系统等技术，增强了教师与学生、学生与学生之间的互动，使教学过程更加生动有趣。

（三）学习资源的丰富

智能化教室通过互联网连接，可以让教师和学生随时获取各种在线学习资源，如电子教科书、在线课程、教学视频等。

（四）学习效果的跟踪和反馈

智能化教室可以通过收集和分析学生的学习数据，如出勤率、参与度、成绩等，提供及时和精确的学习反馈，帮助教师和学生了解学习进度，调整教学和学习策略。

（五）跨越时间和空间的学习

通过远程视频会议系统，智能化教室可以实现远程教学，让学生在家里也能参与到课堂学习中，打破了传统教室的时间和空间限制。

智能化教室以其先进的技术和设施，实现了教育的数字化、智能化和个性化，充分体现了教育设施现代化的新发展。

二、远程教育

远程教育是教育设施现代化的又一个重要方面。这种教育形式通过信息技术，尤其是互联网技术，使学生可以在任何时间、任何地点获取教育资源进行学习。

远程教育打破了传统教育模式下的时间和空间限制，使学生可以在任何有互联网的地方进行学习，可以根据个人的时间安排来调整学习时间。这种弹性优势使远程教育能够满足不同学生的个性化需求，如职场人士在职学习、居住在偏远地区的学生学习等。互联网的应用使学生可以获得各种类型的教育资源，包括电子教材、在线课程、互动教学平台等。这些资源不仅数量众多，而且类型多样，可以满足学生的不同学习需求。

在远程教育中，教师可以利用多媒体和互动工具，如视频、游戏、论坛等，进行创新的教学设计，使学习过程更加生动有趣。远程教育的平台通常提供了个性化的学习路径和反馈机制，使学生可以根据自己的需求和能力调整学习进度和内容，也可以根据反馈及时调整学习策略。

一些远程教育平台提供了交流和协作工具，使学生可以进行在线交流和协作，建立虚拟的学习社区，从而提高学习的积极性和效率。

远程教育作为现代化教育设施的一部分，充分利用了信息技术，提供了弹性的学习时间、丰富和多样的教育资源、创新的教学方法、个性化的学习过程，以及有利于社区建设和协作学习的工具，体现了教育设施现代化的新发展趋势。

三、人工智能在教育中的应用

人工智能技术正在被越来越多地应用到教育中。例如，人工智能辅助教学系统可以根据学生的学习情况提供个性化的教学方案，帮助学生提高学习效率。

1. 个性化教育

人工智能可以根据学生的学习进度、能力和偏好，提供个性化的学习计划和资源。这种个性化学习的方式有助于提高学生的学习效率，满足不同学生的个性化需求。

2. 智能辅导

人工智能教育技术可以作为学生的智能辅导员，解答学生的问题，提供及时的反馈，帮助学生理解和掌握知识点。一些智能辅导系统还能模拟真人教师的教学风格，使学生在互动中更容易接受知识。

3. 自动评估

人工智能可以自动评估学生的学习成果，包括作业、测试和考试。这不仅可以减轻教师的工作负担，也可以为学生提供及时和准确的反馈，帮助他们改进学习方法。

4. 虚拟现实和增强现实

通过人工智能技术，虚拟现实（VR）和增强现实（AR）可以为学生提供沉浸式的学习体验，使学生可以在模拟环境中学习和实践。

5. 预测和决策支持

通过大数据分析和机器学习，人工智能可以预测学生的学习效果，帮助教师和学校做出更好的教育决策。

6. 在线课程和慕课

人工智能可以帮助创建和管理在线课程，如慕课（MOOC），使更多的学生可以接触高质量的教育资源。

这些现代化的教育设施和技术不仅提高了教育的质量和效率，也极大地增强了学生的学习体验，使学生更愿意投入学习。此外，这些技术也为教师提供了更多的教学工具和方法，帮助他们更好地完成教学任务。

参考文献

[1] 张德禄，黄立鹤. 多模态与外语教育研究 [M]. 上海：同济大学出版社，2018.

[2] 张沉香. 外语教育政策的反思与构建 [M]. 长沙：湖南师范大学出版社，2012.

[3] 张国扬，朱亚夫. 外语教育语言学 [M]. 南宁：广西教育出版社，1996.

[4] 章兼中. 外语教育学 [M]. 杭州：浙江教育出版社，1992.

[5] 孟臻. 外语教育政策制定与实施研究 [M]. 上海：复旦大学出版社，2012.

[6] 刘慧君 . 外语教育技术学的构建：从范式到学科 [M]. 长沙：湖南大学出版社，2018.

[7] 周安国，章国英，余建鸣. 信息技术与外语教育 [M]. 上海：第二军医大学出版社，2009.

[8] 陈俊森，樊葳葳，钟华. 跨文化交际与外语教育 [M]. 武汉：华中科技大学出版社，2006.

[9] 邓东元，张兵，郑艳萍. 大学外语教育改革研究 [M]. 昆明：云南人民出版社，2013.

[10] 舒白梅. 外语教育学纲要 [M]. 武汉：华中师范大学出版社，2005.

[11] 张庆宗. 外语教育心理学 [M]. 武汉：湖北教育出版社，2008.

[12] 孙妮. 成人高等外语教育研究 [M]. 西安：三秦出版社，2010.

[13] 胡作友，曹馨. 新文科视域下高校英语教师的发展路径 [J]. 湖南工程学院学报（社会科学版），2023，33（1）：119–124.

[14] 贾涵，任牧琪. 贯彻党的二十大精神，推动外语学科高质量发展——“第四届中国高校外语学科发展联盟年会”述评 [J]. 外语界，2023（1）：92–94.

[15] 高桂芳. 跨文化交际视域下外语教育本土文化意识培养 [J]. 河北开放大学学报，2023，28（1）：61–65.

[16] 胡加圣，戚亚娟. ChatGPT 时代的中国外语教育：求变与应变 [J]. 外语电化教

学，2023（1）：3–6，105.

[17] 束定芳. 上海基础外语教育新生态构建："融合"、"服务"、"引领"——上海市英语教育教学研究基地的实践与创新 [J]. 外语界，2022（6）：34–40.

[18] 马萍. 创新外语专业的教育评价模式 [N]. 中国社会科学报，2022–12–09（11）.

[19] 何明霞. 外语教育：赋能"让世界读懂中国"的路径 [J]. 外语电化教学，2022（6）：59–64，110.

[20] 王克非. 外语教师之困局与新局 [J]. 当代外语研究，2022（6）：5–11，161.

[21] 张丹阳，辜向东. 信息技术辅助下英语师范专业课程思政创新模式探究——以《多媒体与外语教学》中的中国文化内容为例 [J]. 外语电化教学，2022（4）：34–41，114.

[22] 易利，齐曦. 高等教育外语教学"讲好中国故事"的能力培养模式 [J]. 黑龙江工业学院学报（综合版），2022，22（8）：1–6.

[23] 王梅. 混合式教学模式在高校外语教学中的应用研究 [J]. 黑龙江教师发展学院学报，2022，41（8）：124–126.

[24] 岑润桃. 课程思政视域下外语教学面临的问题及解决策略 [J]. 吉林省教育学院学报，2022，38（7）：106–109.

[25] 杨燕华. 开展外语生态教育 培养大学生生态素养 [N]. 中国社会科学报，2022–07–12（5）.

[26] 郑静. 高校外语专业教育教学的生态变化及其影响 [N]. 中国社会科学报，2022–06–24（6）.

[27] 叶丹，徐慢. 跨文化第三空间理论研究现状综述 [J]. 产业与科技论坛，2022，21（11）：78–79.

[28] 苏红，王银泉. 数字人文时代高校智慧型外语教师信息素养提升策略研究 [J]. 外语电化教学，2022（2）：55–63，121.

[29] 李霄翔，毛彩凤. 新时代外语学科育人功能的再认识 [J]. 西北工业大学学报（社会科学版），2022（2）：98–105.

[30] 金黛莱，黄一平 . 美国外语教育模式探析 [J]. 高教论坛，2022（3）：116–118.

[31] 尹泰鸿，LIANG Chaoqun. 不变与变："新文科与外语学科建设"研讨会暨本刊 2021 年编委会综述 [J]. 外语教学理论与实践，2022（1）：1–7，46.

[32] 徐浩. 我国高校外语专业教育习得规划的设计、布局与教学问题 [J]. 外语教学，

2022，43（1）：62–68.
[33] 欧丽贤．对话型教学：课程思政融入外语教学的路径 [J]. 教育教学论坛，2022（1）：135–139.
[34] 傅冰玲．课程思政融入职业院校英语教学的路径研究 [J]. 教育教学论坛，2021（50）：169–172.
[35] 潘文国 . 外语教学与中国语言文化的学习 [J]. 外语教学与研究，2021，53（6）：854–863，959.
[36] 李巍．现实主义色彩在英语教育中的体现：评《认知与外语教学——来自二语产出研究的启示》[J]. 中国教育学刊，2021（9）：150.
[37] 赵雪滢．王季愚教育思想对新时代外语教育的启示 [J]. 黑龙江教育（理论与实践），2021（7）：50–51.
[38] 李光，胡寅寅．新时代高校外语教育中教师文化自觉的现状、诉求及应对 [J]. 继续教育研究，2021（6）：59–64.
[39] 束定芳．构建外语教育教学的新生态 [J]. 现代外语，2021，44（4）：456–461.
[40] 钟富强．智慧外语教学改革的路径与系统构建研究 [J]. 外语电化教学，2021（1）：85–91，14.
[41] 刘捷．探索与经验：中国共产党外语教育百年回溯 [J]. 课程 · 教材 · 教法，2021，41（2）：79–86.
[42] 刘增美，陈华．“强有力的知识”对高校外语教师专业发展的作用研究 [J]. 中国成人教育，2020（16）：85–88.
[43] 李红 . 外语教学中传统文化教育的渗透以及中西合璧式人才培养模式探讨——以日语为例 [J]. 教育教学论坛，2020（26）：19–20.
[44] 李增跃，朱琪，赵素娟．浅谈多媒体语音实验室教学管理系统的应用 [J]. 教育教学论坛，2019（49）：12–13.
[45] 张译心．推进新时代外语教育发展 [N]．中国社会科学报，2019–10–14（2）.
[46] 代维东．社会主义核心价值观视域中外语专业学生理想信念教育研究 [J]. 内蒙古工业大学学报（社会科学版），2016，25（2）：22–26.
[47] 黄世香．新课程背景下高校英语师范专业素质的培养与课程体系的重构 [J]. 广西科技师范学院学报，2016，31（4）：95–99.
[48] 庄智象 . 教育先驱，学人楷模——追忆许国璋先生 [J]. 外语界，2016（1）：2–5，

52.
[49] 董耐婷，韩燕. 工程教育认证标准对大学外语教育的启示 [J]. 外语界，2015（4）：58–65.
[50] 严玉萍. 基于核心能力的大学英语课程整合初探 [J]. 外语电化教学，2015（4）：35–40.
[51] 卢加伟. 基于文化开放视域的中国外语教育 [J]. 中国成人教育，2015（5）：131–134.
[52] 王林海，张晴，马兰. 教育生态学视域下的现代信息技术与大学英语课程整合状况分析 [J]. 外语电化教学，2014（6）：46–51.
[53] 孔德亮 . 大学英语教学的动力机制构建——研究现状与理论思考 [J]. 外语界，2014（5）：67–75.
[54] 胡开宝，谢丽欣. 我国大学英语教学的未来发展方向研究 [J]. 外语界，2014（3）：12–19，36.
[55] 蔡基刚. 学业用途英语、学术用途英语及优质外语教育 [J]. 外语电化教学，2014（3）：3–8.
[56] 蔡基刚. 国家战略视角下的我国外语教育政策调整——大学英语教学：向右还是向左？ [J]. 外语教学，2014，35（2）：40–44.
[57] 钟美荪，孙有中. 以人才培养为中心，全面推进外语类专业教学改革与发展——第五届高等学校外国语言文学类专业教学指导委员会工作思路 [J]. 外语界，2014（1）：2–8.
[58] 程悦. 高校外语专业主体性教育模式初探 [J]. 沈阳大学学报（社会科学版），2014，16（1）：73–76.
[59] 胡文仲. 试论我国英语专业人才的培养：回顾与展望 [J]. 外语教学与研究，2014，46（1）：111–117，160.
[60] 徐琪. 文化与交际能力培养——刍议大学英语教学之转向 [J]. 教育教学论坛，2014（1）：110–111.
[61] 盖晓兰，曲蕾. “语言技能 + 通识教育”英语教学模式的构建 [J]. 黑龙江高教研究，2013，31（12）：162–164.
[62] 王鲁男. 外语专业通识教育：历史、现状与展望 [J]. 外语教学与研究，2013，45（6）：922–932.
[63] 虞建华. 从外语专业文学教学看高等教育的“用”与“知”[J]. 中南大学学报

（社会科学版），2013，19（4）：205–209.

[64] 桑紫林. 论我国初中、高中和大学英语教学的衔接问题——基于《普通高中英语课程标准（实验）》的调研结果 [J]. 课程 · 教材 · 教法，2013，33（7）：90–96.

[65] 臧一鸣，潘桂荣. 外语教育与大学生综合素质培养的调查与分析 [J]. 教育教学论坛，2013，95（14）：234–236.

[66] 王真. 新时代外语教育的国家意识培育逻辑、内涵与结构 [J]. 湖北师范大学学报（哲学社会科学版），2023，43（3）：106–113.

[67] 束定芳. 与其建议“降低英语分值”，不如呼吁“提升教学水平”[J]. 外国语（上海外国语大学学报），2023，46（3）：123–125.

[68] 张虹倩. 外语教育是乡村振兴的重要助力 [J]. 外国语（上海外国语大学学报），2023，46（3）：126–128.

[69] 秦颖. 人机共生场景下的外语教学方法探索——以 ChatGPT 为例 [J]. 外语电化教学，2023（2）：24–29，108.

[70] 刘洋，姚志英. 英语专业课程思政教学模式构建与实践——以“中国文化概论”课程为例 [J]. 湖南工程学院学报（社会科学版），2023，33（1）：92–98.

[71] 耿阳. 新文科背景下高校外语创新型人才培养路径研究 [J]. 创新创业理论研究与实践，2023，6（7）：110–112.

[72] 孙美娟. 探索高校外语教育高质量发展新路径 [N]. 中国社会科学报，2023-04-07（2）.

[73] 王文斌. 文明交流互鉴呼唤外语教育的时代担当 [N]. 中国社会科学报，2023-03-28（8）.

[74] 霍炜，王雪梅. 回顾外语教材研究，推动外语教材建设——《中国外语教材建设：理论与实践》述评 [J]. 北京第二外国语学院学报，2023，45（2）：102-109.